高校秘书学专业系列教材 总主编◎杨剑宇

秘书应用写作

MISHUYINGYONGXIEZUO

秘书应用写作概述

秘书应用写作理论

法定公文之党政公文

指挥性文书写作

报请性文书写作

知照性文书写作

记录性文书写作

规约性文书写作

领导讲话稿写作

李力——主编

U0329993

华东师范大学出版社
·上海·

图书在版编目(CIP)数据

秘书应用写作/李力主编. —上海:华东师范大学出版社,2022
高校秘书学专业系列教材
ISBN 978-7-5760-2856-0

Ⅰ.①秘… Ⅱ.①李… Ⅲ.①秘书—应用文—写作—高等学校—教材 Ⅳ.①C931.46

中国版本图书馆CIP数据核字(2022)第105009号

秘书应用写作

主　　编　李　力
责任编辑　张　婧
特约审读　王秋华
责任校对　陈梦雅　时东明
装帧设计　俞　越　庄玉侠

出版发行　华东师范大学出版社
社　　址　上海市中山北路3663号　邮编200062
网　　址　www.ecnupress.com.cn
电　　话　021-60821666　行政传真021-62572105
客服电话　021-62865537　门市(邮购)电话021-62869887
地　　址　上海市中山北路3663号华东师范大学校内先锋路口
网　　店　http://hdsdcbs.tmall.com

印 刷 者　上海龙腾印务有限公司
开　　本　787毫米×1092毫米　1/16
印　　张　20.75
字　　数　448千字
版　　次　2022年9月第1版
印　　次　2024年2月第2次
书　　号　ISBN 978-7-5760-2856-0
定　　价　52.00元

出 版 人　王　焰

(如发现本版图书有印订质量问题,请寄回本社客服中心调换或电话021-62865537联系)

总序

秘书学专业已于2012年被正式列入教育部本科专业目录。我们努力了30余年，终于使学科正式跻身于高等教育本科专业之林，这是学科发展史上里程碑式的跨越，是学科正规化大发展的起步。秘书学科的春天真正来临了！

教材建设成为专业建设的首要任务之一。近年来，全国多家出版社纷纷组织编写秘书学专业系列教材，呈现出百家争鸣、百花齐放的势头，这是专业兴盛的表现，同时，通过竞争，教材也能越编越好。

回顾30余年来，秘书专业的教材大致经历了两代。

第一代教材产生于20世纪80年代前期，名称有《秘书学概论》《秘书工作》《秘书学和秘书工作》《秘书学》等。各书的内容一般分三部分：首先是对秘书工作粗浅简单的经验总结；然后，大部分篇幅是文书工作程序介绍和法定行政公文的介绍及写法；最后，再加些秘书工作、档案工作等法规的附录。对这一代教材，宽容者称之为集专业教材、学术著作、工作手册三位于一体的连体；批评者斥其难以用作教材，不成工作手册，更远非学术著作，属生硬拼凑、不伦不类的"三不像"和"大杂烩"。客观而论，与文史哲等成熟的学科相比，这一代教材确实粗糙、幼稚，难登大学殿堂。然而，任何学科总是从低级到高级，从幼稚到逐步成熟的，因此，其开拓、铺路之功不可抹杀。

第二代教材产生于21世纪初，以全国统编秘书专业自考教材为代表。其主要标志是将秘书学专业的内容分解为"论""史""应用"三部分，出现了《秘书学概论》《中国秘书史》《秘书实务》《文书学》《档案学》《秘书写作》《公共关系学》等课程教材。这些课程教材既有相对独立的内容和理论框架，又彼此联系，初步形成了学科体系。但是，这一代教材一定程度上存在着基本概念含混、学科界限不清、研究对象欠明、体系不够完整的不足之处。

近年来组织编写的一系列教材，总结了30余年来的经验，是为第三代教材。本系列教材就是试图弥补第二代教材的缺陷，希望成为第三代教材中的集大成者。为此，我们要求各册教材均应达到基本概念明确、研究对象明确、课程界限明确、体系基本完整的要求。

本系列教材具有专、全、新的特点：

专——秘书学已成为独立的本科专业，其系列教材应当具有明显的专业性，即：

第一，每册教材都有各自专门的基本概念、研究对象、课程界限、基本体系。不再是既夹有"史""论"，又杂有文书写作、实务等于一体的"三不像"和"大杂烩"，也不再是相互混淆、重叠的复制品。

第二，本系列教材全部由长期从事该课程教学、研究的具有高级职称的专业教师对口主编，凝聚了他们十多年或者几十年的教学经验和研究成果。例如，我们邀请四川大学知名文书学专家杨戎教授、知名档案学专家黄存勋教授主编《文书处理和档案管理》，邀请从事秘书专业管理学课程教学多年的常州工学院钱明霞教授主编《管理学原理》，等等，以此保证本系列教材的专业性和高质量。

全——我们同时着手编撰秘书学专业系列教材和涉外秘书专业系列教材，这两个系列的教材，可相互交叉使用。这是至今最全的秘书学本科专业系列教材。

秘书学专业的主干课程，经学界在哈尔滨、杭州、厦门等召开的几次全国研讨会上反复讨论，认为应以七门课程为核心课程，在此基础上编写教材，即《秘书学导论》《中国秘书史》《秘书实务》《秘书应用写作》《秘书公关原理与实务》《文书处理与档案管理》和《管理学原理》。本系列教材除此七册外，还包括了专业主要课程教材《秘书心理学》《秘书实训》等。

鉴于涉外秘书专业与秘书学专业有明显区别，我们策划、组织一批长期从事涉外秘书课程教学的专家编写了涉外秘书专业系列教材，共七册，包括《涉外秘书导论》《涉外秘书实务》《涉外秘书英语综合》《涉外秘书英语阅读》《涉外秘书英语写作》《涉外秘书英语听说》和《涉外商务单证》。

新——各册尽可能增加新内容、新观点，选用新案例、新数据、新材料。同时，文风和版面适应新时代大学生的需求，力求新鲜活泼，一改秘书专业教材严肃、刻板的面貌。

参与这两套系列教材编写的专业教师，多达几十人，来自各高等院校，北到哈尔滨、南到湛江、东起上海、西到广西，遍布全国，是一次学界的大兵团作战。我们希望将教材编写得尽可能好些，能成为受大家欢迎的教材，我们也为此付出了不少努力。但是，由于秘书学专业尚是发展中的新专业，还在摸索探讨中行进，也由于我们能力有限，所以，书中难免有不足之处，还望学界同仁批评指正，不吝赐教。

杨剑宇

目录

第一章

秘书应用写作概述

第一章 秘书应用写作概述

本章概述

应用文书是国家机关、社会团体、企事业单位和人民群众在工作、生活、学习等活动中为处理事务、解决问题而使用的文书。对一个组织来说，文书是其实施管理的必备工具，是一个组织有效运行的血脉。秘书作为领导的参谋和助手，通过文字工作，特别是文书的拟写来辅助领导，这是秘书工作的核心内容之一。秘书应用写作与其他文体写作的区别主要体现为两点：一是文书写作的主体是秘书。作为领导的参谋和助手，秘书撰拟文书是代机关立言、代领导立言，是文书的起草者，是机关和领导意志的代言人、表达者。二是秘书所写的文书是应用文书。应用文书是应付生活、用于实务的文书，是为处理组织事务、解决各类问题而写，实用性是应用文书的根本属性。除实用性这一根本特点，应用文书还具有真实性、针对性、时效性和程式性的特点。应用文书发挥着领导、指导的功用，规范、准绳的功用，沟通、协调的功用，依据、凭证的功用，宣传、教育的功用。为把握不同文书的撰写、处理要求，准确、恰当地使用每一种文书，提高文书的质量和效率，可多角度对应用文书进行类别划分。正确选择文种有助于提高文稿质量，有助于提高文书处理效率，有助于维护文书的权威性和有效性。选用文种的方法主要有：根据发文意图选择文种，根据行文关系选择文种，根据发文机关的职权范围选择文种，根据国家的有关规定选择文种。

学习目标

1. 理解秘书作为领导的参谋和助手，通过文字工作，特别是文书的拟写来辅助领导，这是秘书工作的核心内容之一。

2. 知道应用文、文书、文件、公文，应用写作、应用文写作、实用写作、公文写作等诸多概念的不同。

3. 理解秘书应用写作实用性的本质属性和真实性、针对性、时效性、程式性的特点，并能根据这些特点分析和评价一篇应用文书的质量。

4. 理解应用文书在工作中所发挥的五大功用。

5. 知道并能够应用和分析应用文书的各种分类，理解选择文种的意义和原则，并能在实践中正确地选择文种。

重点难点

重点：

1. 理解秘书作为领导的参谋和助手，应用文书的拟写工作是秘书工作的核心内容之一。

2. 理解秘书应用写作实用性的本质属性和真实性、针对性、时效性、程式性的特点，根据特点分析和评价一篇应用文书的质量。

3. 知道并能够应用和分析应用文书的各种分类，理解选择文种的意义和原则，并能在实践中正确地选择文种。

难点：

1. 在理解秘书应用写作实用性、真实性、针对性、时效性、程式性特点的基础上，根据这些特点分析和评价一篇应用文书的质量。

2. 在应用文书的撰写实践中正确地选择文种。

秘书是领导的参谋和助手，秘书部门被喻为组织的“神经中枢”，秘书及秘书部门一方面通过一些事务性的工作，如收发文件、接打电话、组织会议、机要工作、保管印信、管理档案、信访接待、处理日常事务等，帮助领导摆脱琐事缠身的局面；另一方面又通过调查研究、信息管理、撰写文书、协调沟通、督促检查等工作为领导提供信息、建议、咨询等，辅助领导制定科学的决策并成功地予以实施。秘书为领导提供的全局性、综合性辅助服务，其每一项工作都融入、渗透到领导工作中，是对领导工作的补偿和代劳，这是由其在组织管理体系中的地位所决定的。文书是组织实施管理的必备工具，是一个组织有效运行的血脉。管理工作的计划、组织、指挥、控制、协调等各项职能，均需要文书来实现。秘书作为领导的参谋和助手，通过文字工作，特别是文书的拟写来辅助领导，是秘书工作的核心内容之一。秘书人员提高应用写作水平可以提升组织的管理水平、管理效能。因此，秘书人员要能够深刻理解应用写作的本质，知晓写作理论，掌握各种应用文体的写作要领，迅速准确地撰写出观点正确、内容充实、结构清晰、表达顺畅、格式规范的各类文书。

第一节　秘书应用写作的几个概念

秘书在文字工作中经常会接触到诸多概念，如应用文、文书、公文、文件，应用写作、应用文写作、实用写作、公文写作等。特别是文书、公文、文件这些概念，在日常的工作中都会用到。因此，有必要厘清这些概念，以利于掌握秘书应用写作的本质。

“文书”字面意思是文字记录信息所形成的书面材料。据考证，“文书”一词出现最早，在《汉书·刑法志》中有“文书盈于几阁，典者不能遍睹”的记载；“公文”一词最早见于《后汉书·刘陶传》中，“但更相告语，莫肯公文”；“文件”一词出现最晚，清末《内阁属官官制》中有“掌本阁公牍文件”的记载。在目前的理论著述中，特别是实践中，“文书”“公文”“文件”几乎可以互相替代。然而由于词语的产生历史与约定俗成的使用习惯，三个概念还是有所区别的。现在最常用的“文件”一词，通常指社会组织或个人在各项活动中形成的、具有特定效用的文字材料。“文书”与“文件”是两个十分相近的概念，因清代以前没有“文件”一词，故常把历史上形成的文件称为“文书”，而多把当代形成的称为“文件”。此外，“文书”也指从事文字工作的人员，即级别较低的秘书人员。

“公文”概念包含于“文件”概念之中。从形成和使用范围的角度来看，文件可分为公务文件与私人文件两大类。公务文件即“公文”，指社会组织在公务活动中形成的具有法定效力和规范体式的文字材料；私人文件指个人、家庭、家族在处理自身事务的活动中形成的信件、笔记、书稿、契约、证书等文字材料，“公文”概念的提出主要是为区别于私人文件。不论是任职于国家机关、企事业单位，还是任职于其他的社会组织，秘书人员在公务活动中所写作的几乎都是公文。

正式将“应用文”作为一种文体提出的是清朝的刘熙载。他在《艺概·文概》中说：“辞命体，推之即可为一切应用之文。应用文有上行，有平行，有下行。重其辞乃所以重其实也。”从理论的角度对应用文的实用性作出了明确而又简要的理性总结。现代意义的“应用文”通常指组织和个人为应对公私事务而使用的文书。所以，应用文有公务文书和私人文书之分。在理论和实践中，这一概念主要应用于文书写作的教学中，如应用文写作。此外，应用写作与实用写作的内涵和外延基本等同，都指为应对工作、解决问题而进行的文书写作，但实用写作除包括各级各类组织常用的应用文写作外，还包括也具有实用性质的新闻传播类文书的写作。而公文写作则是不包括私人文书的应用文写作。

第二节　秘书应用写作的性质与应用文书的特点

一、秘书应用写作的性质

应用文书是国家机关、企事业单位、社会团体和人民群众在工作、生活、学习等活动中为处理事务、解决问题而使用的文书。各级各类组织的应用文书的写作任务通常由领导的助手——秘书来承担。性质是指事物的本质，是一个事物所具有的区别于其他事物的根本属性。秘书应用写作区别于其他文体写作主要体现为两点：一是文书写作的主体是秘书。作为领导的参谋和助手，秘书撰拟文书是代机关立言、代领导立言，是文书的起草者，是机关和领导意志的代言人、表达者。二是秘书所写的文书是应用文书。应用文书是应付生活、用于实务的文书，是为处理有关事务、解决各类问题而写，实用性是应用文书的根本属性。秘书写作应用文书不是为了说理论证、抒发情怀，而是以文辅政，通过文字工作辅助领导履行职能、实施管理。

秘书写作应用文书，不只是单纯地撰拟文稿，同时也涉及秘书工作的其他多项内容，诸如文件处理和管理工作、调查研究工作、信息工作等。文书要在工作中发挥有效作用，还需要科学地处理和管理，确保文书迅速、准确、安全地传递并尽快发挥效用。“没有调查就没有发言权”，没有全面、充分、深入的调查研究，不了解情况，不实事求是地分析问题，就形成不了能够有效解决问题、处理事务的文书。信息工作在秘书工作中占据着十分重要的位置，信息是管理的灵魂，作为助手的秘书，又快又准地向领导和决策者提供信息，是科学决策的重要保障，是秘书做好辅助管理的重要内容；文书承载着信息，秘书拟写的各种文书实质上就是信息工作的重要内容之一。此外，秘书的办会工作、接待工作、协调工作、督查工作等都离不开应用文书。总之，秘书开展应用写作活动体现在秘书工作的方方面面，秘书人员的应用写作水平是秘书人员综合素质的体现。

二、应用文书的特点

写作是人们用语言文字把感受、认识主客观世界的思维结果有选择地记录、表述出来的活动。与文学写作相比，以实用为本质属性的秘书应用写作有自己鲜明的特点。只有充分认识理解秘书应用写作的性质和特点，才能更好地指导写作实践。

（一）实用性

秘书所写的应用文书是为了高效处理实际工作中的事务而写，实用性是其本质属性。换句话说，写作应用文书是为了办事，办成事、办好事。实用性这一本质属性决定了应用文书还具有真实性、针对性、时效性、程式性的特点。从文本写作角度来看，实用性的根本特点决定了应用文书在文本内容和形式上的基本要求：主旨要能正确鲜明地反映工作实际，具有现实针对性，分析问题要实事求是，解决问题要切实可行；选用的材料必须真实可靠、确凿无误，材料要能充分地支撑观点；文本格式要符合规范，结构要清晰、有逻辑，表述要平实、直白、简约，忌浮华不实。可以说，判断一篇应用文书写得好不好，最终的标准就是能否有效且高效地办成事、办好事。

（二）真实性

文学作品的真实是艺术的真实，它源于生活，而又高于生活。生活中不一定有其事，但它却符合生活逻辑。应用文书是为解决实际问题而写，必须以生活的事实为基础。生活真实主要指实际生活中客观存在的人和事。所以，秘书写作应用文书应一切从实际出发，文中所涉及的一切内容，包括人物、事件、时间、地点、数字等事实材料都必须是真实、准确的。不允许虚构、想象、夸张，不允许移花接木、张冠李戴、任意挪用、弄虚作假。写作时，分析问题所使用的以及要写入文本当中的理论，包括公理真理、法律法规、方针政策等都必须是真实正确的、有效的。如果应用文书的真实性出现问题，不仅应用文的价值完全丧失，更会给秘书个人、给领导、给组织带来极其严重的后果。

（三）针对性

应用文书的针对性有两方面的含义：一是应用文的内容具有针对性。它是各级各类国家机关、企事业单位及其他社会组织针对实际工作而写作的。有的是针对工作中出现的或即将出现的问题而写，有的是为了开展、推动某项工作而写，写作目的非常明确和具有针对性。二是应用文书的读者具有针对性。应用文书要开展的工作、解决的问题都有一定范围，因此应用文书都有具体、明确的发文对象。哪些单位、哪一层级的人员需要阅读文书，都要非常明确，原则是该阅文的人一个不能少，一个也不能多。文书的错送、滥送、误送都会造成不利的后果。

（四）时效性

时效指应用文书在一定时限内所具有的效用、效力。应用文书是为直接解决问题而写，而问题的解决又必须高效，文书需要限定在一定的时间内写作和处理方可发挥效用。因此，时效性建立在发文时刻和时限的基础上。不管是法定的红头文件还是诸如计划、总结、简报、调查报告、汇报材料、领导讲话稿等非法定的事务类公文，在一定时间期限内发挥效力都是其追求的目标。因此，对于应用文书需要根据形势变化，找准时机，在一定的时限内写作和处理方可发挥其效用。不仅要快写、快发、快办，而且在工作已经得到推动，问题已经解决，形势已经变化时，及时地中止其效力。故而应用文书最好能明确其效力时限，但目前应用文书通常只有生效时间，而无失效时间，这是需要关注的问题。

（五）程式性

程式性主要是应用文书形式上的特点，体现为较固定的程式性结构和程式化语言。应用文的结构有外在的格式和内在的行文结构。外观上有法规规定或约定俗成的格式，这是在外观上与一般文章的显著区别。应用文书大都有文头、标题、受文者、正文、发文者和日期等格式要素，只是不同类别的应用文书的格式要素不尽相同。应用文书内在结构即写作思路也具有程式性特点。由于是为解决问题处理事务而写，其写作思路即深层逻辑结构，基本上都以提出问题、分析问题、解决问题这一思维轨迹来行文。此外，应用文书的语言表达也比较程式化。不但同一系统的工作内容大致相同的文书中会使用相同相似的词汇、语句，就是在不同工作内容的文书中也常常会出现相同相似的词汇和语句。程式性这一特点使应用文书形式稳固而易于把握，表意明确而易于理解。

第三节　应用文书的功用

秘书人员所写的应用文书是一种管理工具，是各级各类组织在管理工作中实现计划、组织、指挥、控制、协调等各项管理职能的必要手段，在辅助领导决策、综合协调以及各项日常性工作中发挥着非常重要的功能和作用。具体地说，主要表现在以下几个方面。

一、领导、指导的功用

秘书通过写作应用文书来辅助领导履行职能、实施管理、处理各种公务，为一个组织的有效运转发挥着举足轻重的作用。领导的决策以不同种类的应用文书作为载体,命令、决定、决议、意见、批复、通知、通报、纪要,各种计划类文书,各种领导讲话稿等,都是传达一个组织的各项决策,有针对性地解决全局性或局部性问题的重要工具,这些文书对本级组织及下级组织的各方面工作发挥着重要的领导和指挥作用。

二、规范、准绳的功用

很多应用文书对一定范围内有关工作、活动与人们的行为作出规范要求,即对组织和个人在工作、生活、学习中能做什么、不能做什么,以及怎么做等,都规定得详细周全、清楚明白。无规矩不成方圆,组织有效管理的关键是建章立制,条例、规定、办法、规则、细则、制度等各种规章制度,是人们办事的准则、活动的依据、行为的准绳,具有最鲜明的规范、约束作用。具有领导和指导作用的文书,也都具有明确的规范作用。如计划类文书,其内容包括目标是什么、什么时间、什么人、采取什么措施、按照什么步骤来实现目标等,在其实施范围内发挥着规范和准绳的作用。

三、沟通、协调的功用

在管理过程中,管理主体为达到一定的目标而引导各个组织、部门、人员之间建立良好的协作与配合关系,以实现共同目标,这就是沟通和协调。应用文书是做好组织内向上沟通、向下沟通以及向外沟通,从而实现协调的重要手段。这种组织内外的信息传播,通过各种应用文书,如决定、意见、通知、通报、通告、请示、报告、汇报材料、简报、宣传材料、倡议书、各种讲话稿等,达到上情下达、下情上达、沟通内外、联系左右,以求在组织内部形成共识、统一步调、协同推进实现工作目标,同时创造良好的外部环境,以争得组织外包括全社会和人民群众的广泛支持和协作。

四、依据、凭证的功用

秘书所写的应用文书与管理过程同步相随,是处理公务的凭证和依据。这些文书反映了制文机关的意图,具有法定效力,是各级单位开展工作的依据和凭据。下级机关开展工作依据的是上级机关的文书。上级机关做出科学决策、领导和指挥下级机关,依据的是下级机关报送的有关文书所提供的情况。所以,应用文书是公务活动的原始记录,它记录了各项管理活动的性质、具体状况,文书通常在办结后进行归档程序,具有重要的凭证作用,以供日后的查考和利用。

五、宣传、教育的功用

阐明事理、启发觉悟、提高认识、统一思想也是应用文书的主要功用。命令、决定、决议、通知、意见等“红头文件”比一般新闻媒体的宣传教育更具权威性和强大效力;表彰批评性通报、奖惩性决定、遵纪守法性通告,对相关层面的人们起着激励惩戒、教育警示的作用;倡议书、宣传材料、公开信、动员性质的讲话稿等文书更是体现了强烈的宣传、鼓动和教导的作用。这些文书有的是教育、警示，有的是倡导、鼓动，不同功用的文书在语言表达方面应得到鲜明体现。

第四节　应用文书的类别和文种

一、应用文书的类别

开展管理活动时，为实施领导、履行职能、处理公务，会形成数量繁多的文书。对大量繁杂的文书分门别类，把握不同种类文书的撰写、处理要求，准确、恰当地使用每一种文书，可以提高文书的质量和文书处理工作的效率，使其充分发挥功用，从而保证并提高组织的管理效率和管理效能。根据不同的标准，可多角度对应用文书进行类别划分，主要有如下几种类别。

（一）按照使用的领域划分

1. 通用文书

指各级各类国家机关、企事业单位和其他社会组织在管理活动中使用的文书。这些文书使用频繁，不论组织的性质如何，即不管是国家机关，还是企事业单位，或者人民团体，也不论组织的规模大小，在组织的各项公务活动中，不论是指挥领导还是请示交流，通常都用。本教材所讲解的各种文书都是通用文书。对于身为起草者的秘书来说，通用文书的写作是必须要掌握的。

2. 专用文书

指在一定的专业机关或专门的业务活动领域内，因特殊工作内容和要求制作的文书。如经济文书、法律文书、外交文书、军事文书等都是专用文书。经济合同、意见书、招标书、投标书等是在财经领域使用的文书，起诉状、上诉状、答辩状等是在司法领域使用的文书。这些文书的专业性非常强，虽然有特定的格式和写法，但内容涉及精深的专业知识，且各个高校的相关专业都开设有专业课来教授、指导学生写作，所以专用文书不在本书讲解之列。

（二）按照授受文书的角度划分

1. 发文

指某一组织或组织的某一部门制发的文书，发往组织外或组织系统内其他部门。

2. 收文

指本组织或部门收到的来自外单位的文书。

发文和收文有各自不同的处理程序，必须按照科学的程序来开展发文和收文处理工作。

（三）按照文书的传递方向划分

1. 上行文

指下级机关向所属上级机关报送的文书。所属上级机关是指与自己同属一个组织系统或专业系统，级别高于自己的机关。如各省、自治区、直辖市政府向国务院报送的文书，省教育厅向教育部报送的文书，都是典型的上行文。

2. 下行文

指向所属的下级机关发出的文书。所属下级机关是指与自己同属一个组织系统或专业系统，级别低于自己的机关。如省政府向地级市政府的发文，省政府向本省教育厅的发文，省教育厅向专业管辖的地级市教育局的发文，都是典型的下行文。

3. 平行文

指向非同一组织系统或专业系统中的不相隶属的任何级别的机关发文，以及向同一组织系统或专业系统中的同级机关发文。不在一个组织系统内，或在一个组织系统内，但收发文机关之间没有领导或指导关系的发文都是平行文。如行政机关给军队机关的发文，省政府各职能部门之间的发文等。

4. 泛行文

指向全社会公开发布的文书。泛行文的行文方向广泛，行文对象广泛，既面向全社会各级各类组织，又面向人民群众发文。通常在媒体平台（如电视、报纸、微博、微信等）或采用张贴的形式发布，以期为社会大众周知。

不同方向的文书，其发文目的不同，文书撰写要求和处理方法也不同。秘书人员要了解每个文书的行文方向，才可能找到适合发往上级、下级、不相隶属机关和社会公众的文书，使其真正发挥作用。

（四）按照文书的内容性质和发挥的作用划分

1. 指挥决策性文书

指上级领导部门或业务主管部门制发的，发挥指挥管理作用的政策性文件，如命令、决定、决议、意见、批复、通知、通报，以及各种计划类文书等。

2. 报请商洽性文书

指下级机关向所属上级机关或领导者个人报请事项，或者按相关规定向不相隶属机关报请事项的文书。如报告、请示、函、议案、调查报告、汇报材料等。

3. 传播知照性文书

指各级各类组织和部门之间，或者组织向社会沟通情况、交流信息时制发的文书。如通知、通报、公报、公告、通告、简报、宣传材料、公开信、倡议书等。

4. 记录凭证性文书

指对各项管理工作进行总结记录的文书，以起到依据和凭证的作用。如会议记录、纪要、总结、大事记等。

5. 规范约束性文书

指各级各类组织为实施有效管理制发的，以强制力推行，在一定范围内起到规范和约束作用的文书。这类文书即是人们常说的规章制度，如条例、规定、办法、规则、规程、细则、章程、制度、守则、公约、准则等。

每一类文书都在实现计划、组织、指挥、控制、协调等各项管理职能中发挥着各自鲜明的作用。本教材在具体文种写作部分，即是按照这一分类标准展开对不同种类文书的讲解。

(五) 按照文书的涉密程度划分

1. 绝密级文书

指涉及党和国家最核心机密的文书，一旦泄露会使国家的安全和利益遭受特别严重的损害。

2. 机密级文书

指涉及党和国家重要机密的文书，一旦泄露会使国家的安全和利益遭受严重的损害。

3. 秘密级文书

指涉及党和国家一般机密的文书，一旦泄露会使国家的安全和利益遭受损害。

4. 内部文书

指限于党和国家机关或其他组织内部使用的文书，内容虽不涉密，但不宜或不必对社会公开。

5. 限国内公开的文书

指内容不涉密，仅需在国内公布的文书。

6. 对外公开的文书

指内容不涉密，对国内外公开发布的文书。

文书按涉密程度进行有效划分，可使应公开的文书尽公开，同时可有效保守国家机关和其他各类组织的秘密。

(六) 按照处理文书时限要求划分

1. 平件

指无特殊时限要求,按工作常规处理的文书。

2. 急件

指内容较重要且紧急,需优先处理的文书。

3. 特急件

指内容重要且紧急,需打破工作常规,随到随优先处理的公文。

文书按处理时限进行有效划分,可以做到一般事按正常程序办理,而急事可以急办,从而有效保证行文效率和管理效率。

(七) 按照收文处理的要求划分

1. 阅知件

指没有执行要求,仅需要周知内容的文书。这类文书在签收后,经过登记、初审,根据领导批示和工作需要,及时送传阅对象阅知。

2. 批示件

指不仅需要知晓内容,更需要根据执行要求开展工作的文书。这类文书在初审之后,通常需要经过秘书拟办、领导批办、相关部门承办等程序。

把收进来的文书分为阅知件和批示件,对不同要求的文书分流处理,是提高办文效率和管理效率的有力保障。

(八) 按照是否有法规的规定划分

1. 法定文书

指由国家机关出台的相关法规规范的应用文书。这类文书由《党政机关公文处理工作条例》《人大机关公文处理办法》《人民法院公文处理办法》《军队机关公文处理工作条例》等法规对各自系统使用的应用文书进行规范。

2. 非法定文书

指没有国家机关相关法规规范的应用文书。这类文书种类很多,很多都是各级各类组织的常用文书,如计划、总结、调查报告、简报等。

法定文书必须严格按照法规规定来开展文书的写作和处理工作,重视文书格式的规范性。非法定文书的写作和处理相对要灵活一些,但也要遵循应用文书写作的规律开展。非法定文书基本上都有约定俗成的格式。

二、应用文书的种类——文种

文种是文书种类的简称。前面我们按照不同的标准将文书划分为不同的类别，而每一类文书按照用途又可细分为若干种，每一种文书都有自己特定的用途，人们给每种文书都赋予了一个固定的名称，这就是文种。

（一）正确选择文种的意义

由于文种是经过统一规范的，称谓明确，准确揭示了制发者的权限、制发者与主要受文者的工作关系、行文目的，因此，正确选择文种对更好地发挥文书的作用意义重大。

一是有助于提高文稿质量。不同的文种具有不同的写作特点和写作要求，如请示、报告等上行文种与批复、决定等下行文种因用途不同，其行文思路、语言表达等都有不同。即使都是上行文，请示和报告在用途、写法、要求等方面也有所不同，因此只有正确地选择文种，才能遵循每个文种的写作要求，提高文稿的撰写质量。

二是有助于提高文书处理效率和质量。文书处理工作包括文书的拟制、发文、收文、管理等，选择正确的文种可以使起草者根据不同文种的写法和要求，快速写作和快速发文。受文者在收文后根据文种迅速作出判断，快速进入收文处理程序，从而提高文书处理效率。此外，选择正确文种也利于文书在办结以后的整理归档工作，如请示与批复可以作为一件来保管，以方便查找和利用。

三是有助于维护文书的权威性和有效性。不同文种及其特定的格式，是保证文书权威性和有效性的必要条件。特别是党政机关制发的公文，既有法规规定每一文种的适用范围，又有国家标准规定其格式，其效力能得到充分保证。错用或生造文种，会削弱文书的效力，影响文书和发文机关的权威，影响相关管理活动的开展。

（二）正确选用文种的方法

1. 根据发文意图选择文种

每个文种都有特定的用途，选择文种首先要根据制发机关的发文意图，找到能准确反映发文意图，达成发文目的的文种。本教材在前述文书类别划分时，按照文书内容的性质和发挥作用的不同，将常用文书划分为指挥决策性文书、报请商洽性文书、传播知照性文书、记录凭证性文书、规范约束性文书等，这些不同类别的文种揭示了不同的发文目的，不同的发文目的有相对应的文种。如就某一重要问题提出意见和建议，就需要选择“意见”这一文种；如需要向社会公布事项，不仅相关人员要周知，而且要求其遵守，就应该选择“通告”这一文种。对秘书来说，掌握每一个文种的适用范围是基本功，唯此才能做到根据不同的行文目的选择正确的文种。

2. 根据行文关系选择文种

行文关系是收发文机关之间因为收发文书所形成的关系。行文关系决定了文书的行文方向，即上行、下行、平行或泛行。文书只有行对方向，才能到达收文者手里。而且不同行文方向的文书在语体色彩、执行要求等方面都有不同。因此，唯有选择正确行文方向的文书，才能真正发挥其效用。秘书必须掌握每一个文种可以适用的方向，以保证在根据发文意图筛选文种之后，再根据每一个文种适用的方向来进一步明确正确文种。如都是请求对方批准，根据这一发文意图，我们可选择的文种有“请示”“（请批）函”“议案”等，进而根据行文关系来判断，如果是请求上级机关批准，需要用“请示”。如果需要向有审批权力的不相隶属机关请求批准，需要选择文种“函”。如果是政府向同级人大提请审议和批准，则需要用“议案”。

3. 根据发文机关的职权范围选择文种

每个组织都有自己特定的职权范围，由于部分文种只限于一定级别或拥有相应职权的组织才能使用，因此组织行文时必须根据自身地位，在自己的权限范围内选择适宜的文种，否则行文无效。如根据法律，只有县级以上的行政机关才能制发“命令”，其他组织则不能使用“命令”文种。如“议案”适用于各级人民政府按照法律程序向同级人民代表大会或者人民代表大会常务委员会提请审议事项。同是请求批准，“请示”“函”“议案”三个文种中，如果是各级人民政府向同级人大或人大常委会请求批准，就必须选择“议案”。

4. 根据国家的有关规定选择文种

党政机关通用的法定文种有 15 个，军队、人大、法院通用的文种数量分别是 12 个、17 个和 14 个。不同性质的机关所使用的文种大多数是一样的，如通知、通报、报告、请示、函等。但也有不同的文种，如军队公文有通令、指示，人大公文除了有法规、条例、规则、实施办法，还有“建议、批评和意见”等，法院公文则比党政公文少了文种“公报”。因此，不同组织的秘书应掌握各自组织的文书种类，以保证选对、用对文种。而企事业单位或人民团体的秘书也应掌握本组织有权使用或无权使用的文书。《党政机关公文处理工作条例》第四十条规定，“其他机关和单位的公文处理工作，可以参照本条例执行”，但企事业和人民团体无权使用党政公文中的“命令”“议案”等文种，不适合用“公报”“公告”“通告”等文种，其他文种则可选用。

【复习思考题】

1. 有效辨析文书、文件、公文、应用文等概念。
2. 秘书应用写作的性质是什么？
3. 请谈谈应用文书的特点和功用。
4. 请谈谈应用文书类别的划分。
5. 秘书开展应用写作如何选择正确的文种？

【扩展阅读】

李力.我国党政机关公文文种设定存在的问题及改革方向[J].秘书,2015,11.

第二章

秘书应用写作理论

第二章
秘书应用写作理论

本章概述

现代写作学认为，写作是一个由写作主体、写作客体、写作受体、写作载体四个要素综合作用所形成的系统活动。写作主体指写作者，写作活动的具体实施和操作者，通常情况下领导身边的秘书是应用文书的起草者，负责将领导的意志和组织的意志转化成文书。本章第一节将重点讲解应用文书的写作主体。写作客体是指以信息状态、思维形态进入主体头脑的客观事物和社会生活，就是从具体的文书写作角度所谈论的文章构成要素之一的写作材料。巧妇难为无米之炊，没有材料就形成不了观点，更无法形成文书，应用写作的材料工作将在本章第二节具体讲解。写作本体又称写作载体，即写作文本或文章，是写作最重要的子系统，这是本章第二节要重点讲解的内容。写作受体指读者，是写作产品的接受者、消费者，写作活动的参与者。应用文书拟好后要在一定范围内周知或执行，因此，写作受体必须非常明确。写作四要素是现代写作活动包括应用写作活动中必须充分考虑的四个方面，只有充分认识到这四大要素在写作活动中的重要地位和作用，写作者在从事写作实践活动时才能更加自觉地进行材料的搜集筛选，主题的归纳提炼，结构的安排完善，语言的推敲锤炼，最终写出能够被受文者理解和接受的好文章。

学习目标

1. 知道办公室起草、部门起草、联合起草、起草小组起草、领导亲自起草或主持起草等多种应用文书的起草方式，理解不同起草方式的优缺点。

2. 理解并构建作为应用写作主体的素养，提高应用写作主体各方面的能力，掌握应用写作主体应当具备的思维模式。

3. 理解掌握并在写作实践中有效地体现应用文书的主旨、材料、结构和语言四大构成要素，包括确立应用文书主旨的原则，显旨的技法；主旨与材料的关系，收集材料的方法和选择材料的原则；格式样式，行文结构的安排，以及语言的特点和主要表达方式等。

4. 知道并实践秘书开展应用写作的过程，知道应用文书的不同文稿和文本。

重点难点

重点：

1. 理解并构建作为应用写作主体的素养，提高应用写作主体各方面的能力。
2. 理解掌握并在写作实践中有效地体现应用文书主旨的确立原则和显旨的技法。
3. 理解主旨与材料的关系，掌握并实际运用收集材料和选择材料的原则和方法。
4. 掌握应用文书格式，重点理解和掌握应用文书正文结构的安排。

5. 理解应用文书语言的特点,熟练运用应用文书的主要表达方式。

难点:

1. 构建作为应用写作主体的素养,提高应用写作主体各方面的能力。

2. 显旨技法、收集和选择材料、正文结构以及语言表达方式的实际运用。

写作是作者以书面语言文字作媒介,以社会生活为原料,以创制文章为目标的一种精神劳动。文章的写作,不是盲目的无意识的行为,是获得一定写作知识、依据一定的写作规律进行的自觉活动。秘书学习应用写作,必须知晓文章写作学的基础理论和知识,打好根基,方能一步步走向写作之路。

第一节　秘书应用写作主体

一、应用写作主体类型和应用文书起草方式

(一) 应用写作主体的类型

写作主体,即进入写作思维和写作行为中的人,一般谓之作者。作者运用语言文字作为工具和符号,运用一定的写作方法和体式,以写作客体作为写作对象,制作和创造精神产品——文章。在写作活动中,写作主体始终起着主导作用。在应用写作实践活动中,写作主体存在自然作者、法定作者、代言作者等类型。

自然作者指署名者就是文章的实际撰写人。私人的书信、计划、总结、申请书、述职报告等的撰写者都是自然作者。法定作者指应用文书的署名者是法人单位或法定代表人。应用文书署上法人单位的名称或法定代表人的名称,文书就体现了组织的意志,其效力由组织的法定权力来保障。代言作者指代替他人或组织撰稿的作者。秘书开展应用写作,除非撰写自己的私人文书,基本上都是作为代言作者的身份存在,即"代领导立言,代机关立言",代拟文书是秘书发挥参谋助手作用的核心工作内容之一。应用文书虽说是领导意志的表达,领导起着主导作用,但真正的执笔人是秘书,在材料的收集、主旨的提炼、结构的安排,以至落笔成文,秘书都发挥着重要的作用,甚至是主导作用。

(二) 应用文书的起草方式

实践中,有办公室起草、部门起草、联合起草、起草小组起草、领导亲自起草或主持起草等多种起草方式。但无论采取哪种方式,起草工作最终基本上都由秘书完成。

1. **办公室起草**

办公室是秘书工作机构,办公室起草就是秘书起草。秘书以参谋和助手身份参与文稿

的起草活动。其特点主要有：一是起草的内容广，综合性强，涉及组织工作的各个方面；二是起草的公文种类多，从重要的政策性文书到简单的事务性文书，从讲话稿到信函等；三是起草的一些文书影响较大，一些重要文书和紧急文书，常常事关全局。办公室起草文书具有很大优势。秘书靠近领导，对领导意图和领导的管理理念、处理问题的思路非常熟悉，对组织内外的各方面情况了解得全面充分。因此，秘书人员善于将领导者的决策和单位的意志准确无误地转化为文书，以辅助领导实现各项管理职能。但是，办公室在起草一些专业性很强的文书时可能会力不从心，原因在于专业知识不够，或对相关情况认识不全面、不深刻等。

2. **部门起草**

部门起草指由具体负责某项业务的主管部门起草文书。有些专业性较强文稿的撰写，可能受秘书人员专业和对情况了解所限，不能很好地分析问题、解决问题的，就会交付相关业务主管部门起草。部门起草的优势在于，具备专业眼光，对情况较熟，研究较深，较易抓住问题的要害，能很好地提出可行的解决办法。不足之处是，部门起草有时带有局限性，有意无意地更多考虑本部门的利益，或者容易强调本部门工作的重要性。通常，起草文稿任务到了部门后，也会具体落实到该部门的某一位秘书身上。

3. **联合起草**

一些涉及多个地区、多个部门的工作，如果分别单独行文，可能会在内容上存在不一致的现象，出现所谓的政出多门、政策"打架"的现象。因此，可以采用联合起草公文的方式，即多个地区或多个部门，大家共同起草一篇公文。联合行文要做好会商、会稿和会签的工作，才能统一认识，统一思想，保证公文的质量和效力。联合行文通常由主办机关负责具体的起草工作，而这一任务也往往由该机关的文字秘书承担。

4. **起草小组起草**

一些涉及组织全局性、战略性、发展性问题的文稿起草工作，可能非办公室或某部门一已之力可以胜任的，就可以采用临时起草小组的方式起草。这种起草往往是从一些职能部门，尤其是重点工作部门，抽调业务能力和写作能力都很强的工作人员，特别是秘书人员，组成临时起草小组。小组成立后，通常先要就起草文稿的主题开展全面深入的调查研究工作，然后充分地论证、修改，最终完成文稿。

5. **领导亲自起草或主持起草**

起草文稿虽不是领导的专业，但一些文笔很好的领导，特别是秘书出身的领导，也会亲自起草文书。通常情况是，一些重要文稿的起草，领导会主持起草工作，提出自己的想法和修改意见等。这些有助于加强领导工作和保证公文质量。对秘书来说，给领导起草文稿提供材料支持或其他方面的支持是份内的工作。

二、应用写作主体素养

素养通常指一个人通过综合的精神状态和行为方式所表现出的素质。应用写作主体在围绕文章的集材、运思、表达等活动中表现出来的素养是其思想意识、文化水平、价值观念、思维方式、生活积累的综合反映。应用写作主体的素养直接决定文稿的质量,决定能否真正解决问题、处理事务。本教材将应用写作主体的素养概括为思想品德素养、理论学识素养和文体辞章素养等三个方面。

1. 思想品德素养

在领导身边、给领导提供综合性辅助服务的秘书人员,要有正确坚定的思想信念,良好的职业道德和奉献精神,豁达宽容的人生态度,吃苦耐劳的意志和积极向上的心态。这些优秀的思想品德素养都会体现在秘书应用写作活动中,体现在应用文书中,正所谓“文如其人”。

具体来讲,作为组织和领导代言人的秘书人员,首先要做到爱岗敬业,热爱自己从事的职业,树立职业荣誉感。还要有高度的责任感,明白自己对国家和社会,对所在组织和群众所肩负的责任。特别是国家机关的政务秘书,要以人民群众的需求和利益为着眼点,正确贯彻执行党和国家的大政方针,时刻牢记身上的责任,做到实事求是、敢于坚持真理,谦虚谨慎、密切联系群众,廉洁奉公、不徇私情,任劳任怨、顾全大局,调查研究、不闭门造车,注意安全保密,方能写出高质量的应用文书。

2. 学识理论素养

学识理论素养指文书起草者应具备较高的学识修养和理论水平。拥有丰富的阅历、广博的知识,才能拥有深刻的思想。丰富的生活阅历、人生体验,以及大量的阅读都有助于构建和及时更新知识体系,加深对人生、对社会、对事物的认识和理解。秘书人员只有拥有强有力的理论学识素养,构建广博且深厚的知识体系,才能借此发现问题、分析问题,找到切入点,透过现象看本质,提出切实可行的解决问题的对策,并最终落实成应用文书。

人类的知识体系包括人文社会科学和自然科学两方面的知识。人文社会科学知识包括文、史、哲、经等几大类,自然科学知识有数、理、化、天文、地理、生物等几大类。这两方面的知识里,既要掌握一般性、综合性知识,又要对各学科的专业理论知识有比较深入的了解和掌握。一般性、常识性的知识包括普通的科学原理、科学定义、科学命题,知名的历史人物、历史事件、历史故事,著名的诗文篇章,有关的公理、俗语、成语、民谚、格言,以及有关国家民族、天文地理、自然人文等方面常用知识,秘书都应广泛涉猎。还要重点掌握一些专业理论知识,包括哲学、逻辑学等思维科学,管理学、社会学、心理学、传播学、写作学等学科理论知识等。掌握这些精深的专业理论知识,一方面可以时时帮助我们更新思维、拓展视野,提升我们感受和认识对象、事物的思维层次和思想境界;另一方面帮助我们找到探索事物、认识对象的思维视点、认知视角,深入事物表象之下,找到问题的本质。

这些专业理论知识中，秘书人员尤其要精通管理学的理论知识。我们知道，秘书工作以领导工作为前提和基础，并以领导工作为核心与其相生相伴。秘书人员的工作融入、渗透到领导工作的全过程。通过提供非独立性的全局性、综合性辅助服务，秘书与领导者结成日月相伴型的“统一体”来实现共同的组织目标。秘书要做到“想领导之所想，谋领导之所谋”，与领导在思想上保持同频共振。“提笔为官，搁笔为民”“关起门来当领导”都形象地说明了秘书要跟领导者同步思维，角色互补。从本质上看，写作活动就是运用语言文字来传达作者的思想。作为应用文书起草者，秘书人员必须具备领导的视野和高度，拥有全局意识和发展的、战略的眼光，达到领导的思想水平和思想境界，甚至比领导的还要高，才能撰写一篇代表组织和领导意志的文书。所以，秘书人员必须了解管理学的理论和知识，掌握管理的技能和方法，熟悉管理的过程和要求，掌握并运用管理工作的规律，才能为领导者提供有效且高效的辅助服务。从这个意义层面上讲，秘书也是一名管理者，是一名特殊的管理者，管理是其工作的本质属性，辅助是其工作的基本特征。

作为一名特殊的管理者，秘书人员唯有具备辅助计划、辅助组织、辅助领导和辅助控制的能力，才能真正地发挥其辅助决策、管理信息、参与协调、协助控制、处理事务的职能。以文辅政是秘书人员最典型的辅助管理行为。任何一个组织进行有效的管理都离不开文书，文书是缘于管理的具体需要而制发的，是最基本的、最重要的管理工具，贯穿于管理活动的各个环节。试问，不掌握管理学的理论知识，秘书人员如何能写出准确传达领导者政策指令的文书，如何能写出具有战略性的、战术性的、指导性的各种计划，如何能写出理性分析组织工作并把它为上升到理论层面用以指导下一阶段工作的总结？如何能写出领导者和组织需要的简报、调研报告等信息资料？如何能写出具有原则性、政策性、权威性且让领导满意的讲话稿？如何能写出让管理工作更加有序、规范、高效的各种规章制度？……总之，如果不具备管理的基本素养，秘书人员如何能做到代领导立言、代机关立言？对于企业秘书来说，工商企业管理的专业知识是必修的，对于政务秘书来说，公共管理的专业知识是必修的。

秘书人员还要对政策法规知识和行业知识非常熟悉。政策法规知识包括党的路线、方针、政策和国家的法律、法规，以及本组织系统的各种规章制度。秘书人员所拟写的文书，或者关系国计民生，或者关系合法经营。只有深刻领会了相关的政策、法规、制度，才能以它们为依据写作文书，切实根据相关政策法规来解决问题，处理事务。行业知识即某一专业领域的专门知识。行业知识短缺，写出来的就是外行话，就不能客观、准确反映本部门、本行业的业务，问题提不到点子上，分析问题抓不住关键，更不可能提出针对性强、切实可行的解决问题的对策。特别是起草一些专业文书，如法律文书、经济文书等专业性非常强的文书，秘书人员必须具备扎实、精深的专业知识才能胜任文书的起草工作。

3. 文体辞章素养

文体辞章素养指起草者的语言修养和应用写作知识修养。

语言修养体现在整个写作过程中，从开始观察、感受、积累材料，到构思、修改，全部与语言修养密切相关。譬如观察和感受，没有比较丰富的词汇便不能体验出细致的感受，即使有体会，也无法用文字把它固定下来。这正是我们常常感到的笔力不足，心中想得很好，却无法很好地落实到笔下。如果观察时不能用语言把它固定下来，构思时便无法通过想象呈现清晰的图象，写作时也便无法构成清晰的画面，不知从何下笔。因此，秘书人员必须下苦功夫学习语言。没有一定的语言积累，便没有从事写作的资本，而要想有较高的写作水平，就必须永远研习语言。就一般情况而言，学习语言，必须与思想的锤炼相结合。高尔基说："语言是'思想的直接现实'。"公文中出现用词不当、语句不通、表述不清、文气不顺等现象，往往与思维上的毛病有直接关系。一般说来，语言上的紊乱，与思路纷杂、缺乏条理有关；语言上的肤浅，则是认识浮泛、缺少深度的表现；语言上的拖沓累赘，是思维松散、不够缜密的结果。想问题的同时就在运用语言，运用语言的同时就在动脑筋，语言和思维很难分开，因此，矫正语言上的毛病不能只在文字上涂涂改改，还应在思想上反复锤炼；而从另一方面看，思想上的毛病通过语言的形式表现出来，凝固在纸面上，才容易发现它，改正它。所以，语言训练必须与思维训练结合进行。

除了加强语言修养，秘书人员更应该知晓文书写作与文书处理的专业知识，强化应用写作知识修养。在接受领导的授意后，能快速地起草文稿，快速地收发文，从而快速地解决问题、处理事务。这也是本教材所希冀达到的目标。

三、应用写作主体的能力要求

知识是能力的基础，秘书人员要将学与思、学与用有机结合，将获得的知识转换成能力，方能应用到集材、运思和表达的写作过程中。

应用写作主体所具备的能力在写作活动中的作用，在当今公务员考试申论科目上得到了最鲜明的呈现。申论考试形式是给出五六千或七八千字，甚至更多字数的材料，要求考生根据给定材料回答四或五道题。申论并非单纯的写作，本质上是公务员实际工作中的政务信息工作在考试中的模拟再现。政务信息指为各级政府部门和各级领导把握大局、正确指导工作和进行科学决策而搜集、写作的信息。因为是笔试，申论省略了信息获取（收集）环节，通过给定材料的形式，将国家治理和社会民生的热点问题通过一个个事件、案例呈现给考生。这是一大堆芜杂、肤浅、零乱的材料，考生必须在阅读材料的基础上，对给定材料进行整理、分类、归类、筛选、鉴定、加工等处理信息。这是一种以考查考生的实际能力为目标的非常科学的测评科目。例如《江苏省 2022 年度考试录用公务员公共科目笔试考试大纲》明确了"申论是测查从事机关工作应当具备的基本能力"，并明确主要测查报考者的阅读理解能力、综合分析能力、贯彻执行能力、提出和解决问题能力、依法办事能力、公共服务能力、群众工作能力和应用写作能力、文字表达能力等。大纲中对这些能力要求进行了具体的解释："阅读理解能力——要求全面把握给定资料的内容，准确理解给定资料的含义，准确提炼事实所包含的观点，并揭示所反映的本质问题。综合分析能力——要求对给定资料的全部或部分的内容、观点或问题进行分析和归纳，多角度地思考资料内容，作出合理的推断或评价。贯彻执行能力——要求能够准确理解工作目标和组织意图，遵循依法行政的原则，根据客观实际情况，及时有效地完成任务。提出和解决问题能力——要求借助自身的实践经验或生活体验，在对给定资料理解分析的基础上，发现和界定问题，作出评估或权衡，提出解决问题的方案或措施。文字表达能力——要求熟练使用指定的语种，运用说明、陈述、议论等方式，准确规范、简明畅达地表述思想观点。”“依法办事能力——要求遵循依法行政的原则，综合运用恰当有效的方法完成任务、解决问题、实现目标。公共服务能力——要求能够全面准确了解公众需求和愿望，灵活运用各种措施和办法为公众提供优质、高效、便捷的服务。”“群众工作能力——要求能够站在群众角度思考问题，善于了解群众真实诉求，以有效手段组织动员群众，灵活运用各种措施和办法化解复杂矛盾，解决实际问题。应用写作能力——要求能够根据工作任务，恰当组织语言，准确、得体、有条理地进行书面表达。”我们可以看到，在给定材料的基础上，如果不具备这些基本能力，是根本无法发现问题、有效地分析问题和解决问题的。对于开展应用写作的秘书来说，同样如是，如果不具备调查研究的能力、阅读理解的能力、研究分析的能力、提出问题的能力、解决问题的能力、文字表达的能力，是根本无法完成一篇文书的。从国家机关秘书人员开展应用写作的角度来讲，不具备依法行政能力、公共服务能力和群众工作能力等更是无法完成一篇开展公共管理的文书。

此外，对秘书人员来说，在写作中，预测能力、创新能力等也是不可或缺的能力构成部分。预测能力是创新能力的一种重要表现。具备这两种能力是由领导本质决定的。领导只有创新，才能给组织带来生机、前途和希望。而这些都会体现在组织的各种文书中。作为一名助手，秘书在代领导立言时也必须在丰厚的知识储备基础上，具备预测和创新能力，有开放的眼光、开阔的视野，善于发现新事物，预测发展趋势，提出新思路、新举措，方能真正以文辅政。

四、应用写作主体的思维方式

1. 越位思维方式

秘书开展应用写作活动是代机关立言，代领导立言。文稿反映的是机关的意志，领导的意志。因此，必须站在机关和领导的高度来写作文书。“身在兵位、胸为帅谋”“关起门来当领导”，想领导之所写，谋领导之所谋。要能够从全局、大局的角度思考问题和解决问题，要考虑到组织整体利益和协调好各部门的利益；要能够有长远的、战略的眼光，在文书中体现并决定着组织的未来发展。这就要求秘书人员不仅在物理空间，更要在精神层面，在思想境界、理论水平等方面，与领导保持尽可能同等的高度，甚至比领导的还要高。秘书人员要充分了解领导的想法、管理理念、工作方式，熟悉领导工作的重点和兴奋点、难点和焦点，及时捕捉到领导思想的火花，才能够代领导立言。领导授意秘书人员写作时，有的领导授意很清楚，主旨很明了，甚至把文章的框架都安排好，这种情况下，秘书人员开展写作时难度较小；

有的领导授意时可能自己也只有不成熟的、零散的想法，这就需要秘书人员能够准确把握领导意图，将其想法明确化、系统化，以完成其为领导科学决策参谋的职责使命。

2. 模式化思维方式

应用文书的外在格式、文本结构和语言表达具有模式化特征，模式化可以使应用文书格式稳固，有利强化其严肃性和权威性，行文思路和语言表达的模式化既有利于起草文书，又有利于阅读、理解文书。因此，秘书人员起草应用文书时忌盲目创新，必须符合国家标准或约定俗成的格式，否则就会削弱文书的严肃性和权威性。文本结构即行文思路也要选择最符合应用文书的思维轨迹。当然，文无定法，结构上推陈出新也是可以的，但一定要使文本主旨明确、结构鲜明、层次清晰、逻辑自洽。语言表达的模式化主要表现为常使用固定的语言表达方式。应用文书有一套较常用的专用词语，这些词语的使用能体现文书的严肃、准确、简洁、庄重，因此，秘书人员要掌握常用的应用文书语言。当然，模式化不代表要因循守旧，特别是语言上，秘书人员也需推陈出新，以求更准确、更鲜明地表达内容。

3. 对象化思维方式

谈到应用写作的对象化思维方式，就要谈到应用写作受体。写作受体是写作产品的接受者和消费者。应用写作受体应该包括两个内涵：一是指应用文书的接受对象，对于公文来说，就是接受文书的机关。二是指应用文书的阅读者。对于应用文书来说，受文机关无法阅读，其读者则是具体到需要阅读文书的相关个人。对象化思维就是要求应用写作者要站在读者和受文机关的角度来写作文书。因为只有站在读者的角度和受文机关的角度，才能够保证自己所写的文书，从主旨到选材，从结构安排到语言表达，都有利于读者快速、准确地阅读和理解，有利于受文机关接受、落实和执行，最终保证应用文书快速地发挥效用。

第二节　应用文书的四大构成要素

写作系统中的写作本体或载体指的就是文章。文章是写作活动的最终产品和成果，是写作价值和意义的直接体现。对应用写作本体的研究，是应用写作学最基本、最重要的方面。不论什么体裁的文章，都由四个基本要素构成，即主旨、材料、结构和语言。其中，材料和主旨是内容要素，结构和语言是形式要素。一篇好文章必须是内容和形式的有机统一体。应用文书的四大构成要素有自己的特点和要求，概括地说，一篇优秀的应用文书应该有正确、鲜明的主旨，典型、充分的材料，分明、有条理的结构和准确、鲜明的语言。

一、应用文书的主旨

（一）什么是主旨

主旨即主题，是作者通过整篇文章所要传达的基本意见或中心思想。应用文书的主旨就是该篇文章要解决什么问题，处理什么事务，以及如何解决问题，如何处理事务，也就是具体的政策、措施、方式、方法、手段和要求等。换言之，就是这篇应用文书是办什么事，以及如何办事的。主旨是文章的灵魂，秘书写作应用文书的目的就是通过文书传达出正确鲜明的观点、意见。从主旨与材料、结构、语言的关系而言，主旨具有统帅作用。材料的详略取舍须按主旨的需要来确定；结构的安排，须从表现主旨出发；语言的运用，也得为表现主旨服务。这些都要受到主旨的制约，共同为主旨服务。

（二）确立应用文书主旨的原则

1. 主旨必须正确

主旨正确的原则在《党政机关公文处理工作条例》第十九条第一项有明确体现。拟制党政公文应当“符合国家法律法规和党的路线方针政策，完整准确体现发文机关意图，并同现行有关公文相衔接”。实际上，不管是党政机关文书，还是其他组织的文书，其内容都要符合国家的法律法规，符合党和国家的路线、方针、政策，符合上级机关的政策、指示。主旨正确还意味着文书内容要符合客观事物的发展规律，比如春天时不能发文提倡伐树、打猎，发通知开会不能定在三更半夜。此外，主旨正确还意味着秘书起草文书要能够准确地领会和表达领导的意图。秘书从领导那里接受拟制任务时，一定要弄清并即时记录下领导意图，回去后深入思考，进而以鲜明的结构和语言完整准确地体现领导意志。

2. 主旨必须务实

主旨务实的原则在《党政机关公文处理工作条例》第十九条第二项也有明确体现。拟制党政公文应当“一切从实际出发，分析问题实事求是，所提政策措施和办法切实可行”。务实的内涵就是文书的内容要有现实针对性，所解决的问题和处理的事务的的确确是现实工作中发生的，必须要做的，或是出现了问题的苗头。分析问题也要务实，要客观、全面、辩证地进行有效分析，在此基础上提出的解决办法才能有效。办法有效是指办法具有可行性、可操作性，收文方在收文后能够按照文书的要求切实开展工作，取得实效。比如写计划类文书，首先目标要务实，目标定得太高或太低都不利于组织的发展。为了完成目标的措施也要务实，要能够通过努力完成设定的目标，否则这个计划就不能发挥它的作用。

3. 主旨必须单一

主旨单一体现了应用写作要遵循的一个基本制度——“一文一事”。“一文一事”指主旨要单一、集中，一篇文章只写一件事情。当然如果两件事情之间有关联，也可以纳入一篇文章，是不违反“一文一事”的原则的。“意多乱文”，用笔不集中，就很难把意思说明、说深、说透。“一文一事”就是强调不能把毫不相关的几件事情放到一篇文章里。只有主旨集中，文章才有好的表达效果，才容易被对方理解；只有主旨集中，文章才能写得深刻，重点才会更突出、鲜明。如果一文多事，对于起草者来说，行文时不容易准确表达；对于收文者来说，可能会对阅读理解造成一定障碍，更严重的则是执行时难以分出轻重缓急，不利于文件的落实、工作的开展。

4. **主旨必须鲜明**

主旨鲜明是指应用文书要解决什么问题，处理什么事务，如何解决，如何处理，以及相应的要求等，一定要清清楚楚、明明白白、准确无误地体现出来，不能模糊不清、闪烁其辞、模棱两可，让人读后不知所云、糊里糊涂。叶圣陶老先生就曾经说过，“公文不一定要好文章，但必须写得一清二楚、十分明确、字稳句妥、通体通顺，让人家不折不扣地了解你说的是什么”。主旨的鲜明是通过结构的鲜明和语言的鲜明体现出来的。一篇好的应用文书，其结构一定要分明、清晰、有条理，语言要准确、恰当、质朴。

5. **主旨必须新颖**

首先，立意新颖就是不能人云亦云，毫无新见，或者说不能写一些陈旧的、老掉牙的内容，秘书人员要有创新思维和创新能力，努力做到有新的认识、新的观点，新的探索、新的角度，新的思路、新的举措。其次，立意新颖意味着要与时俱进。秘书起草的应用文书是面向未来、解决现实问题的。因此，写文章要站在时代的前沿，敏锐感应时代的变化，因时而动，顺势而为。起草者要拥有敏锐的观察力、洞察力和预测能力，及时捕捉事物变化的迹象或问题的苗头，科学分析、准确判断、果断行动。除了“求新”，立意新颖还意味着要“求异”。本地区、本部门的应用文书一定要有本部门、本地区的特色和亮点，正所谓“因地而异”。

【病文】

会议通知

各中、小学：

根据上级要求，对全县中小学状况进行一次全面大检查。我们拟召开中小学负责人会议，现将有关事项通知如下：

一、会议时间：2019 年 10 月 5 日先在教育局报到，会期三天。

二、参加会议人员：各中小学校长各一名。

×××县教育局

2021 年 9 月 9 日

【简析】 该篇文书虽然标题当中写明是会议通知，但如果仅仅是开会的话，根本不需要三天时间，开会无非是学习文件、布置工作，半天足矣。文中写“会期三天”也许是开会加检查，但正文中又没说清楚。所以这一篇文书最大的问题就是主旨不清晰。除此之外，这篇文章还有很多严重的问题，如标题不规范、发文依据不明确、时间不明确、语言表达不准确等。我们可将该篇文章修改成两篇，见例文 2-1 和例文 2-2。

【例文 2－1】

×××县教育局关于召开卫生工作会议的通知

各中小学、各乡(镇)教办：

市教育局××××年×月××日的《××××××××××通知》要求：为了迅速改变中小学存在的严重的卫生状况，各县要在近期内对所属的中小学卫生状况进行一次全面大检查，以便找出有效的整改措施。为此，我局决定召开全县中小学和乡(镇)教办负责人会议，学习有关文件，布置有关工作。

会议时间：×月××日上午 9:00—11:00

会议地点：教育局第一会议室

出席人员：各中小学和乡(镇)教办负责人 1 名

××县教育局

2021 年 9 月 9 日

【例文 2－2】

×××县教育局关于对各中小学卫生状况进行大检查的通知

各中小学、各乡(镇)教办：

按照市教育局××××年×月×日《××××××××××通知》的要求和我局的有关安排，我们决定用 3 天时间组织各中小学和各乡(镇)教办负责人对全县中小学的卫生状况进行一次大检查。现将有关事宜通知如下：

一、时间 3 天(2021 年 10 月 5 日—7 日)，具体安排如下：

1. 10 月 5 日上午 10 时前，参加会议人员到教育局会议室报到；10 时 30 分开会，由×××副局长说明大检查的有关事宜；

2. 10 月 5 日下午 2 时 30 分至 5 时 30 分在局会议室继续开会，由各乡(镇)教办按我局×月×日通知要求汇报各乡(镇)中小学自我检查情况；

3. 10 月 6 日全天，分 4 个组分别到重点检查的中小学进行检查；

4. 10 月 7 日，上午在局会议室由各组负责人汇报检查情况，然后由×××局长作检查总结并布置今后工作。下午，大检查结束。

二、参加大检查人员：各中小学负责人 1 名，各乡(镇)教办负责人 1 名。

三、参加检查人员在检查进行期间的食宿由教育局统一安排。

×××县教育局

2021 年 10 月 1 日

（三）应用文书显旨技法

1. 标题明旨

标题明旨即在文章的标题中点明主旨。绝大多数应用文书采用标题显旨的技法。党政公文标题的规范形式是“发文机关＋事由＋文种”，事由要求能够准确简要地概括公文的主要内容，让读者一看到标题，就知道这篇公文是解决什么问题或处理什么事务的。如《××市人民政府关于加强大气污染防治工作的通知》这个标题，其主旨是加强大气污染的防治工作，非常明了。规章制度类文书的标题如《党政机关公文处理工作条例》，非法定文书的标题如《农村人居环境专项治理工作计划》《清明文明祭扫倡议书》《××市节水宣传稿——节约用水从我做起》等，都清楚地写明了文书的主旨。应用文书要求受文者在快速准确理解文意的基础上解决问题、处理事务，而标题是文章的“眼睛”，所以，应用文书的标题都应该写明主旨，只是以文种做标题是不妥的。

2. 篇前撮要

篇前撮要指在文章的开头部分亮明主旨。与先顾左右而言他的曲径通幽式开头相比，这种开门见山式开头最契合应用文书写作意图。开篇即简明扼要地把文章的结论、总的观点、中心内容明确地呈现出来，使受文者能快速抓住全文要领，进而阅读全文，掌握具体内容，达到提纲挈领、纲举目张的目的。如《国务院批转发展改革委等部门关于深化收入分配制度改革若干意见的通知》（国发〔2013〕6 号）中的开头：“国务院同意发展改革委、财政部、人力资源社会保障部《关于深化收入分配制度改革的若干意见》，现转发给你们，请认真贯彻执行。”这段开头就把主旨直截了当地显露出来。在亮明主旨之后，紧接着阐明深化收入分配制度改革的重要性，分析当前的形势，提出深化收入分配制度改革的原则举措，以及对受文者在收文之后的落实提出要求。

3. 段前撮要

段前撮要指用简短的一句话或一个词组概括该段的主旨，并将其写在段首（又称段旨句），或作为小标题。这是应用文书的主体部分通常使用的显旨技法。这些分散在主体各个层次各个段落的主旨，是对发文者观点、意见的具体阐述，与开头的主旨共同组成全文的主要内容，完整体现发文者的观点和意见。小标题在应用文书中发挥着重要作用，它可以使文书的主旨更加明显，公文的结构更加清晰，使文书更具易读性。如发展改革委、财政部和人力资源社会保障部联合制发的《关于深化收入分配制度改革的若干意见》一文主体部分包含七个小标题，即“一、充分认识深化收入分配制度改革的重要性和艰巨性”“二、准确把握深化收入分配制度改革的总体要求和主要目标”“三、继续完善初次分配机制”“四、加快健全再分配调节机制”“五、建立健全促进农民收入较快增长的长效机制”“六、推动形成公开透明、公正合理的收入分配秩序”“七、加强深化收入分配制度改革的组织领导”。这七个小标题是对开头“必须深化收入分配制度改革”概括式主旨的具体阐述。另外，各个小标题下一层又有具体阐述，如“七、加强深化收入分配制度改革的组织领导”的下一层又包含了三个段旨句（即把整段的内容概括为一句话，作为段落开头第一句），即“33. 统一认识，加强领导”“34. 突出重点，强化实施”“35. 深入宣传，注重引导”。这些小标题和段旨句使全文的主旨明白显露出来，方便阅读、理解，正所谓“纲举目张”。

（四）应用文书小标题的拟写

应用文书小标题也叫撮要句，在应用文书中恰当使用小标题具有重要的作用。可以增强文书主旨的显明性，使其突出醒目；可以增强文书的层次性，使其条理清楚；可以增强文书的易读性，使其易于阅读。

1. 拟制小标题应遵循的原则

（1）内容上应遵循的原则

拟制小标题在内容上应遵循独立不重叠、穷尽不遗漏，层次清晰、符合逻辑的原则。

① 独立不重叠、穷尽不遗漏

独立不重叠是指小标题应该在同一个层面上，且它们之间相互不包含。这意味着我们写小标题的时候，小标题与小标题之间要相互独立，不能一大一小地相互包含、交叉。

穷尽不遗漏是指某个层次的小标题必须把这个层面所包含的方方面面都表达完，力求做到全面完整，没有遗漏或缺失。

② 层次清晰、符合逻辑

层次清晰的内涵是：总标题要管住全篇，大标题要管住小标题，小标题要管住内容，同一层次、不同层次的标题不仅要符合不重复、不遗漏的要求，而且要符合逻辑。符合逻辑指小标题要符合由低到高、由简单到复杂、由显到隐、由外到内、由重到轻、由主要到次要的事物客观顺序和认识顺序、表达顺序（可以是正向，也可以是逆向。不管正向排列，还是逆向排列，都必须符合正确的顺序）；也要符合辩证法关于联系发展、内因外因、量变质变、对立统一、原因结果、偶然必然、现实可能、内容形式、现象本质等原理。

（2）形式上应遵循的原则

拟制小标题在形式上应遵循精准简练、相对工整、讲究文采的原则。

① 精准简练

小标题的表达必须准确、简练，不含糊、无歧义，不啰嗦、不繁冗。要坚持语言简练与表意精准相协调，更加突出表意精准，语言简繁与否必须服从于表意精准的需要，切忌为求语言简练而使表意模糊、片面，切忌简而不明。

② 相对工整

相对工整指小标题在形式上保持相对工整。具体表现为句式表达上要相同相近，文字篇幅要大致相当。但是，要坚持小标题的形式与内容相统一，在表意精准的前提下，遵循相对工整性。做到形式服从内容，切忌为形式而形式，切忌词不达意。

③ 讲究文采

拟写小标题还要讲究一定的艺术性，要新颖、灵动，具备一定的文采，体现出一定的生动性和形象性。增强标题的文采，可运用以下几种方法：

一是灵活运用各种修辞手法。小标题中用得最多的是排比手法，通过排比增强文章气势、流畅度。如，“加强学习，提升科学发展的认知能力；解放思想，提升科学发展的创新能力；注重实践，提升科学发展的执行能力”，“要有持之以恒的毅力；要有攻坚克难的勇气；要有统筹施策的能力；要有扩大成果的魄力”。比喻也经常用在小标题中。如，《落实“四个全面”要铆足四股劲》一文，小标题有“要有‘打蛇打七寸’的准劲；要有‘蚂蚁啃大象’的韧劲；要有‘牛犊不怕虎’的干劲；要有‘狮子搏象兔’的狠劲”。再如，“细化分工，打赢主动仗；推敲方案，明确路线图；注重协调，当好总枢纽；积极创新，展现新气象”。这些小标题中的比喻使文章形象贴切、易于理解。此外，重复也经常用在小标题的拟写中。比如，谈干部在换届期间不能心智涣散，小标题为“要有定力；要敢担当；要善作为；要存敬畏”。再如，谈谈简政放权不能“甩手”不管，小标题有“‘甩手’不管，是懒政惰政表现；‘甩手’不管，会增加基层负担；‘甩手’不管，不利于改革推进”。

二是善用成语、谚语、名言、经典诗词等。比如，谈如何破解文化产业发展的资源瓶颈，有以下小标题：“善于珠联璧合；善于小题大做；善于就地取材；善于无中生有；善于点石成金”。又比如，宣讲材料《让先进性在求知成才中闪光》的小标题：“莫让时光付水流——必须只争朝夕；学海无涯苦作舟——贵在勤奋刻苦；遨游知识大海洋——明确主攻方向；达事半功倍之效——重在掌握方法。”

2. **把握小标题的提炼角度**

一般来说，应用文书的小标题有以下几种常见的提炼角度。

(1) 围绕“措施”提炼标题

如：一是抓力度，领导重视到位

二是抓指标，目标考核到位

三是抓合力，综合协调到位

四是抓制度，责任追查到位

五是抓素质，队伍建设到位

(2) 围绕“措施+目的”提炼小标题

如：一是全面调查摸清底数，确保重点工作对象

二是认真开展学习教育，奠定政治思想基础

三是全面组织考察验收，确保评议党员质量

(3) 围绕“措施+成效”提炼小标题

如：（一）落实“六稳”政策措施，实体经济提质增效

（二）打好政策“组合拳”，创新名城效应加速释放

（三）推动区域协调发展，城乡功能品质加快提升

（四）发挥改革牵引作用，开放平台建设实现新突破

（五）坚持标本兼治，三大攻坚战取得关键进展

（六）提升制度化保障水平，改善民生更具实效

（4）围绕“成效”提炼小标题

如：（一）经济发展取得新成绩

（二）产业结构优化提升

（三）发展动能加快转换

（四）城乡区域协调发展取得新成效

（5）围绕原因提炼小标题

如：（一）明知故犯已习惯

（二）不良嗜好在作怪

（三）权力监督成摆设

（6）围绕“问题”提炼小标题

如：（一）回避问题

（二）追逐名利

（三）脱离实际

（四）应付过关

二、应用文书的材料

（一）什么是材料

材料是写作主体为了某一写作目的，从工作、生活中搜集，写入文章中的事物与观念。凡是用来提炼和表现主题的事物和观念都可称之为材料。它不仅指写入文章中的如人物、事件、数据、言论、原理等材料，也包括作者在写作前积累和搜集的材料。

（二）材料与主旨的关系

应用文书的四个写作要素中，材料居于基础地位。没有材料、没有对要写的问题有全面深入的认识，就形成不了主旨，也就谈不到安排结构、遣词造句来表达。因此材料是文章内容的来源和物质基础，是提炼和表现主题的依据。

首先，材料是形成应用文书主旨的前提。任何应用文书都表达制发机关的意志。秘书起草应用文书时，这些意志并不是天生就出现在其头脑中的，而是来源于对工作的认识，来源于对所要反映对象的认识。不了解情况或仅知情况的皮毛，就形成不了正确的认识，也就

形成不了文书的主旨。这是一个从具体到抽象的过程，从纷繁复杂的表象到达事物本质的过程。

其次，材料是表现应用文书主旨的支柱。应用文书的主旨是抽象的观点，主旨形成后，要把它表现出来，并为读者所理解、所接受，则又需要材料。因为主旨表现的过程是由抽象到具体的过程，一定的主旨要靠一定的材料加以表现。没有一些典型、充实、有力的材料来支撑，主旨就是抽象的，不利于理解和接受。

主旨在材料的基础上确立，反过来主旨又支配着材料的取舍。在这种相互依存又相互制约的关系中，材料始终居于优先的地位。材料是第一性的，主旨是第二性的。主旨产生之前，材料是形成主旨的基础；主旨产生之后，材料又是表现主旨的支柱。因此，秘书人员写作应用文书，必须大量、详尽地占有材料。

（三）应用文书的材料类型

1. 事实材料和理论材料

事实材料是指社会生活中真实的事件、现象和行为。秘书人员起草文书必须要充分地了解情况，所以事实材料要多多收集。理论材料包括基础理论、知识常识、政策法规、领导意图等，还有各种各样的文件、资料，如上级的指示、命令、决定等，下级的计划、报告等。理论材料的用处主要有：一是直接写入文章中。将领导意图系统化、完整化后就是文章主旨；将国家的政策、法律法规作为发文依据写入文书中，增强文书的权威性。二是作为分析事实、提出对策的理论工具。从这个意义上说，秘书开展应用文书写作必须具有深厚的理论储备和良好的政策修养，才能在全面充分了解事实的基础上，运用理论去分析问题，找到切入点，找到要害处，找到问题的本质，找到解决问题的可行对策。所以，这些理论材料要求秘书平时就要下足功夫，万不能接受任务后，临时去查找、收集。临时抱佛脚的做法是绝对无法助其写作的。

2. 直接材料和间接材料

凡是凭借五官接触的事物，通过耳闻目睹获得的第一手材料，就叫直接材料。它是通过起草者自己的观察得到的切身感受，因而最新鲜、最实在、最有活力。但是，个人经历毕竟有限，事事躬亲，既不可能也没必要，因而还得借助第二手材料，这就是间接材料。例如听取介绍，查阅简报、记录、报表等。这类材料较真实、具体、广泛、客观，也很有价值。但需要起草者认真核查，确保材料真实、准确。即便是秘书自己观察得来的直接材料，也要防止观察的片面和肤浅，争取多方面、多角度地观察以保证材料的真实、全面和深入。

3. 现实材料和历史材料

应用写作的任务，在于解决现实生活中的各种问题，因此，搜集和掌握现实生活中实际情况的材料是非常重要的。但是，任何一个事物都有前世今生和未来，仅仅看到它的现在还是不够的，还要看到它的发生、发展，关注它的来龙去脉。秘书人员起草文书要善于运用历史的眼光认识发展规律、把握前进方向、指导现实工作。只有注重历史的经验教训，从历史的经验教训中汲取智慧与能量，才能更好地服务现实和未来。因此，秘书人员既要着眼于现实材料，又要尽可能多地了解有关的历史材料，做到知古知今，方能洞察本质，预测趋势。

4. **具体材料和概括材料**

具体材料就是“点”上材料，指具体的某件事，某个组织、某个部门的情况。概括材料就是“面”上材料，即与某“点”材料相关的某一方面的材料。这两者的有机结合，对于加强应用写作的针对性和指导性有着重要的积极意义。点面结合在汇报性、总结性文书中尤为重要。没有“点”上的材料，往往导致文件的一般化，缺乏足够的说服力；没有“面”上的材料，往往说不清问题，不能给人以宏观、全局的概念，同样会影响文书的效用。

5. **正面材料和反面材料**

正面材料指应当肯定、赞成、褒扬的材料；反面材料指应当否定、反对、贬斥的材料。有比较才能鉴别，掌握这两方面的材料，便于进行比较研究，揭示事物本质，无论对确立主旨还是表现主旨，都有不可忽视的意义。有的应用文书主要以正面材料作为事实根据，有的则主要以反面材料作为依据，特别是在规范人们行为而提出限定要求时，往往要借助反面材料。

（四）收集材料的方法

收集材料是秘书人员开展应用写作的基本功。秘书人员要掌握调查材料的理论和方法，了解调查的主要类型，熟练地运用文献法、观察法、访问法、问卷法等各种科学的方法来收集材料，以求全面、充分、深入地占有材料。

1. **调查的主要类型**

普遍调查，简称普查，就是对调查对象的全部单位无一例外地逐个进行的调查。普查是正确认识本部门、本地区、本单位的基本情况，科学制定发展规划的重要方法。其最大优点是调查资料的全面性和准确性。局限性主要表现在：一是工作量大，花费大，组织工作异常复杂，且时效性差。二是调查内容有限。普查很难对有关问题进行深入研究，更适用于调查一些最基本、最重要的项目，如对有关全局性的基本情况进行调查。

典型调查，就是从调查对象中选择具有代表性的单位作为典型，并通过对典型的调查来认识同类社会现象的本质及其发展规律的方法。典型调查是深入了解情况、获取资料的重要方法。其优点是由于调查范围小、调查单位小，可以采用多种方法做反复、深入的调查，能获得比较真实、可靠的资料，还可以节省人力、财力、物力等。不足之处是在实际操作中选择真正有代表性的典型单位比较困难，且其代表性总是不完全的，调查的结论受调查者的态度和能力的影响，结论是否具有普遍意义很难测定。

抽样调查，就是运用一定方法在调查对象总体中抽取一部分调查对象作为样本，并以对样本调查的结果来推断总体的方法。抽样调查的优点是抽取样本客观，代表性强，有利于对总体进行定量研究，推断总体比较准确。此外，调查成本低、调查效率高。也就是说，抽样调查虽然是非全面调查，但它的目的却在于取得反映总体情况的信息资料，也可起到全面调查的作用。其不足在于具有不稳定性，与事实有所偏差，对于调查总体尚不清楚、不明晰的调查对象，如正在形成中的新生事物以及各种隐秘现象，很难进行抽样调查。此外，从实际操作来看，如果秘书人员数学知识不足或缺乏使用计算机能力，很难使用这种调查方法。

2. 调查的主要方法

文献法，也称历史文献法，就是搜集各种文献资料、摘取有用信息、研究有关内容的方法。文献是人类知识的结晶，是秘书人员获取材料的重要途径。通过文献法，可以了解调查对象的历史和现状，了解与调查课题有关的已有成果、理论和方法以及相关的政策和法律等。秘书人员要充分利用所掌握的图书情报资料，按照迅速浏览、慎重筛选、认真阅读、及时记录、内容分析的程序来开展文献工作，以期获取有价值的材料。通过文献法获取材料的优点主要有：一是超越时空限制，通过对古今中外的文献调查可以获取极其广泛的资料。二是文献法只对各种文献进行调查和研究，可以研究那些无法接触的研究对象，也可以避免直接调查中经常发生的调查者与被调查者互动过程中可能产生的种种反应性误差。三是文献法获取资料省时、省钱、安全、方便。缺点在于：一是只能获取书面资料，缺乏具体性和生动性，“纸上得来终觉浅”。二是文献具有滞后性，总有一些新事物、新现象、新情况、新问题没有记录在文献上。三是有些资料不易获得，难以找齐、找全，且文献的质量往往难以保证。

观察法，也称实地观察法，是观察者有目的、有计划地运用自己的感觉器官或借助科学观察工具，能动地了解处于自然状态下的社会现象的方法。观察法是一种有目的、有计划的、积极的、能动的自觉认识活动，它运用人的感觉器官和科学观察工具如照相机、摄影机等观察自然状态的社会现象。根据不同的标准，观察法可分为参与观察和非参与观察、有结构观察和无结构观察、直接观察和间接观察等。秘书人员通过观察法来收集资料，要注意选好观察对象和环境，选准观察时间和场合，灵活地安排观察程序，与被观察者建立良好的人际关系，尽可能减少观察活动对被观察者的影响，努力减少观察误差，特别要注意把观察与思考紧密结合起来，及时做好观察记录。观察法的优点在于获取材料的直观性和可靠性。观察者直接感知客观对象，所获得的是直接的、具体的、生动的、可靠的感性认识，特别是参与观察更能掌握大量第一资料。缺点体现在，实际观察中，观察者所观察到的都是事物的表面现象或外部联系，而且都是特定时间、地点、条件下的社会现象，往往带有一定的偶然性。

访问法，也称访谈法，就是访问者通过口头交谈等方式直接向被访问者了解情况或探讨问题的调查方法。在实际调查过程中，访问法和观察法往往结合使用、互相补充，都是了解情况、获取材料的基本方法。访问法是一种双向传导的互动式调查，访问者与被访问者以面对面、口头交谈的方式进行，需要一定的访谈技巧和有效地控制访谈过程。访问调查法可分为标准化访问和非标准化访问、直接访问和间接访问等。标准化访问也称结构化访问，是按照统一设计的、有一定结构的问题所进行的访问。这种访问的好处是便于对访问结果进行统计和分析，便于对不同被访问者的回答进行对比研究。非标准化访问也称非结构性访问，是按照一定调查目的和一个粗线条调查提纲进行的访问。好处是有利于充分发挥访问者和被访问者的主动性，适应变化的情况，并有利于对问题进行较深入的探讨。直接访问就是访问者与被访问者进行面对面的访谈，间接访问是指访问者通过电话、电脑、书面问卷等中介工具对被访问者进行访问。秘书人员要根据需要选择恰当的访谈法，以平等、友好的态度和恰当的方式接近被访问者，掌握提问、回应和引导、追询的技巧，做好访谈记录，方能取得需要的材料。

（五）选择材料的原则

收集到的材料，并不会全都写入应用文书中。秘书在对材料进行综合提炼形成主旨、确立观点后，就应根据表现主旨的需要来决定材料的取舍剪裁。凡能够表现主旨的材料就要保留选用，凡不能表现主旨的材料就要坚决舍弃。

1. 材料要真实

真实性是指尊重客观事物的客观性和反映事物变化的准确性。应用文书使用的材料必须能够真实反映客观事物的现状和变化。真实的材料是应用文书的生命。材料不真实，便会得出错误的结论，这样的结论比没有结论更有害。如应用文书中经常要用到数据来说明情况，这些数据一定要保证它的真实性。因此，秘书人员对收集来的材料，都要经过核实，力戒偏颇、疏漏和误差，去伪存真，选择确有其事、确凿无误的材料。要保证材料的真实性还应该在选材时防止出现以偏概全、张冠李戴等现象。因为“偏”和“张冠”虽然是真实的，但是“偏”了就不能准确反映完整的、整体的情况，而让“李戴”“张冠”，主体错误，也就不真实了。

2. 材料要准确

材料准确包含两层意思：一是真实无误、确凿可靠。二是材料要确切地体现主旨，要根据主旨来决定材料的取舍剪裁，安排主次详略。如《关于 819 库房火灾情况的报告》一文中写到：“市××仓库 819 库房在本月 6 日晚 8 时失火。火借风力迅速蔓延，一时浓烟滚滚火光冲天。市消防大队接报后，马上出动 6 辆消防车风驰电掣般地赶到现场。消防队员跳下车之后，个个都像进入了格斗场的斗士、人人都像山野的猴子那样机灵，占了有利位置后立即灌救。十几条水柱就像十几条巨龙扑向大火。经过两小时争分夺秒的战斗，大火恶魔终于被降伏了。”这是汇报火灾情况的报告，无须把消防员救火的情景描写得那么详细，只需要简略地说明一下扑救的情况即可。材料是用来说明主旨的，必须围绕主旨来选材。如果将那些与主旨无关或关系不大的材料写进文章，不仅无助于文章主旨的表现，还会破坏主旨的集中与鲜明。

3. **材料要典型**

典型的意思是指材料要具有代表性。典型材料具有普遍意义，能代表其他材料，能够通过个例表现出一般情况，通过个性来反映事物的共性。典型材料要能够揭示事物本质，强有力地表现和突出主旨。同时，还强调少而精，不堆砌材料，使文章短小、精悍。如果硬把收集到的材料写入文章，就会使文章内容重复、篇幅冗长、淹没主旨，不利于观点的鲜明呈现。因此，秘书人员要能够对纷繁材料去粗取精，进行筛选、鉴别，分析、比较，抓住事物的特点和本质，选取最具有代表性、最能突显主旨的材料。

4. **材料要充分**

材料典型要求少而精，但不能少到说明不了问题，所以还需要充分的材料，充分地说明问题。典型和充分二者并不相悖。材料少，但是有分量，有密度，很典型，这样也能充分地说明问题。此外，像调查报告、汇报材料、总结等文书，其结构庞大、内容丰富，则所需材料的数量就要多一些。

5. **材料要新鲜**

应用文书是解决、处理当下工作中的问题和事务，因此写作应用文书时所选用的不管是事实材料还是理论材料，都要求新颖、新鲜，必须能说明客观事物的最新面貌，回答现实生活中人们最关心的、最迫切需要了解的新情况、新问题、新成果、新数据、新经验、新思想、新政策、新人、新事等。不能陈年旧事拿来说明当前情况，不能把已经被废止的法规政策来处理当前的问题。这就要求秘书人员要随时更新自己的理论储备和资料库，随时眼观六路、耳听八方地收集、发现、观察新事物、新情况，发现事物的苗头，并在写作时选择新鲜事物、新鲜理论。

【病文】

关于建宿舍楼的请示

区人民政府：

我局下属的单位多、职工多，老职工更多。过去因无资金从未建过一间职工宿舍。职工的住房非常困难，再不解决就会影响职工的工作积极性。但是过去我们无条件建房，现在我局在党的正确路线指引下，经过改革，企业有了活力。自去年来，我局除向国家上缴利税外，还有一些盈余。我们准备用这笔钱，将一处商店撤消，并入附近商店，自筹资金、地皮，建一栋三门六层的职工宿舍楼。这样既可以解决职工的住房困难，安定职工的工作情绪，也不会因撤消商店影响附近居民购买商品。

以上请示，恳请批准。

××区××局

2015 年 6 月 4 日

【简析】 该篇请示主旨十分明确，即请求上级批准自己自筹资金和地皮建职工宿舍楼。但由于作为理由的材料太过于笼统，不明确、不具体，该请示获得批准的可能性几乎没有。文中在说明建房必要性的时候，用"单位多、职工多，老职工更多"，"多"是一个模糊词语，究竟如何多，多到什么程度，文中没有说清楚。在谈到建房的可行性时，也没有说清具体筹得资金的数额，地皮的具体地点和面积。对于"不会因撤消商店影响附近居民购买商品"也没谈到具体的举措。所以该文的主旨虽然明确，但由于材料不具体、不明确、不充分，导致该文难以获得领导机关的批准。以下是修改后的文章。

【例文 2－3】

关于建职工宿舍楼的请示

区人民政府：

我局下属单位有××个、职工有××××人，其中 35 岁以上的老职工有×××人，过去因无资金我局从未建过一间职工宿舍。现在职工的住房非常困难。××××人中住房有困难的有×××人，其中没有住房投亲靠友的有××人，两代同堂、三代同堂的有××人。这不仅严重影响职工的生活，也影响职工的工作积极性。

改革开放以来，在党的正确路线指引下，我们搞活了企业。去年开始，我局除向国家上缴利税×××万元外，还有××万元盈余。我们准备将这笔钱用于解决职工的住房困难问题。经过充分论证，我们拟在不影响居民购物的前提下，将××处××商店撤消并入附近的××商店，在××商店的×××平方米的地基上建一栋三门六层的宿舍楼。这栋宿舍楼建好以后，可以使我局××%职工的住房困难问题得到解决，有效地缓解我局职工住房困难状况。建筑这栋职工宿舍楼，经建筑部门的匡算共需资金××万元，全部由我局自行解决。

恳请区政府批准我们自筹资金、地皮建一栋三门六层职工宿舍楼的请求。

特此请示，请批复。

××区××局

2015 年 6 月 4 日

【简析】 修改后的请示中添加了很多具体、详实的数据，关于职工人数、住房情况等各种数据，以及资金数额、建房面积、商店的名称等，这些材料的加入都使理由更加充分。比如第一段建房的必要性中添加的各种数据，就使领导机关难以否定建房的请求。需要我们注意的是，应用文书经常使用大量的数据来说明情况，因此，秘书人员应学会使用数据来说明情况，并确保数据的真实准确。

三、应用文书的结构

首先需要说明两点：一是本单元的应用文书既包括法定文书，又包括非法定文书；二是结构既指应用文书的外在结构即格式，又指应用文书的内在结构即行文思路。法定文书的格式有国家标准明确规定，非法定文书也都有约定俗成的格式。不管是法定文书还是非法定文书，应用文书的外在结构（格式）大致都有文头、标题、主送机关（称呼）、正文、落款、文尾等诸要素。

（一）文头

文头指文书标题以上的有关格式成分。不是所有的文书标题以上都有文头部分。目前应用文书中法定公文和简报有文头。法定公文的文头被称为版头，简报的文头被称为报头。

平顶山市财政局
平顶山市工业和信息化局
平顶山市国家税务局 文件
平顶山市地方税务局
平顶山市工商行政管理局
中国银行业监督管理委员会平顶山监管分局

平财办会〔2012〕12号

中国美术学院深入学习实践科学发展观活动

简 报

第10期

中共中国美术学院委员会
深入学习实践科学发展观活动领导小组办公室　　2009年4月7日

(二) 标题

1. **法定文书标题的写法**

法定文书的标题由发文机关、事由和文种组成。如《××省人民政府办公厅关于调整内设机构的通知》这一标题,“××省人民政府办公厅”是发文机关,“调整内设机构”是事由,事由前加上一个表示关涉关系的介词“关于”,“通知”是文种。法定公文标题的拟写要符合现行的《党政机关公文处理工作条例》的规定,标题要完整,即由发文机关、事由、文种三部分构成,不可缺少要素。但在具体工作实践中,经常可见省略发文机关的标题,这种标题在组织内部非正式行文的时候是可以用的。此外,工作中也可见省略中间事由的标题,如《中国人民共和国国务院令》《中华人民共和国外交部公告》等,这种标题同时省掉了介词“关于”。省略以后的标题突显了发文机关,使文书更加严肃、庄重。

拟写发文机关要注意用全称或者规范化的简称。规范化简称指发文官方认可的简称,不能随意滥简。拟写事由要能够准确简要地概括文书的主要内容。如《关于修建办公楼的请示》和《关于修建办公楼所需经费的请示》两个标题,第二个标题就要比第一个标题更加明确。

文种的选择要正确。文种的选择是个难题,因为有很多相似的文种。如通知、通告、通报,如决议、决定,如公告、公报,如公告、通告,等等,这些相似文种的辨析是本教材要讲解的重点内容之一,同时也是难点。

2. **非法定文书标题的写法**

非法定文书标题的拟定相对要灵活多样。可以是法定文书的标题样式,如《上海市人力资源和社会保障局关于在本市工程技术领域实现高技能人才与工程技术人才职业发展贯通的试行方案》,这种法定文书的标题作非法定文书标题时,可以去掉“关于”“的”,如《交通强国建设纲要》;可以概括文书主旨的标题,如某篇宣传稿的标题《节约用水　从我做起》;有些文书也可以采用正副标题格式,如一篇调查报告的标题《画好人生那一“捺”——全市中小学生心理健康教育现状调查》,正标题揭示观点或概括内容,副标题说明针对什么工作的调查。本着标题要体现文章主旨,吸引读者注意力的原则,非法定公文尽量不用文种做标题。

此外,应用文书标题中几乎不出现标点符号。但如果有法规、规章性文件名,则需要将法规、规章加上书名号。如《国务院关于发布〈中华人民共和国野生动物保护实施条例〉的通知》。一些专有名词也需要加引号,如《中央人民政府关于香港特别行政区政府依法禁止“香港民族党”运作的意见》。

(三) 主送机关(称呼)

主送机关指文书的主要受理机关,又叫行文对象、发文对象、受文对象。公务文书是处理公务所用,必须送到机关,由机关的秘书工作机构即办公室签收,进入收文处理程序。致辞类文书和书信类文书的送达对象叫称呼。这些文书要根据场合和对象确定合适的、恰当的称呼。不是所有的文书都有主送机关或称呼。计划、总结等事务类文书和规章制度类文书没有主送机关。法定公文里的公报、公告、通告等泛行文书，因为面向社会发布，也无需主送机关。

（四）正文

正文写作是应用写作的重中之重。秘书开展应用文书写作最重要的目的是完成一篇文章。谈到写作一篇完整的文章，必须先了解"结构"这一基本概念。

结构，原是建筑术语，指的是建筑物的内部构造、间架布局。引用到写作学中来，简单说就是文本内部的组织构造。具体而言，结构就是作者根据主题和表达的需要对具体材料进行组织、安排，从而形成的文章的基本构造形式。安排结构也叫谋篇布局。

对文章结构的安排在写作过程中处在承上启下、由隐到显的中介转化的关键地位。它上承写作者对文章内容的思考，下启书面语言表达意义上的"写"的过程。因此，秘书写作应用文书要做到"言之有序"，就必须思考并安排好：文书的内容应当划分为几个相对独立的组成部分？它们之间应当按什么次序来展开？其中的主干部分应当放在何处予以突出？次要的或辅助的部分应当如何围绕主干部分发挥作用？应当怎样开篇入题更便于引领下文？应当如何安排各个组成部分之间的逻辑关系，并使它们上下连贯、前后呼应、一脉畅通？应当怎样收束全文，从而做到首尾圆合、结构完整？解决好了这些问题，写作者的内在思想才具有了外化为能够被阅读者有效理解和接受的语言文本的可能性和有效性。

1. 结构安排的主要环节

（1）段落和层次

结构的基本单位主要是段落和层次。段落（自然段）指在书面形式上以换行为标示的章法单位，代表着作者思想中的一个步骤，从文字形式上体现文本内容表达过程中的停歇与转换。层次也称结构段、意义段，用以区别段落。层次是指文书内容各主要部分的划分和表达次序的安排，体现了作者基本思路的走向和文章内容展开的逻辑顺序。层次安排合理、清晰，文书内容就会表现得脉络分明、一气贯通。可以说，层次安排是结构安排中最重要的工作，它的意义在于确定全文的行文逻辑。写作前先拟写一个提纲，主要解决的就是层次安排问题。层次通过一定的段落形式才能表现出来，而段落的划分由于不同的作者有不同的处理方式，表现出较大的随意性。因此，层次可以大于、等于或小于自然段。也就是说，一个层次可包括几个自然段，也可只有一个自然段，而一个较长的自然段中，也可分出几个层次来。

段落的划分应注意三点：第一，要注意段落的"单一性"和"完整性"。"单一性"指一段只能说明一个问题，只能有一个段旨，不能把互不相干的意思放在一个段落里。"完整性"指一个意思要在一个段落里集中讲完，不要把一个完整的意思拆得七零八落。第二，各个段落间的意思要有内在联系，使每一段均成为全篇的一个有机组成部分，做到分之为一段，合则为全篇。第三，分段要适当注意整体的匀称，做到轻重相当，长短适度。

层次的安排应注意两点：一是组合部分的不可或缺性。这是从文本内容结构布局的整体性要求出发，对每一层次的安排，都要围绕全文中心思想表达的需要，使其成为体现全文中心思想的一个不可或缺的组合部分。去掉它，全文中心思想的表达就缺乏其必要的完整性。二是组合次序的不可调换性。这是从文本结构布局的条理性要求出发，使层次与层次之间的关系既是相对独立的，又是相互联系的。既各自具有其表现内容上的不可替代、不可或缺的性质，相互之间的组合次序又能体现出推进和展现全文内容发展脉络的逻辑必然性。如果将它们之间的排列次序予以调换，就必然造成文本结构布局的混乱。

一般文章结构通常包括开头、主体和结尾三个大层次。开头有两种基本类型，即"开门见山"式和"曲径通幽"式。应用文书因为是解决问题、处理事务，讲究主旨明确，因此通常采用"开门见山"式开头，即交待事件背景、发生缘由，然后点明主旨，开宗明义。主体部分讲究充实丰满，切忌空洞。这就要求应用文书写作的材料要充分、典型。结尾是全文发展的一个必然归结，对于全面而深刻地展现文章思想至关重要。文章结尾通常有"力截奔马"式和"委婉含蓄"式。应用文书的结尾不采用"委婉含蓄"式，"委婉含蓄"式结尾意味着"一千个读者就有一千个哈姆雷特"，应用文书不允许有不同的理解，而必须意思明确。应用文书的"力截奔马"式的结尾要么总结概括全篇主旨，要么展望未来，指明趋势，要么自然收束，事毕言止。

(2) 过渡和照应

过渡和照应是使文章内容前后连贯、脉络分明的重要手段。

过渡指上下文之间的衔接、转换。它在文本结构安排中起着承上启下的作用，使上下相关的两个层次或段落衔接紧密，转换自然。文章中需要安排过渡的主要有：一，开头部分进入主体部分或是由主体部分转入结尾部分，一般应有过渡衔接，使全文结构严密而完整；二，当文本内容转换时，例如由一个材料、一个事件、一个观点的叙述或论证转入下一个材料、事件或观点的叙述或论证时，即文章内容由一层意思转换为另一层意思的交接处；三，当表达方式或表现方法变化时，例如叙述与议论、顺叙与插叙等相转接的地方，通常也安排过渡，以使读者的理解跟上写作者思绪的变化，不至于造成阅读理解上的混乱。

常见的过渡一般有三种形式：一是用关联词语或转折词语过渡。一般将过渡词语放在句子或段落的开头。常用的过渡词语有由此可见、总之、鉴此、因此、综上所述、总而言之、然而、可见、但是等。二是用句子过渡。即在需要过渡的层次或段落之间，安排一个起承上启下作用的句子，即过渡句。如通知的开头与主体之间常用"现将有关事项通知如下"过渡。三是用段落过渡。过渡段的作用与过渡句一样，只是它所包含的内容更具体一些，比如对前面的内容加以概括，对后面的内容进行提示。它一般用于两个层次之间的衔接，而且通常是在两个层次之间内容转换幅度较大的情况下使用。

照应是指文章前后内容上的关照、呼应。合理而巧妙地运用照应，不仅能使全文前后贯通、首尾圆合，而且能使某些关键内容在"前呼后应"中得到强化，给读者留下深刻印象。

照应的方式主要有三种：一是行文与标题照应。这就要求行文紧扣主旨，突出主旨，使文章的结构更加紧凑。应用文书标题中事由部分就是文章的主旨。行文时一定要紧扣主旨，不能偏离。二是首尾照应，即文章的开头与结尾遥相呼应。这是使用最为普遍的一种照应方式，可给人以首尾圆合、结构严谨的感觉，也可使文章的主旨更突出。三是行文中的前后照应。通常所说的"伏笔"就属于这种类型。这种照应方式的高妙之处在于，它通过适当地预设伏笔或制造悬念，调动起读者阅读的兴趣，在读者的期待之中伏笔得到呼应，悬念顿然消失时，读者不仅对文本思想有了深刻的理解，而且会在自己的心中把文本的前后内容自觉地联系在一起，从而由读者自己来完成强化文本结构整体感的工作。

2. 应用文书的结构安排

与一般文章一样，应用文书的结构分为表层结构和深层结构。表层结构又叫外部结构或显结构（文章各部分的先后顺序），指文章的长短、段落、过渡、开头结尾等。深层结构又叫内部结构或潜结构（文章各部分的内在联系），指层次、逻辑、脉络、起承转合等。

（1）应用文书的篇章类型（表层结构）

应用文书的表层结构即篇章类型，主要有篇段合一式和分层分段式两种。

篇段合一式：即通篇只有一段，一段即为一篇，甚至一句话就是一篇文章。这种非常简短的结构适用于批转、转发、印发文书的通知或内容单纯、行文简短的批复、通告等文书。

分层分段式：即整篇文章由多个层次、多个段落组成。通常有开头、主体、结尾三个大层次，至少由两到三个段落组成，适用于内容比较复杂、篇幅较长的文书。开头主要介绍发文的背景、缘由、目的或依据；主体部分说明做什么、如何做，即开展工作、解决问题的具体政策、措施、方式、方法、手段、要求等；结尾部分则是对收文者提出遵守、落实执行的要求，或是一些固定的结语，如"特此通知""特此报告"等。规章制度类文书的结尾通常是生效的日期、解释权的归属等。

（2）应用文书的文章逻辑（深层结构）

应用文书的深层结构是文章层次的安排，也就是文章的思维走向、逻辑安排。所有文本包括应用文书的结构大致有三种基本逻辑关系类型，即纵式结构、横式结构和纵横结合式。

纵式结构（历时性结构）：文章根据人们的思路、事物的发展、活动的开展纵向展开。这是一种动态的思维轨迹。这种结构或以认识的过程安排层次，或以事物、活动开展的时间先后安排层次，各层次之间是延续与承接的先后关系。

横式结构（共时性结构）：文章按空间顺序或事物、事理的不同类别、不同方面、不同部分来安排层次。这是一种静态的思维轨迹，这种结构不体现为时间上的变化。

纵横结合式：文章或纵中有横，或横中有纵，适用内容丰富、篇幅较长的应用文书。这种文章需精心安排、主次分明、条理清楚。

通常情况下，篇段合一式、分层分段式的应用文书，其表层结构下的思维走向（文章逻辑)是纵式结构。应用文书最根本的属性是实用性,行文的目的是为了解决问题、处理事务,其基本行文思路即结构安排就是：提出问题、分析问题和解决问题。这是一个动态的纵向结构安排,这一结构十分鲜明地体现着人们对客观事物的一般认识过程和思考轨迹。不提出问题就谈不上解决问题,而要解决问题就必须分析问题。这一结构安排也体现了事务的发展过程,即过去、现在和未来。问题是过去产生的,要站在现在的时间点上来分析问题,以便能在未来时态解决问题。即使是篇幅简短的应用文书,甚至只有一句话的篇段合一式应用文书,使用的也是这种结构,如《中共中央办公厅　国务院办公厅关于印发〈党政机关公文处理工作条例〉的通知》一文:"《党政机关公文处理工作条例》已经党中央、国务院同意,现印发给你们,请遵照执行。"这一句话的行文思路是"同意""印发""执行",就是一种纵式思路。而应用文书大层次内部的小层次或更小层次之间,可以是纵式结构,也可以是横式结构。

将应用文书的表层结构和深层结构结合起来看,在应用文书的实用性这个大前提下,正文主体部分是解决问题,即解决问题的对策措施。开头部分的提出问题以及分析问题(影响、原因等)则为主体部分做铺垫。因为应用文书以解决问题为归旨,所以很多时候文本中不出现分析问题的内容,而把分析问题作为写作文章的前提和基础,即是写作活动中的"运思"这一环节。如果文本中有分析问题的内容,通常是在开头部分或者主体部分的开始概括一下危害、后果或作用、意义(紧迫性、重要性),或概括产生问题的原因。这仍然是为主体部分的解决问题作铺垫,以使阅文者更好地理解和接受。下图为应用文书正文常见的结构安排形式。

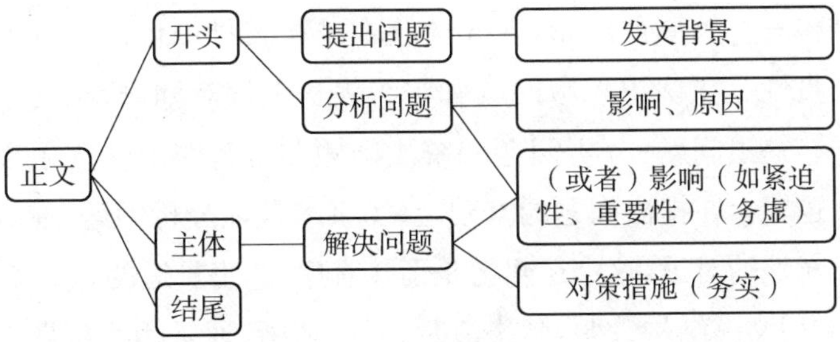

开头：提出问题——问题是什么(发文背景、缘由)、目的、依据

　　分析问题——影响(积极影响：作用、意义;消极影响：危害、后果)或原因

主体：(或者)分析问题——紧迫性、重要性等

　　解决问题——对策措施

结尾：提要求或固定结语

虽然分析问题在文本中不出现,或只占很少篇幅,但分析问题却是最重要的一项工作。应用文书行文目的就是解决当前工作中出现的现象或问题,而没有分析问题,就找不到要害,就提不出有效的对策。因此,必须掌握思考问题的科学方法。

那么,究竟如何分析问题呢？我们知道,任何一个现象或问题都是存在于一定的时空,因此，可以从时间和空间这两个视域分析问题。在时间的视域进行分析是一种历时性的分析、动态的分析。这种分析要循流溯源，弄清来龙去脉，预测趋势；要指出对当前和未来的影响。影响分积极的影响和消极的影响，即我们平时所谓的危害、后果和作用、意义；要析因果，通过因果关系的分析，找出原因，方能对症下药。在空间的视域进行分析是一种共时性的分析、静态的分析。这种分析要顾左右，要从事物之间的联系出发，由此及彼，全面考量，通盘掌握；要比异同，要从事物的异同分析之中探究本质。时空视域分析方法包含了我们平时工作、生活、学习中使用的因果分析法、系统分析法、比较分析法、SWOT 分析法等主要分析方法。这些分析方法，秘书人员一定要学习、掌握并熟练地使用到写作活动中。

3. **应用文书结构的要求**

一篇应用文书的结构要完整匀称，脉络清楚，错综变化。

完整，首先是文章结构各个部分（开头、主体、结尾）齐全，没有结构残缺的现象；结构安排的各个环节都具有共同的内在统一性，都为实现统一的主题而发挥不同的作用。其次，完整还要求结构安排的各个环节之间都有恰当而巧妙的过渡与照应，从形式上为文章结构的整体感的形成提供保障。匀称指文章各部分比例协调、均衡。应注意两点：其一，形式匀称以结构的完整性为基础，即有开头、主体、结尾。其二，文章基本形式的比例要协调。通常情况下，应用文书铺垫式的开头和要求性的结尾一般要短小一些，主体部分的对策、措施、做法要充实饱满一些。但请示类文书则要求开头的缘由要作为重点来写。

脉络清楚主要是就层次之间的意义关系而言，即指层次之间衔接紧密、脉络贯通、转换自然。应用文书结构安排的周严细密，首先体现在结构安排中依次展开的各个环节之间必须具有逻辑上的连贯性。在认识思考问题和组织表达上没有漏洞，结构中各个环节之间的承接转换无懈可击。提出问题、分析问题和解决问题非常鲜明地体现了以解决问题为宗旨的应用文书的行文逻辑。在提出问题的基础上，实事求是地分析问题，在分析问题原因或影响的基础上提出针对性的对策，这一逻辑链是衔接有序、脉络贯通的。

形式上，为使应用文书结构分明，脉络清楚，层次清晰，通常用小标题、序号、过渡词将段落和层次标示清楚。正文中用数字表示多层次结构时，其标注方法依次可以为“一、”“（一）”“1.”“（1）”。此外，《党政机关公文格式》规定，公文正文用 3 号宋体字，而为了使文章结构分明，还可以“第一层用黑体字、第二层用楷体字、第三层和第四层用仿宋体字标注”。

错综变化指文章结构富于变化，生动活泼，不呆板、呆滞。应用文书的开头在写作发文背景时常体现错综变化的美感。如《国务院办公厅关于进一步做好农民工培训工作的指导意见》（国办发〔2010〕11 号）开头部分：“近年来，各地区、各部门认真贯彻落实《国务院关于解决农民工问题的若干意见》（国发〔2006〕5 号）和《国务院办公厅转发农业部等部门 2003—2010 年全国农民工培训规划的通知》（国办发〔2003〕79 号），农民工培训工作取得显著成效，政策措施逐步完善，培训力度不断加大，农民工职业技能明显提高。但也应当看到，农民工培训工作仍然存在着培训项目缺乏统筹规划、资金使用效益和培训质量不高、监督制约机制不够完善等问题。"先是谈到农民工培训工作取得显著成效，继而指出当前仍然存在的问题。先扬后抑的写法既体现出发文机关看待这一工作的全面性、客观性、科学性，又使得文章呈现有起伏、有变化的美感。

（五）落款

落款指书法或者画作的一角留下作品的作者、创作日期、地点等要素。在应用文书中，落款指发文单位名称、印章、日期三个要素。印章是文书生效的重要标志，对用印这一环节，《党政机关公文格式》(GB/T 9704—2012)规定得非常清楚。企事业单位和社会团体的用印可参照《党政机关公文格式》的规定。2012 年之前规定不需要署名，只要把印章盖在日期上面即可。现行的《党政机关公文格式》则明确规定"印章端正、居中下压发文机关署名和成文日期"，并规定成文日期"用阿拉伯数字将年、月、日标全，年份应标全称，月、日不编虚位(即 1 不编为 01)"。

成文日期是不是就是秘书完成草稿的那一天呢？成文日期关系到应用文书的生效，即该文书从何时起开始产生法定效力，成为开展工作的依据和凭证。特别是行政公文，是行政机关执行法律法规、贯彻国家政策和履行管理职能的重要载体，其制发直接关系到公共利益、社会秩序和人民群众的切身利益。因此，文书何时生效尤为重要。

文书的成文日期和生效日期不是同一概念。文书的法定生效环节，一是领导人签发后定稿，二是经法定会议批准通过后定稿。这两个定稿时间即为文书的成文日期。所以文书的成文日期不是秘书完成草稿的日期。文书有两种生效方式：即时生效与定时生效。即时生效指以成文日期为文书的生效时间，适用于普通文书和内容比较敏感需要立即生效的规范性文书。定时生效指在成文日期之外另行确定文书生效时间，主要适用于政策性文书、规范性文书。通常在文书正文尾部说明该文书的生效日期。采用定时生效的目的，一是给收文单位时间领会文件精神，学习文件内容，根据本单位或地区的实际情况如何因地制宜地落实文件，二是用于落实前的宣传，制造氛围，三是给新旧文书一个衔接时间，即周知和学习新文件。

（六）文尾

指落款以下的有关结构成分。同文头一样，只有法定公文和简报有文尾。文书有文头、文尾，就好比一辆车有了驾驶证、行驶证，可以直接行路，而没有文头、文尾的文书要发出去，就必须找载体，作为载体的附件一起发出去。这种找载体的做法通俗地说法叫"加一个文件头"。往下级机关发送，通常用通知作为载体，使用印发性通知、转发性通知、批转性通知等载体性通知。往上级机关发送，如果不需要上级机关批示，通常用报告作为载体，否则用请示作载体。

四、应用文书的语言

语言是构成文章的第一要素，写作就是运用语言文字将写作者运思谋篇的思维成果外化为文章。作家孙犁说："从事写作的人，应当像追求真理一样去追求语言。"语言能力的重要性体现在整个写作过程中，从开始观察、感受、积累材料，到构思、修改，全部与语言修养密切相关。秘书人员必须下苦功夫学习语言。

（一）应用文书的语言风格

基于应用文书的实用性这一根本属性，从保证阅读交流的有效性角度来看，收文者要能够快速、准确地阅读理解，快速地落实执行，从而保证管理工作的高效。因此，应用文书的语言风格必须准确、简练、得体。

1. 准确

准确指在正确理解文意、句意的基础上，把握文章、句段的关键信息、内容要点，使词语运用、句式选择等完全符合表达目的。语言表达准确，就可以表意鲜明。鲜明是指表达的观点要明确而不含糊。

应用文书语言的准确具体体现为：一是语言要精准。首先不能出现错别字，标点符号使用正确，人名、地名、时间、数据等写法要准确。二是选择准确的、恰切的词语。要注意辨析词义，准确地理解词义是进行准确表达的基础，这就要求秘书平时注意积累，每当在阅读中接触到自己不熟悉的词语时，应当及时掌握以备写作时选用。要注意辨析同义词或近义词，要能在使用范围大小、语意轻重、适用对象上的不同准确把握词语。要注意区分词的褒贬色彩，以防褒词贬用或贬词褒用，造成表达的不准确。还要注意掌握词的搭配关系，词语的选择要受事理逻辑、搭配习惯的制约，要注意语言习惯，选择正确的搭配。三是选词造句要符合语法规则，不能出现病句、歧义句，要保证句意的确定性。在准确的基础上，应用文书的语言方能更加鲜明。

应用文书语言的准确性要求并不排斥模糊语言的使用。模糊语言，是指自然语言中带有模糊性的语言。它与含糊不清、模棱两可、易生歧义的语言有本质的区别。这种模糊性是相对具体性而言的。实际上有些话不可能说得十分具体，一具体反而不准确了。例如：我们学习了某某文件，提高了认识，进一步明确了意义。但提高的程度如何？进一步有多大？这是模糊的，然而表达的意思却很清楚明朗。如果僵化地理解表述的精确，反倒不好表述。因此，使用模糊语言有其积极的作用：一是对某些带有模糊性的概念，或不便使用准确语言进行具体表述的对象，利用模糊语言可以达到表述的准确性，如"近年来""相关部门""局部地区"等。二是运用模糊语言能够使一些问题的表述留有回旋余地，具有一定的灵活性，便于因地制宜，变通执行，防止机械地搞"一刀切"。如"公共设施建设投入资金应在40万元左右"，这一句子中"公共设施"是模糊语言，在一个狭隘的语境中我们并不能知道其具体的所指，而“左右”也是并没明确范围的模糊语言。三是运用模糊语言对公文表达内容进行高度概括，可以明显减少文书的字句，避免某些表述内容的冗长。如“由于种种原因，目前还有相当数量的校舍年久失修”，“种种原因”和“相当数量”就是高度概括的模糊语言。

2. 简练

简练就是用精练的语言表达出尽可能丰富的内容。应用文书要求迅速地发文、办事，语言一定要简法、凝练。不简洁意味着文章夹杂大量杂乱信息，以致不能准确地表达写作者的观点，冲散文章的主旨。要做到语言简练，秘书人员首先要对自己所写的文书有深切透彻的理解，能够真正抓住本质的东西来写，这样就能以少总多，具有概括性。同时，在选材上紧扣主旨，不写与主旨无关或关系不大的内容。其次要尽量做到直截了当地把观点表达出来，不兜圈子，不绕弯子，不说空话、套话、废话、大话，避免“装腔作势，空话连篇”地卖弄文采。除了内容要精，语言简练最直接体现在文书用语方面。用词造句上力求准确、畅达，可有可无的字、句、段要毫不吝惜地删去。可以使用成语、公文专用词语等让文书的语言更简练。“新建企业中，凡是不符合本规定者，不能给予登记”，可以将其简练为“凡不符合规定的新建企业不予登记”。再如《2019年政府工作报告》中“我们一定要直面问题和挑战，勇于担当，恪尽职守，竭尽全力做好工作，决不辜负人民期待”一句，“勇于担当”“恪尽职守”“竭尽全力”三个成语连用，语言高度浓缩，体现了政府工作的责任心和决心，给人鼓舞和激励。缩略语也是使公文语言简练、表意丰富的常用手段。缩略语是把公文中使用频率高的词或词组，在不改变其整体意义的情况下，通过紧缩、节略、统括等方式缩略为一个新的词。它结构简洁、表意丰富、信息量大、易于交流。如“德智体美”（德育、智育、体育、美育）、“党内外”（党内和党外）、“林牧渔业”（林业、牧业、渔业）、“三公消费”（公车消费、公宴消费、公款出国消费）、“四风”（形式主义、官僚主义、享乐主义、奢靡之风），等等。缩略语在公文中被广泛使用，是公文词汇的重要组成部分。使用缩略语时一定要避免歧义。若将“国务院全体会议”缩为“国会”，将“群众体育”缩成“群体”，就会使人误解，造成对公文理解上的偏差，损害公文的严肃性和权威性。

3. 得体

得体就是语言的运用要注意并适应各种情境，即要针对不同的发文目的、受文对象等来掌握用语的分寸。

在不同方向和行文目的的文书中，语言得体表现在：向上行文时，用语应当诚恳、恭敬、谦虚、和缓。向下行文时，用语应明确、肯定、严肃、庄重，但不能出现强硬、胁迫的语气，要尊重下级。向平级或不相隶属机关行文时，因为大家不论级别高低，都是兄弟单位，因此用语要谦敬、融洽、诚恳、友善，注意体现平等、协作的精神。向社会大众行文，根据发文的目的，该严肃的时候严肃，比如要求公众周知并遵守的通告，“不得”“必须”“禁止”“严禁”等词语的选用；该活泼的时候活泼，比如致辞类文书、书信类文书和宣传类文书的语言要和缓，要生动，要有感染力。此外，针对不同的具体阅文者，得体体现在：阅文者为专业人员时，词语的专业性、行业性可以强一些。反之，就应避免使用专深的术语，少用专用词语。阅文者文化程度较高，可以适当使用古词语、外来词。与之相反，阅文者文化程度高低不一时，则务必注意词语的通俗性，保证能读得懂、看得明白。

应用文书的得体还体现在专用词语的使用。应用文书几千年的写作实践，慢慢积淀下来一些相对比较固定的词语、句子。这些语句比较文言化，言简意赅，且能够以最少的字数表达最充分的意思。这些固定的专用词语，既使语言简练，又体现出得体的文风。下面仅举一部分常用的应用文书专用词语供参考。

称谓用语：我、本（人、部）、你（局）、贵（局）、他、该（公司）等。

经办用语：业经、业已、业于、报经等。

引叙用语：前接、近接、现接、顷接、顷闻、悉、收悉、欣悉、详悉、知悉等。

发端用语：为、为了、为此、对、对于、凡、凡是、鉴于、有鉴于此、基于、得以、借以、为此、对此、值此、兹为、兹因、兹介绍、兹定于、兹将、兹有、欣闻、欣悉、欣逢、欣值、根据、据悉、据闻、据查、据核实、据了解、遵照、按照、本着等。

发布用语：公布、颁布、发布、发稿、颁发、颁行、颁告等。

报送用语：报批、报请、报送、径报、呈报、呈递、呈请、呈正、签呈、递交、递送、申报、申领、申请、送请、送审、传阅、提交等。

表态用语：可行、不可行、同意、不同意、准予、应、理应、确应、应予、应将、本应缓议、毋庸再议等。

征询用语：当否、是否可行、可否、妥否、能否、是否同意、意见如何等。

请求用语：希予（希将、希能）、尚希（尚请、尚盼）、敬希、希即遵照、拟请、务请、特请、恭请、恳请、诚请、谨请、尚望、深望等。

感盼用语：深表谢意、谨致谢意、以……为感、以……为盼、以……是盼、渴盼、切盼等。

时间用语：不日、不时、即日、即时、即刻、即将、迅即、在即、届时、顷刻、日内、日趋、日益、他日、如期、行将、在望等。

结尾用语：特此（函告、函商、通知、报告、通告、公告、批复等）、请即遵照执行、希照此办理、此布、现予公布、以……为盼、以……为荷、自……施行（执行）等。

（二）应用文书的主要表达方式

表达方式是由表达目的所决定的使用语言的手段。根据不同的表达目的，运用不同的语言表达手段，形成不同的表达方式，概括起来可分为叙述、描写、抒情、议论和说明。

应用文书是要解决问题、处理事务，以实用为根本目的，很少有抒情和描写的需要，因此语言的主要表达方式为叙述、说明和议论，一般不使用抒情和描写。不同文书由于其行文目的不同，在写作时需要多种不同的表达方式。比如，为了便于人们了解事件的来龙去脉，就需要对有关情况进行恰当的叙述；为了让人们熟悉、知晓客观事物的性质、特征、功能、状态，了解有关公务活动的时间、地点、要求、步骤和方法等，就要进行说明；为了表明发文单位的立场和观点，就需要对有关事件的原因、结果或有关工作的成败得失进行分析和论证。一篇应用文书经常是记叙、说明和议论三种表达方式综合使用。秘书人员必须把握文书各种表达方式的特点与要求，恰当地运用这些表达方式。

1. **叙述**

叙述是记载和陈述人物的经历和事件发展变化过程的一种表达方式。人物的身世、经历和事迹，事件的来龙去脉、前因后果、活动过程等都需要叙述进行交代和表述。撰写通报、报告、简报、调查报告、大事记等，要用叙述方式反映人物事迹或事件的来龙去脉，均需采用叙述的表达方式。

叙述的基本要求是交代明白、线索清楚和详略得当。交代明白是指时间、地点、人物、事件、起因和结果等六要素要写清楚，使人有一个比较全面、清晰的了解。线索清楚指对于所要叙述的人物和事件，必须围绕一条主线进行叙述，不能杂乱。详略得当指在叙述时要分清材料的主次，分别采用详说或略说，突出重点，要避免记流水账的写法。要根据所要表达的主旨来确定详略。与主旨关系密切的地方，要详叙；与主旨关系不大的地方，要简述。这样才能突出重点。

应用文书写作中的叙述要做到以下几点。

（1）要素完备

事件的发生离不开时间、地点、当事人（或有关单位）、起因、过程、结果这六个基本要素。它们是发文单位针对事件进行定性、予以表彰或批评处理时不可缺少的依据。一旦出现要素错漏，就难以使人们了解事件全貌。例如，一篇通报在叙述事件经过时这样写道："在这万分危急的时刻，肖××毫不犹豫地冲下站台，扑到道心，拼力往外扒大堆卧具，共青团员李××、王××和杨××也迅速赶来援救，奋力将三轮车推出道外。在这一刹那，列车驶过站台，重大伤亡事故避免了。"这一段将什么人在什么时间做了一件什么事情，经过如何，结果如何，都叙述得非常清楚。

（2）采用概述

应用文书对事实的叙述，崇尚直截了当、简明扼要，以概述事件经过为主，不必全面、细致地详述。如上例通报就将整个事件叙述非常清楚。将当事人为抢救国家财产和保证人民生命安全而见义勇为、不怕牺牲的高尚品德很清晰地表现了出来。但过于概括就是笼统，如《国务院关于授予潘兴兰、追授杨大兰同志全国先进工作者称号的决定》在叙述事件时写道："湖北省枝江县董市镇信用社桂花分社职工潘兴兰、杨大兰同志为了保卫国家财产和人民的利益，面对持械歹徒，临危不惧，英勇搏斗，潘兴兰同志身负重伤，杨大兰同志光荣牺牲。为此，国务院决定授予潘兴兰同志全国先进工作者称号，追授杨大兰同志全国先进工作者称号。"这篇决定忽略了事件的时间、地点、起因、经过等要素，对事件的叙述过于笼统，时过境迁之后，人们对于授予她们荣誉称号的原委很不清楚，看到这样的决定会感到茫然。

(3) 顺叙为主

顺叙是按照时间的先后，事件的发生、发展、结束来叙，这是一种最基本最常用的叙述方法。它循着事物发展的过程，符合人们的接受心理和阅读习惯，便于把叙述内容表述得条理清楚、自然顺畅。因此，采用顺叙的表达方式，不仅有利于写作者理清思路，顺利地叙述清楚，更有利于阅读者的阅读和理解。

总体来讲，应用写作中叙述的特点是叙述要素尽量完备，但较少使用具体叙述，大量采用概括叙述，强调叙述平直，多采用顺叙的方法。

2. **说明**

说明就是对事物或事理作简明扼要的解说和阐释。解说事物就是把事物的形态、性质、构造、功用、关系等情况表述清楚，阐释事理就是把事理的概念、特征、来源、种类、变化等内容讲述明白。说明是应用文书写作的主要表达方式，说明工作中遇到的情况、问题，解决问题的措施、方法、要求等。

说明的基本要求是客观简明、抓住特点和科学准确。客观简明指只求把事物或事理说明白，不需要铺陈渲染，行文简洁明了。因为说明着重于解说事物或阐释事理的各种属性，这些属性是不以人的意志、情感为转移的，因此要作冷静客观的介绍。说明还要抓住事物的特征，使人们对被说明的事物有确切的了解。科学准确指说明要实事求是，讲究科学性，对对象的解说要准确，掌握分寸，不夸大，不粉饰，不缩小，恰如其分。

应用写作中常用的说明方法有如下几种。

(1) 概括说明法

就是对事物或事理的内容特征予以概括，作出简明扼要的介绍，使人获得一个基本的了解。这种说明在应用文书中常常用来写事物概况、情况简介等。运用概括说明要根据说明的内容和需要，突出重点和特征，表述要简练，不能作详细铺叙，更不宜有细致的描述。

(2) 定义说明法

又叫"下定义"，就是用简明的语言对某概念所包含的本质、特征作规定性的说明，使人们从中了解事物或事理之间的区别。运用时要注意一定要认清事物或事理的本质，找到它们的特点，这样才可能揭示事物或事理的本质属性。

(3) 分类说明法

就是按一定标准对事物或事理的不同成分或方面分别加以解说，它能使人对各类事物或事理之间的区别与联系有一个全面的认识。分类说明必须遵循三个原则。首先，分类的根据必须同一。如把工业分为重工业、轻工业、乡镇工业就是对一部分子项采用一种根据，另一部分子项采用另一种根据。其次，分类的子项必须互不相容。如把大街小巷、公共场所并列，公共场所包含大街小巷。最后，分类的子项之和必须等于母项。如把直系亲属分为父母和子女两项，就漏掉了配偶这个子项，子项小于母项。如果分为父母、子女、配偶、兄弟姐妹四项，兄弟姐妹一般不属于直系亲属的子项，子项大于母项。

（4）举例说明法

就是用列举实例的办法把比较复杂的事物或抽象事理解说得具体明晰。它常与定义说明、分类说明结合使用。列举实例有时是为了给某一概念或抽象事理以具体解释，有时是为了说明事物所包括与适用的范围，有时是为了给人突出的印象。举例说明方法一般与其他说明方法结合使用，选取的事例必须准确，有代表性，表述简明扼要。

（5）引用说明法

就是引用各种有关文献及资料对事物或事理予以说明的方法。它能使说明的内容充实丰富，增强文章的说服力，如引用法律法规等。

（6）比较说明法

就是把同类的几件相同或相似的事物进行比较，借以突出主要事物的特征、性质。

（7）数字说明法

就是运用具体数字说明事物的特征或现象，用事物的“量”反映其基本情况或变化过程，表述直观、准确，表意清楚。数字说明要运用恰当，为要说明的中心服务，忌盲目繁琐。所使用的数字要真实可靠。

另外，应用文书中还常用图表说明，这是借助图像、表格来说明事物特征的方法。图表说明可以收到形象直观、一目了然的效果。图表说明常常与数字说明结合使用。

应用文书写作中说明的特点：必须对事物和事理进行客观的介绍，不能凭主观臆断。要抓住事物的本质和特点，力求准确、严谨、清楚。

3. 议论

议论是人们用来发表见解、阐述观点、表明态度的一种表达方式。应用文书主要是说明如何解决问题和处理事务，因此，议论并非主要的表达方式。但在文章中，又经常需要用议论来阐明道理、表明观点、说服读者。通过议论，分析问题，指出影响和原因，进而对人或事物作出评价、判断，阐明处理某些公务的立场、观点。但应用文书中的议论方式与普通论说文的议论手法相比，重在就事论理。写议论文，不仅要有鲜明的论点、充足的论据，还要有一个完整的推理、论证过程。而应用文书的议论方式重在就事论事，先叙事、说明后议论，或采取夹叙夹议的手法。不需多层次、多角度的逻辑推理，也不需一个完整的论证过程。议论时观点正确、鲜明，力求深刻，有现实意义。所谓正确就是能科学地反映客观事物的本质，符合事物发展的规律。同时，赞成什么、反对什么，应该明确表示出来，不能含糊。见解要揭示事物的内部联系和本质，能对公务活动中迫切需要解决的问题进行有效分析并提出有效对策。

【病文】

重要会议　请君出席

全体职工同志们：

啊，今天的会议该是多么重要啊！

大家一定会群情振奋，踊跃参加的。

地点就在宽敞明亮、让人爽心悦目的东二楼大礼堂。

时间是午睡后精力充沛、神清气朗的三点整。

欲知会议内容多么重要，开会以后自见晓。

××市经委办公室

××××年8月8日

【简析】 这篇文书读后给人的感觉特别不严肃，不符合应用文书在语言方面质朴、简约、庄重的要求，这就势必削弱文书的严肃性，进而影响其效力。正文的第一句就是一句抒情，试问不重要还开会吗？第二、三、四句分别是对参会人员的描述，对地点的描写和对时间的描写。这都是完全没有必要的，只需要把什么时间、什么地点说明即可。此外，这篇文书主旨和格式都存在问题。“欲知会议内容多么重要，开会以后自见晓”，不告诉收文者会议主题和议题，收文者不能做好与会前的准备，会议就不会取得好的效果。标题的格式不符合规范，应该是“××市经委办公室关于召开……会议的通知”。主送机关也是错误的，应用文书讲究公事公办，不可以主送个人，而必须送到机关。

【例文2-4】

……当上级红头文件最后一个字的音波敲击人们的耳鼓之后，那宽大得显然有点令人感到空旷严肃的会场，顿时像开了锅似的。那些还在睁大眼睛、张着口舌，或者是屏住气息，闭目凝神的不多的听传达的人们，“轰”的一声沸腾了。宽大的会场，似乎马上狭窄了许多许多，上级的决定，真像一阵和煦的东风，吹开了人们紧闭的心扉，宛如一轮春日的朝阳，驱散了人们心头笼罩的阴霾。人们笑了，活动了，雀跃起来，水分子在瞬间获得了足以腾升的动力。角落里，两位在闭目养神的老年人，突然年轻了10岁，不，年轻了30岁，他们从座椅上弹了起来，眼眶里润着点点泪花，手拉手，异口同声地进出了只有他们两人才能听得分明的一句话：“上级决定道出了我们心声，伏枥以待的愿望就要实现了，春风吹过了玉门关啦！”

（摘自《春风来了》）

【例文 2－5】

××厂关于传达市委加速企业改革决定情况的报告

本月20日下午，我们传达了市委19日下达的《关于加速企业改革的决定》，全厂车间主任、技术员以上同志到会。大家听完文件，一致表示：文件精神完全符合我厂实际，深受鼓舞，决心发扬改革精神，积极开拓我厂新局面。老工程师杨××和周××当场激动不已，说："市委文件讲出了我们的心里话，我们总算是盼到了今天。"

××××年×月×日

【简析】 两篇文章的主旨是一样的，都是上级政策出台后群众热烈的反映。但是由于文体不同采用了不同的表达方式，给读者的感觉就完全不同。第一篇有会场的细节描写，有比喻、夸张等修辞手法，读后有身临其境的感觉，如见其人，如闻其声，这是文学作品的写作方法。但第二篇报告就是概述一下事件的基本情况，文章直白、质朴，严肃、庄重，符合应用文的语言特点。

【病文】

关于819库房火灾情况的报告

××××：

市××仓库819库房在本月6日晚8时失火。火借风力迅速蔓延，一时浓烟滚滚火光冲天。市消防大队接报后，马上出动6辆消防车风驰电掣般地赶到现场。消防队员跳下车之后，个个都像进入了格斗场的斗士、人人都像山野的猴子那样机灵，占了有利位置后立即扑救。十几条水柱就像十几条巨龙扑向大火。经过2小时的争分夺秒的战斗，大火恶魔终于被降伏了，但此时偌大的库房，已断垣残壁、一片狼藉、雾气充盈、焦味难闻。储存物资亦化为灰烬、让人痛心，据初步核算经济损失达数百万元，值得庆幸的是无人员伤亡。

据查失火原因是819库房保管员李××值班时违反库房管理规定造成的。李××已是40多岁的人了，身体健壮，平时工作还是挺卖力气的，但是马虎随便的毛病也较突出。昨天下午他带上5岁的女儿值班。下午7时多他在库房门口用炭炉煮饭，8时左右吃过饭后将炭炉移入库房内，随手把一块硬纸皮盖在上面，锁上库房门抱着女儿哼着小调到街上买东西了。约一个小时后，他回到库房区，感觉情况异常，将女儿放到一旁后，慌张地打开库房门一看，里面烟雾弥漫、火苗直窜，吓得瘫在门口地上，连报警也忘记了，女儿哇哇直哭似乎也不知道。直到总值班员闻讯赶来，才打电话呼救。但此时已大火熊熊，整个库房都已着火。消防车赶到虽然灌救得力，但也不能挽回损失了。

此次火灾暴露了我们管理上的严重问题。我的心情非常沉重。我们成立了以仓库主任栗××为组长的事故调查小组，有关情况我们会尽快详细汇报。

市××仓库管委会

2021年6月9日

【简析】 该报告中对失火现场、消防员救火以及火灾过后场面的描写都是多余的、没必要的，毕竟写的不是消防员的救火报告。对原因的叙述中"锁上库房门抱着女儿哼着小调到街上买东西了。……女儿哇哇直哭似乎也不知道"等情节也是多余的。此外，报告中还存在一个问题，"据初步核算经济损失达数百万元"，"数百万元"太笼统，而损失的具体情况是领导最关心的内容。笼统的表达体现了写作人员的工作态度不端正和工作能力不足。对拟写此报告来说，一定要在写报告之前认真做好调研工作，把具体的损失情况及时向领导报告。

【例文2-6】

关于819库房火灾情况的报告

××××：

市××仓库819库房在本月6日晚8时左右发生火灾。消防队经过两个多小时扑救，大火熄灭。但整个库房已被烧毁，库房内储存的物资也变成灰烬。经济损失初步估计在500万元左右。所幸未造成人员伤亡。

据查，这一火灾事故是由于库房保管员李××违反仓库管理规定造成的。当天下午李××带着5岁的女儿值班，7时多在库房门口用炭炉煮食物，8时左右他将炭炉移入库房内并顺手把一块硬纸皮盖在上面。随后他擅离岗位抱着女儿到街上买东西，以致灰烬引燃纸皮酿成事故。9时左右，他回到库房打开大门，见里面浓烟弥漫、火苗直窜，惊吓得忘了报警，致使耽误了扑救时机。

事故暴露了我们管理上的严重问题，我们已组成了以仓库主任栗××为组长的事故调查处理小组。有关情况我们将及时报告。

市××仓库管委会

2021年6月9日

第三节　秘书应用写作过程

一、领会领导意图

秘书人员开展应用写作的前提是从领导那儿接受任务，为组织或领导人写作，文稿体现的是领导意图。领导意图往往不是直接的，不是显性的，不是书面上的。因此，秘书要想撰写出符合领导意图的文书，必须全面深入、仔细揣摩领导意图。

领导意图是领导人在下达指令和部署工作时的本意或精神实质以及领导人所期望达到的目标。准确领会领导意图，有助于对公文主题的提炼和确定，有助于正确选用公文文种。领导者由于个性差异，表达意图的方式各具特色。概括而言，领导意图有总体性意图和具体性意图的差别，有明示性意图和暗示性意图的差别，有确定性意图和非确定性意图的差别。无论属于哪种意图，秘书人员都要注意贯彻落实。对总体性意图要始终遵循，对具体性意图要灵活执行，对明示性意图要如实贯彻，对暗示性意图要心领神会，对确定性意图要坚决照办，对非确定性意图要完善补充。

领会领导意图有以下几个途径：一是学习好党和国家的路线、方针、政策和法律法规，了解熟记每个时期本地区本单位的目标定位、重要思路和重大决策。二是主动争取参加本地区本单位的一些重要会议，了解一个时期上级领导拟安排的工作重点、原则、要求、措施，掌握领导层的活动意向和动态，了解领导个人平时的一些思路、观点和构思。三是积极参与领导参加的活动，与领导经常交流一些问题，了解领导者思考和关注的热点问题、重点问题。四是直接具体领受领导指示，最好是当面征询领导者的见解、想法。五是熟悉领导者的领导习惯，注重掌握和了解领导者的思维方式、工作方法和讲话习惯。总之，领会领导意图，要注重从精神实质上真正把握，切忌断章取义、不懂装懂、生搬硬套和浅尝辄止。秘书人员撰写文稿，除动笔之前要深刻领会和全面把握领导布置拟稿任务的精神实质，起草过程中也要及时汇报出现的问题，争取领导的及时指导。修改阶段要认真听取领导意见，认真审核文稿。

二、收集、整理、分析材料

为满足写作需求，必须做好材料收集、整理和分析工作。很多材料的收集是秘书人员平时要下的功夫。接受文稿撰写任务后的收集工作是有针对性地收集，要根据领导的意图开展。

（一）收集材料

秘书部门收集信息的范围十分广泛，信息收集内容随服务领域与目的的不同而有差异，一般应包括以下种类的信息。

1. 系统内信息

指机关所管辖和隶属系统内的信息，其范围通常包括对上级领导机关及本机关的决策或重要工作部署的贯彻执行情况，所属机关单位对当前工作的重要安排和部署，所属范围内的重要工作进展情况、带有倾向性的问题、重大事件等。

2. 上级信息

上级信息是上级领导机关下达的信息，是各级机关工作的依据，其范围通常包括党和国家的有关方针、政策及有关的法律法规，所属上级主管机关发布的指令性和法规性的公文及其编印的公开或内部刊物等。

3. 平行信息

指不相隶属机关的相关信息。包括机关之间主送、抄送的文书，机关之间交流、互动时形成的各种信息，从其他渠道获取的其他机关的信息等。

4. 社会信息

指来自机关之外的社会上的信息。包括社会上的各阶层人民群众对本单位的意见、建议和要求，以及重大的思想反映和社会动态等。

5. 历史信息

指与本单位的工作和主管业务有关的一切历史资料。

6. 国际信息

指来自国际社会的信息。只有开阔视野，关注世界的发展变化，吸收并借鉴国外先进的管理经验和技术，才能取得更快更好的发展。

（二）整理材料

整理材料是收集材料的后续步骤，包括对材料进行分类、筛选、校核。

1. 分类

对材料进行分类就是根据材料所反映的内容、性质和其他特征的异同，分门别类地组织信息的一种科学方法。通过对大量已掌握的材料进行梳理分类，可以掌握现有材料的总体情况，为材料的鉴别、筛选提供条件。对不同事物进行分类，可以使事物的特征、状态更清晰地表现出来。便于区别不同情况，找出最需要的内容；便于对某一问题进行系统反映；便于准确地给撰写文稿提供适用的材料。

2. 筛选

筛选是对材料的鉴别和选择，去粗取精，去伪存真，摒弃虚假和无用的材料，提取真实、有价值的材料，从而满足写作的需求。要注意：一是要突出文章主旨，凡是与主旨无关的材料要剔除；二是要注重典型，从大量原始材料中发掘出能揭示事物本质的典型材料；三是要富有新意，尽可能抓住能反映管理活动中的新情况、新问题、新变化。

筛选材料的方法有：类比法，即对同类信息进行比较，剔除掉虚假的、过时的、重复雷同的、缺少实际内容的材料。查重法，即剔除内容重复的材料，留存有用的材料。时序法，即按时间顺序对材料进行取舍，在材料内容相同的情况下，留存较新的材料，剔除较旧的材料。专家评估法，即对某些专门化程度较高、技术较为专深的材料，向有关专家学者咨询，请他们评估，以判断材料的可利用价值。调查法，即对某些价值及其适用性一时难以分辨清楚的材料，进行调查了解。

3. 校核

校核是指对经过初步甄别的材料作进一步的校验核实。由于材料的来源、材料传播的过程中难免有客观的杂质和主观的干扰，因此，秘书人员接触的材料往往带有一定的模糊性、多余性、滞后性，有的含有虚假成分，有的可能完全是假象。这就要求对挑选出来的有用的信息进行校验核实，确保信息的真实、准确。

校核的范围包括材料中所需使用的事实、观点、数据、图表、符号，以及时间、地点、人物等。具体内容包括：一是要鉴别该材料所反映的问题是否发生，该事物是否存在，数据是否准确无误，内容有无夸大或缩小，甚至出现弄虚作假现象；二是要鉴别材料所反映的情况是否有偏颇之处，应确证其不仅在局部是正确的，而且在全局也是正确的；三是要鉴别材料所反映的情况在具体时间范围内的真实性，在彼时是真实的信息，如果移植到此时则未必真实。经过校核，如发现与事实有出入，或者有错误，就应该加以校正或剔除。

材料校核常用的方法有如下几种。

（1）溯源法

对收集到的材料所涉及的有关问题进行审核查对，首先要溯本求源。如尽量找到具有第一手资料的现场和掌握第一手资料的人；核对有关原书、原件等原始资料，并查对其主要参考文献；按材料内容所叙述的方法、步骤，自己重复实验或演算，这样可以从根本上找到错误所在。

（2）比较法

比较就是对照事物，比勘材料。有些材料由于主客观条件所限是难以溯源的，这时可采用比较的方法。即比较各种人的材料、各种时间的材料等各方面的材料，在某一事实上，说法、结论是否一致。如果一致，则基本上可以得到证实。如果各种渠道获得的材料与所收集的材料相左，就需要进一步核实。

（3）核对法

核对法即依据直接的、最新的权威性材料，进行对照分析，发现并纠正信息中某些差错。比如用国家颁布的标准化规定来对照某些产品的标准化程度等，就是核对法的具体运用。

（4）逻辑法

逻辑法即对材料中所表达的事实和叙述方法进行逻辑分析，发现问题和疑点，从而辨别真伪。如果同一材料前后矛盾，依据逻辑学知识，我们可以断定其中一个错了，或者两个都错了。通过逻辑分析，就容易发现其中不真实的因素。逻辑法的好处，就在于它一般不需要借助于其他手段，从原始材料本身就能很快地发现某些差错。

（5）调查法

即对材料中所表达的事物的运动变化情况，通过现场调查来验证它的真实性和准确性。应对要素不全、揭示事物本质不透彻的材料进行追踪调查，补充完善，深度挖掘，加工成具有一定深度的信息。

（6）数理统计法

即对原始材料中的数据定性分析，运用数理模式进行计算鉴定，看其数据计算是否准确，分类是否合理，是否和结论一致等。

（三）分析材料

分析材料是指对材料加以提炼，进行必要的归类、比较、分析、综合，使其成为有价值的信息。通过分析材料，从杂乱无章、互不关联的信息中找出本质的、内在的联系，提高信息的真实性，增强材料的准确度，使收集到的原始材料变为高级的、更富有价值的、可供传递和反馈的材料。

1. 分析材料的具体内容

分析材料是更具有创造性的整理阶段。它包括以下具体内容。

（1）充实内容

对相对零散、肤浅、杂乱而又有用的材料，弄清其性质、范围、意义、联系和发展趋向，从而充实、丰富它的内容，使其成为完整、深刻和系统的信息。

（2）综合分析

从整体上对材料进行系统的归纳、分类，做出定性、定量分析和判断。通过综合分析，往往能发现带有规律性的变化和倾向性的问题，还可从同类情况、经验或问题中，发掘新问题，对掌握全局情况、指导工作、预测未来有重要参考价值。

（3）提出意见

在综合分析的基础上，对经过整理的一些重要材料提出相应的处理意见，供领导参考。在应用文书中要有的放矢地提出参考性建议、办法、观点、方案。这是秘书开展文书撰写工作的主要目的。

2. 分析材料的具体方法

一是，根据材料所具有的兼容性，把来自不同角度和各个方面的材料由此及彼、兼收并蓄，从而发掘事物整体的内在规律性。

二是，把无序的材料围绕一条主线有机地组合起来，由表及里、系统地揭示事物的本质特征。

三是，对内容相互对立的材料，既要有保留发挥，又要有摒除否定，在表现内容对立的信息中探求实质。

四是，对材料价值进行思考，做出合乎逻辑的推导和升华，达到举一反三、见微知著的效果。

五是，在纷杂的材料中，选取能够反映事物总体特征的、具有代表性的个别材料，通过这种材料来比较全面地认识一个系统的大体情况。

以上诸方法可根据不同情况，灵活选用。

三、拟定写作提纲

根据分析材料得出的文章主旨，在正式落笔之前，要拟定文稿的提纲。就是根据已经确立的主旨和取舍后的材料，考虑文章的层次，文章层次的具体内容和每层间的关系，确定文稿内容的表达次序、各部分之间的衔接配合以及过渡照应等。对应用文稿写作思路即层次的安排，本教材已经在前述结构部分讲解。

四、草拟公文文稿

这是撰写应用文书的核心步骤，写作学上将其称为小写作。在之前的集材、运思的准备工作基础上将主旨、材料、结构和语言四个文章构成要素落实成一篇拿得出、看得见的文章。

起草文稿应当注意以下一些问题。

一要有时效观念。在做好前期的集材、运思工作后要抓紧时间拟稿，按时结稿。否则就会延误时机，影响工作。

二要做好会商工作。这是管理的协调职能在文书工作中的具体体现。文书内容涉及其他单位时，主办单位要主动协商，协办单位应积极配合，取得共识后，才能对外行文。如有分歧，主办部门负责人应出面协调，仍然不能取得一致意见时，主办部门可以列明各方理据，提出建议，并与有关部门会签后报请上级机关裁定。这样做是为了防止政出多门，政策“打架”。

三要材料与观点统一。严格掌握用材标准，材料要支撑观点，观点要统帅材料，切莫出现材料与观点不搭界甚至相互矛盾的情况。

五、加工、修改文稿

修改是写作活动的一个重要环节，对提高应用文书的质量起着重要的作用。在动笔之前，不可能把所有的问题都考虑成熟，所以必须进行修改以使认识不断深化、成熟。“文章不厌百回改，多改才能出华章”，一篇优质的应用文书，一定是反复修改锤炼的结果。

（一）修改的范围

1. 内容上

审查主旨是否正确、鲜明、深刻、集中，与上级机关的指示规定和实际情况是否吻合，有无自相矛盾或抵触情况。内容是否符合国家法律、法规和党的路线、方针、政策；是否完整准确体现发文机关意图；是否同现行有关公文相衔接；所提政策措施和办法是否切实可行。涉及有关地区或者部门职权范围内的事项是否经过充分协商并达成一致意见。文稿中的判断和推理是否合乎逻辑，材料是否有相互冲突的现象，文稿是否有偏激、不恰当的言辞等。

2. 形式上

文种是否正确，格式是否规范；人名、地名、时间、数字、段落顺序、引文等是否准确；文字、数字、计量单位和标点符号等用法是否规范；结构是否完整、合理、严密；重点是否突出；层次是否清楚；转折、过渡是否自然；语言是否准确、简练、顺畅；语气是否得体；是否符合语法规范。

（二）修改的方法

1. 集思广益法

集思广益法是虚心听取、合理吸收他人对文书的意见的方法。应用文书本来就是代表组织的意志，因此更应该征求领导和其他人员的意见和建议。另外，因为起草阶段的先入为主，往往会影响甚至约束修改阶段有所突破，再加上自己的思想认识、知识结构的有限性，很难发现自己文章的毛病。如若不请人指教，就会出现“不识庐山真面目，只缘身在此山中”的状况。所以，秘书对文书的修改要恭敬求教，虚心采纳领导、同事及他人的意见。

2. “冷处理”法

“冷处理”法是指在完成初稿以后，有意识地把文章冷却一段时间后再加以修改。人们在思考问题时，往往采取一种特定的思路，相隔时间越短，思维的局限性就越强。在完成初稿以后，把文章冷却一段时间，比如三五天、半个月，甚至更长时间，再加以修改，就容易克服原来思维活动的定势，跳出原有思维的局限，从新的角度更客观、公正、冷静地检查和评价文章，就容易发现初稿的遗漏之处、不妥当之处和不完善之处。特别是经过阅读有关材料和思索有关问题，产生新的感受、新的认识后，再看初稿就容易发现不完善、不妥当之处。

在具体修改时要把握好以下四点。

一是“调”，就是要针对应用文书的布局进行调整，使文章结构更加合理，层次安排逻辑紧密，以使文章主题突出，详略得当。

二是“删”，就是把文稿中多余的、没价值的、不典型的、不恰当的、相关性不强甚至不相关的内容删掉。

三是“补”，就是针对文稿内容充分、全面、深刻的要求，添补有用的材料和观点等。

四是“换”，就是针对观点、材料、结构、语言等存在的不当、不优，更换成更理想的观点、材料、结构和语言。

第四节　应用文书的稿本

应用文书在其形成和使用过程中会产生多种文稿与文本，这些文稿与文本在内容、外形和效用方面各不相同。正确地认识它们的特征，不仅有助于我们正确形成文书、使用文书，充分发挥其现行效用，而且有利于我们正确认识和挖掘文书的历史价值，更大限度地实现其历史效用。

一、应用文书文稿

1. 草稿

草稿是在应用文书形成过程中草拟的供进一步讨论、征求意见、修改审核、审批用的原始的非正式文稿，内容未正式确定，不具备正式文书的现行效用。草稿的外观特征是没有生效标志（签发、签署、用印等），文面上常见“讨论稿”“征求意见稿”“送审稿”“修改稿”“草稿”“草案”“初稿”“二稿”“三稿”等稿本标记，标记大都位于公文标题下方或右侧并常加括号。

重要文书的草稿因其可反映重要事务处理的详细过程和公文成文的完整过程而具备一定的历史效用，可作为立卷归档的对象。

2. 定稿

定稿是内容已确定、已履行法定生效程序的最后完成稿，具备正式文书的现行效用，是制作文书正本的标准依据。定稿一经确立，如不经法定责任者的认可，任何人不得再对其内容予以修改，否则无效。定稿的外形特征是有生效标志，有的还标有“定稿”“原本”“最后完成稿”等稿本标记。

定稿不对外发出，而是供制作正本和留存备查用。具备历史效用的应用文书的定稿，因其具有原始性和比正本、副本等更丰富的信息，更具重要的凭证依据价值。

二、应用文书文本

1. 正本

正本是根据定稿制作的供主要受文者使用的具有现行效用的正式文本。正本的现行效用与定稿等同，内容必须是对定稿的完整再现。

正本的外形特征是格式正规并有印章或签署等表明真实性、合法性、有效性的标志。

正本是供受文者使用的，因此受文者一方若需要留存该文书，即应留存正本。在法律意义上，正本比副本等更具证据价值，在历史研究中也更具权威性。

2. 副本

副本是指再现文书正本内容及全部或部分外形特征的文书复制本或正本的复份。副本供存查、知照用。

作为正本复份(与正本同时印刷)的副本与正本在外形上没有区别。这种副本只在送达对象和使用目的上不同于正本。正本送达主要受文者,供其直接办理;副本送达次要受文者,供其了解内容,或者由本机关留存备查、立卷归档。在效用方面,只要稿本中同样有各种法定的生效标记(用印、签署等),即具备现行效用。

3. **试行本**

试行本是规范性文书正本的一种特殊形式,在规定的试行时间和空间、机构人员范围内具有正式文书的现行效用。试行本主要在发文者认为文书内容经一段时间和一定范围内的实践检验后可能将被修订的情况下适用。

试行本的外形特征主要是在文书标题上加注标记,一般是在文种后用括号注明"试行"字样。

4. **暂行本**

暂行本也是规范性文书正本的一种特殊形式,在暂行期间具有正式文书的现行效用。暂行本常用于发文者认为因时间紧迫,文书中有关内容有可能存在不够周详等方面的欠缺,不长的一段时间后可能将被修订或确认的情况下。

暂行本的外形特征是在文书标题的文种前加注"暂行"字样,如《行政法规制定程序暂行条例》。

5. **修订本**

修订本是规范性文书正本的另一种特殊形式,是已发布生效的公文,经实践检验重新予以修正补充后再发布施行的文本,自修订本生效之日起,原文本即行废止。

修订本的外形特征除与一般正本相同外,还需作出标记,可在标题尾部标注"(修订本)",也可采用题注的形式,即在标题下用圆括号标注"某年某月某日修订"。

【思考题】

1. 应用文书主旨的确立要遵循什么要求?有哪些显旨技法?
2. 请谈谈材料与主旨的关系。
3. 请谈谈过渡和照应,段落和层次。
4. 请谈谈应用文书正文的结构安排。
5. 请谈谈应用文书的语言风格。
6. 应用文书的修改范围是什么?方法有哪些?
7. 应用文书有哪些稿本形式?

【扩展阅读】

胡鸿杰. 谈谈公文的主旨与程序保障[J]. 档案学通讯,2008,11.

第三章

法定公文之党政公文

第三章
法定公文之党政公文

本章概述

法定文书是指国家机关的法规所规定的公务文书。党政公文是法定文书中最重要的组成部分，俗称“红头文件”。是党政机关实施领导、履行职能、处理公务的工具。党政公文具有内容上鲜明的政治性、效力上极强的约束性、程序上严格的规范性等特点。决议、决定、命令(令)、公报、公告、通告、意见、通知、通报、报告、请示、批复、议案、函、纪要等15个法定党政公文文种是按照其适用的事项来划分，这是最重要的一种分类。党政公文的格式是党政公文的整体格局、外部形式。《党政机关公文格式》中的规定是明确的、具体的。这是公文的权威性和法定效力在形式上的具体表现。行文规则是针对党政公文行文所制定的操作规范和标准，包括理顺行文关系，选对行文方式，遵守行文制度等内容。遵守公文行文规则，可以确保公文迅速、准确、安全地传递并尽快发挥效用，同时减少不必要的发文，从而提高公文处理工作的效率。

学习目标

1. 理解党政公文的特点。
2. 掌握15个文种的分类及选择文种的原则，能够在写作实践中正确地选择文种。
3. 知道并掌握党政公文的格式。
4. 理解并实际运用党政公文的行文关系、行文方式和具体的行文规则，并能在非党政机关的公文处理中熟练运用。

重点难点

重点：

1. 掌握15个文种的适用事项，能够在写作实践中正确地选择文种。
2. 知道并掌握党政公文的格式。
3. 理解并实际运用党政公文的行文关系、行文方式和具体的行文规则，并能在非党政机关的公文处理中熟练运用。

难点：

1. 在写作实践中正确地选择文种。
2. 理解并实际运用党政公文的行文关系、行文方式和具体的行文规则。

法定文书指国家机关的法规所规定的公务文书。法定文书是应用文书中非常重要的一大类。目前我国国家机关针对公文工作出台的法规主要有《党政机关公文处理工作条例》

(自2012年7月1日起施行)、《人大机关公文处理办法》(自2001年1月1日起施行)、《军队机关公文处理工作条例》(自2017年10月1日起施行)、《人民法院公文处理办法》(自2013年1月1日起施行)、《人民检察院公文处理办法》(自2012年10月1日起施行)等。这些法规分别对党政、人大、军队、法院、检察院的公文处理工作进行规范。但因为管理的规律是相同的,不同国家机关对自己的文书工作所做的规定是大同小异的,本教材重点讲解法定党政公文。《党政机关公文处理工作条例》(以下简称《条例》)不仅规范党政系统的公文工作,同时《条例》第四十条规定"其他机关和单位的公文处理工作,可以参照本条例执行",故而,企事业单位和人民团体也可以参照此条例来开展公文工作。《条例》的规定带有一定的普适性。因此,本章将介绍法定党政公文。

第一节　党政公文概述

一、党政公文的概念

党政机关公文是指党政机关实施领导、履行职能、处理公务的具有特定效力和规范体式的文书,是传达贯彻党和国家方针政策,公布法规和规章,指导、布置和商洽工作,请示和答复问题,报告、通报和交流情况等的重要工具。(《条例》第一章第三条)作为党政机关实施领导、履行职能、处理公务的工具,党政公文就是俗称的"红头文件"。

二、党政公文的特点

(一) 内容上鲜明的政治性

党政机关公文是各级党政机关根据法律赋予的权限制作和发布的,内容是党政机关对国家治理、公共事务的权威意见。党政机关通过制发公文来传达政策、解决问题、推动工作,是治国理政的重要工具,代表着党和政府的执政理念、执政思想。作为表述国家意志、执行法律法规、规范行政执法、传递重要信息的最主要的载体,从某种程度上说,党政公文是国家法律法规的延续和补充。丝毫不能有悖于法律法规,不能有悖于党和国家的路线、方针、政策,不能偏离党和国家的政治目标和政策轨道,具有很强的政治性和政策性。

(二) 效力上极强的约束性

党政公文发出后,其法定效力将对有关单位和群众产生不同程度的强制性影响,在规定的时间、空间和机构、人员范围内,具有极强的约束力,必须严格遵守或执行。这是由国家法律明确赋予的权力,以及国家强制力做后盾的。事实上,很多党政公文是党政机关对所管理的公共事务作出的决策,决策作出之后必须保证其落实执行。受文机关或相关人员必须尊重公文的权威性,认真理解,严格遵照执行,确保党和国家的路线、方针、政策得以贯彻实施。

(三) 程序上严格的规范性

为了维护党政公文的权威性、严肃性与有效性，充分发挥公文效用，同时也方便公文的写作与处理，《条例》不仅规定了公文格式，规定了行文应遵循的规则，还规定了公文拟制、发文处理、收文处理和公文管理程序(包括环节、步骤、方式、时限)的具体要求。《中华人民共和国立法法》《行政法规制定程序条例》《规章制定程序条例》等对党政机关规章制度类公文的制定程序也有明确规定。此外，由中华人民共和国国家质量监督检验检疫总局和中国国家标准化管理委员会制定的《党政机关公文格式》(GB/T 9704—2012)(自 2012 年 7 月 1 日施行)，以国家标准的形式，对党政公文的文体、结构(格式)进行了明确、具体的规范。因此，党政公文比起其他组织的应用文书，在程序上都更严格、更科学。程序的规范既保证党政机关公文的合法性、强制性，也保证了文书的高效性。各级党政机关必须严格遵守这些规定，不得有任何不规范行为。

三、党政公文的文种

《条例》第二章第八条规定的公文种类是 15 种，按适用的事项分类如下。

(一) 决议。适用于会议讨论通过的重大决策事项。

(二) 决定。适用于对重要事项作出决策和部署、奖惩有关单位和人员、变更或者撤销下级机关不适当的决定事项。

(三) 命令(令)。适用于公布行政法规和规章、宣布施行重大强制性措施、批准授予和晋升衔级、嘉奖有关单位和人员。

(四) 公报。适用于公布重要决定或者重大事项。

(五) 公告。适用于向国内外宣布重要事项或者法定事项。

(六) 通告。适用于在一定范围内公布应当遵守或者周知的事项。

(七) 意见。适用于对重要问题提出见解和处理办法。

(八) 通知。适用于发布、传达要求下级机关执行和有关单位周知或者执行的事项，批转、转发公文。

(九) 通报。适用于表彰先进、批评错误、传达重要精神和告知重要情况。

(十) 报告。适用于向上级机关汇报工作、反映情况，回复上级机关的询问。

(十一) 请示。适用于向上级机关请求指示、批准。

(十二) 批复。适用于答复下级机关请示事项。

(十三) 议案。适用于各级人民政府按照法律程序向同级人民代表大会或者人民代表大会常务委员会提请审议事项。

(十四) 函。适用于不相隶属机关之间商洽工作、询问和答复问题、请求批准和答复审批事项。

（十五）纪要。适用于记载会议主要情况和议定事项。

这15种党政公文按照适用的事项划分，这是最重要的文种划分方法。正如第一章第四节所述，我们在选择文种时，除了要根据行文关系、职权范围、相关规定来筛选文种，最终能确定下正确文种的则是根据发文意图找到恰当适用的文种。

在实践中，我们还需要根据它们不同的行文方向，将其划分为上行文、平行文、下行文、泛行文。按照特点作用还可划分为指挥性公文、知照性公文、报请性公文、记录性公文。命令、决议、决定、批复是典型的下行文，起着指挥管理的作用；意见、通知、通报、纪要也可以下行，同样发挥着指挥、部署或安排某方面工作或某项活动的作用；公报、公告和通告作为知照性公文，在方向上属泛行文，向全社会公开发布；意见、通知、通报除下行外，也可以平行，发往不相隶属机关。意见还可以用作下级机关对重要问题提出见解和处理办法上行到上级机关。但意见不是泛行文，一次只能向一个方向行文。上行的除了意见，还有请示和报告。议案是政府送往人大，也算是上行文。故而，请示、报告、意见（上行）和议案也称为报请性公文。除了前面所说的通知和通报，函也是典型的平行文。

第二节　党政公文的格式

党政公文的格式是党政公文的整体格局、外部形式。《党政机关公文格式》中的规定是明确的、具体的。这是公文的权威性和法定效力在形式上的具体表现。

一、公文的排版形式与装订要求

公文的排版形式，是指公文数据项目在公文版面上的标印格式，即公文的外观形式，包括版头设计、版面安排、字体字号、字行字距、天地页边、用纸规格等。总的要求是：公文页面整洁、美观、明显。

（一）用纸规格

公文用纸一般采用国际标准A4型（210 mm × 297 mm），左侧装订。张贴的公文用纸大小，根据实际需要确定。

（二）排版规格

正文用3号仿宋体字，一般每面排22行，每行排28个字。特定情况可以作适当调整。

（三）公文页边与版心尺寸

公文用纸天头（上白边）为：37 mm ± 1 mm；公文用纸订口（左白边）为：28 mm ± 1 mm；版心尺寸为：156 mm × 225 mm（不含码）。

（四）装订要求

公文应左侧装订，不掉页。

二、党政公文格式各要素

《党政机关公文处理工作条例》第三章第九条中明确规定：公文一般由份号、密级和保密期限、紧急程度、发文机关标志、发文字号、签发人、标题、主送机关、正文、附件说明、发文机关署名、成文日期、印章、附注、附件、抄送机关、印发机关和印发日期、页码等组成。

《党政机关公文格式》规定：公文格式各要素划分为版头、主体、版记三部分。公文首页红色分隔线以上的部分称为版头；公文首页红色分隔线（不含）以下、公文末页首条分隔线（不含）以上的部分称为主体；公文末页首条分隔线以下、末条分隔线以上的部分称为版记。页码位于版心之外。

（一）份号

份号指同一文稿印刷若干份时每份公文的顺序编号。涉密公文应当标注份号。公文如需标注份号，用 6 位 3 号阿拉伯数字，顶格编排在版心左上角第一行。

（二）秘密等级和保密期限

秘密等级是公文保密程度的标志。做好涉密公文密级标志，既保证了国家秘密不泄漏，又给档案保管利用、解密和秘密提供便利。目前党政公文保密工作需要遵守的法规主要有《中华人民共和国保守国家秘密法》《国家秘密管理暂行规定》等。“绝密”是最重要的国家秘密，泄露会使国家的安全和利益遭受特别严重的损害。“机密”是重要的国家秘密，泄露会使国家的安全和利益遭受到严重损害。“秘密”是一般的国家秘密，泄露会使国家的安全和利益遭受损害。国家秘密事项的密级一经确定，就要在秘密载体上作出明显的标志。标志方法应按《国家秘密定密管理暂行规定》（国家保密局令 2014 年第 1 号）执行。保守国家秘密的工作，实行积极防范、突出重点，既确保国家秘密又便利各项工作的方针。

公文如需标注密级，用 3 号黑体字，顶格编排在版心左上角第二行，两字之间空一字，保密期限中的数字用阿拉伯数字标注；如需同时标识秘密等级和保密期限，用 3 号黑体字，顶格标识在左上角第二行，秘密等级和保密期限之间用“★”隔开。

（三）紧急程度

紧急程度是对公文送达和办理的时限要求。为了确保公文的时效性，使紧急事项得以及时处理，对紧急公文就必须注明紧急程度。紧急公文应当根据紧急程度标明“特急”或“加急”，电报应当分别标明“特提”“特急”“加急”“平急”。“特急”和“加急”具体的时限无明确规定，因为各个单位工作的内容、要求不同，《条例》无法也不能做具体规定。而是各个单位根据自己的需要来确定时限。

如需标注紧急程度，用3号黑体字，顶格编排在版心左上角；如需同时标注份号、密级和保密期限、紧急程度，按照份号、密级和保密期限、紧急程度的顺序自上而下分行排列。如果只是紧急公文，而非涉密公文，紧急程度应上提到版心左上角第一行。

（四）发文机关标志

发文机关标志表明了公文的制发者。发文机关标志应当使用发文机关全称或者规范化简称；如果是联合发文，发文机关标志可以并用联合发文机关名称，也可以单独用主办机关名称，如“国务院文件”“江苏省人民政府文件”“徐州市人民政府文件”“江苏省教育厅文件”等。发文机关要用规范化的简称，不能随意乱简，否则轻则闹笑话，如将“某市整理市容办公室”简称为“整容办”，将“上海市测绘研究所”简称为“上测所”等。重则影响重大。

发文机关标志居中排布，上边缘至版心上边缘为35 mm，推荐使用小标宋体字，用红色标识，以醒目、美观、庄重为原则，突显公文的权威性和庄重性。

联合行文时，如需同时标联署发文机关名称，一般应当将主办机关名称排列在前；如有“文件”二字，置于发文机关名称右侧，以联署发文机关名称为准上下居中排布。

如果联合行文机关过多，而使公文首页不能显示正文，则只需标注主办机关名称，联署机关盖章即可。因为保证首页出现正文和务使印章与正文同在一页是党政公文格式制定的防伪要求。作为党政公文，其效力涉及到老百姓的切身利益，因此一定要保证其不被伪造、不被篡改。

（五）发文字号

发文字号就是发文机关按照发文顺序编排的顺序号，简称文号。发文字号是一份公文专指性的代号。公文的发文字号，是为了便于登记、分类、保管和查询。发文字号由发文机关代字、年份和序号组成。发文机关代字要选用单位名称中最具有代表的字，同一系统的发文机关代字不允许重复，避免产生歧义。年份、序号用阿拉伯数字标识。年份应标全，不加“年”，用六角括号“〔〕”括入，例如：〔2021〕。发文字号是一个机关一年内文件制发的统一流水号，每年年初从“1”开始，序号不编虚位（即1不编001），不加“第”字，直接表达为“××发〔××××〕×号”。如“国发〔2021〕10号”表明该份文件是国务院2021年制发的，顺序号为第10号的文件。

一份公文只标注一个发文字号。联合行文的也只标注一个发文字号，标注主办单位或牵头单位的发文字号。目前工作中最常见的错误就是联合发文的时候有几个机关发文，就标上几个机关的发文字号。这对确指、查找、利用公文都会造成困扰。由于联合发文是经过各发文单位协商一致，各单位领导人会签过的，正式的对外联合行文还要会章，即参与发文的单位都要在公文上盖章。这些环节足以保证参与发文各方对公文承担相应的责任，而无须以标发文字号的形式来表明对公文承担的责任。

在文中首次引用其他公文作为发文依据，应先引文件标题，后引发文字号。如某一批复开头“你厂《关于修建新办公楼的请示》(××〔2021〕27号)收悉”就是规范的写法。

发文字号置于发文机关标志下空二行，用3号仿宋体字，居中排布。上行文的发文字号居左空一字编排，与最后一个签发人姓名处在同一行。发文字号之下4 mm处印一条与版心等宽的红色分隔线。

（六）签发人

上行文应当标注签发人、会签人姓名。标注签发人一是表明机关发文的具体责任者，督促各级领导认真履行职责，强化公文质量；二是为上级机关在处理下级上报的公文时，上级领导人与下级单位负责人之间直接沟通、迅速查询有关问题提供方便。鉴于签发人的作用，对上行文负有发文责任的是本单位的领导人，所以签发人只能标注领导人的姓名。签发人的位置平行排列于发文字号右侧。发文字号居左空一字，签发人姓名居右空一字。“签发人”用3号仿宋体字，签发人后标全角冒号，冒号后用3号楷体字标识签发人姓名。如有多个签发人，签发人姓名按照发文机关的排列顺序从左到右、自上而下依次均匀编排，一般每行排两个姓名，回行时与上一行第一个签发人姓名对齐。应下移红色分隔线，使发文字号与最后一个签发人姓名处在同一行，并使红色分隔线与之距离为4 mm。

（七）标题

标题是文章的眼睛，《条例》规定：完整的公文标题应“由发文机关名称、事由和文种”三部分组成。

公文标题应置于红色分隔线下空二行，用2号小标宋体字。如果字数偏多，则应分行参差排列，排列应当使用梯形或菱形，给人以美感，可视字数多少分一行或多行居中排布。回行时，要做到词意完整，排列对称，长短适宜，间距恰当。如：

中共××县委××县人民政府
关于进一步整治和改善经济
发展环境的实施意见

这一排列可能会产生歧义，应改为：

中共××县委××县人民政府
关于进一步整治和改善经济发展环境的
实施意见

（八）主送机关

主送机关是指公文的主要受理机关，即要求其主办、答复或知晓文中事项的单位，应当使用机关全称、规范化简称或者同类型机关统称。

主送机关的名称应当具体、明确。主送机关较多时，可按机关的性质、类别和其他隶属关系顺序排列。

按“先外后内”顺序排列。如政府行文，将下一级政府排在前，本级政府职能部门排在后。如国务院下发的公文，主送机关写为：各省、自治区、直辖市人民政府，国务院各部委、各直属机构。

按系统与级别高低排列。当各主送机关与公文内容的密切程度相等时采用此法，级别高的排前面，级别低的排后面。不同系统按党、政、军、群的顺序排列。

联合行文主送机关的排列顺序应与发文机关顺序协调统一，即主办机关在前，协办机关在后。如党政部门联合发文，发文机关的排列次序是党、政，相对应地，主送机关也须从党、政次序排列。

主送机关编排在公文标题之下空一行位置，居左顶格用3号仿宋体字标识，后加全角冒号，相当于书信的称呼。如主送机关名称过多，一行写不下，回行时仍顶格，最后一个机关名称后标全角冒号。如主送机关名称过多导致公文首页不能显示正文时，应当将主送机关名称移至版记。有多个主送机关时，同一系统内同级单位之间用顿号，不同系统单位之间用逗号。当主送机关的工作性质相同、级别相同，但名称不同时，要用括号来表明主送机关涵盖的完整性。如“各县(市)、区”，这里的“市”指县级市。

(九) 正文

正文是文件的主体和核心部分，传达发文机关的意图。为防止公文被伪造，公文的首页和盖章的一页一定要显示正文，不可以采用“此页无正文”的方法标识。公文正文一般用3号仿宋体字，编排于主送机关名称下一行，每个自然段左空二字，回行顶格。

(十) 附件说明

公文附件的顺序号和名称。公文如有附件，在正文下一行左空二字用3号仿宋体字编排“附件”二字，后用全角冒号和名称。如有多个附件，使用阿拉伯数字标注附件顺序号(如“附件：1. ×××××××”)；附件名称后不加标点符号。附件名称较长需回行时，应当与上一行附件名称的首字对齐。

(十一) 发文机关署名、成文日期和印章

印章是公文生效的标志，印章上刻的是发文机关的名称，成文日期可以是公文生效的时间。这三个格式要素在《党政机关公文格式》中的规定特别详细，分加盖印章公文、不加盖印章公文和加盖签发人签名章公文三种情况，分别有具体、详细的规定。具体内容请查阅《党政机关公文格式》。

(十二) 附注

附注是附在正文后的注释说明。一般是说明公文的发放范围、使用时需要注意的事项等。例如：“此件发至省军级”“此件发至县团级”“此件可公开发布”等等。

公文如有附注，用3号仿宋体字，居左空二字加圆括号编排在成文日期下一行。公文如有两个以上的附注，应用阿拉伯数字排列。

（十三）附件

附件是附属于正文的材料，是公文根据需要附加的部分。如果将这些附加的部分放入正文中，不光使行文冗长，还会冲散行文思路，使公文主旨不能集中地体现出来。附件通常有主体性附件、补充说明性附件和参考性附件三种类型。通常，载体性通知或发布令的附件是主体性附件，即相对于通知、命令的正文，附件才是最重要的。这种公文，我们又把它称为复合体公文。补充说明性附件最常见，如奖励性决定附件里的受到奖励的单位或人员名单。而参考性附件则是能帮助读者更好地、更深入地理解、把握正文内容的材料。

附件应当另面编排，并在版记之前，与公文正文一起装订。“附件”二字及附件顺序号用3号黑体字顶格编排在版心左上角第一行，有序号时标识序号，附件标题居中编排在版心第三行。附件顺序号和附件标题应当与附件说明的表述一致。附件格式要求同正文。

如附件与正文不能一起装订，应当在附件左上角第一行顶格编排公文的发文字号并在其后标注“附件”二字及附件顺序号。

（十四）抄送机关

抄送机关是指公文涉及的需要协助办理、需要了解掌握公文内容的机关。抄送机关应当使用全称或者规范化简称、统称。抄送机关的排列顺序，一是按隶属关系排列，即上级机关、同级机关和下级机关；二是按系统排列，即党委、人大、政府、政协、法院、检察院、部队。抄送机关要一一列出，防止遗漏，以免影响工作。同时，也要防止抄送范围过大。目前各级各类机关普遍存在的“文件满天飞”的现象中，“满天飞”的文件很多是抄送文件，即乱抄送、滥抄送的现象比较普遍。抄送公文是必要的管理手段，是管理的协调职能在公文工作中的一种体现。协调作为一种管理职能，就是调整管理组织中各部门、各环节的相互关系，以消除管理系统中诸要素之间以及管理过程各阶段或各环节之间的矛盾或不和谐现象，使组织的各个部门、个人之间的努力统一到组织的总计划和总目标上，使整体平衡，使各局部步调一致，配合得当，以有利于总体优势的发挥。

公文如有抄送机关，一般用4号仿宋体字，在印发机关和印发日期之上一行，左右各空一字编排。“抄送”二字后加全角冒号和抄送机关名称，回行时与冒号后的首字对齐，最后一个抄送机关名称后标句号。

如需把主送机关移至版记，除将“抄送”二字改为“主送”外，编排方法同抄送机关。既有主送机关又有抄送机关时，应当将主送机关置于抄送机关之上一行，之间不加分隔线。

（十五）印发机关和日期

印发机关是指文件签发后公文送印的机关，如各级行政机关的办公厅（室）。这里所讲的"日期"并不是成文日期,而是指公文送印的日期。印发机关和印发日期一般用4号仿宋体字,编排在末条分隔线之上,印发机关左空一字,印发日期右空一字,用阿拉伯数字将年、月、日标全,年份应标全称,月、日不编虚位(即1不编为01),后加"印发"二字。印发机关和印发日期应写在文件的最后一行。

版记中如有其他要素,应当将其与印发机关和印发日期用一条细分隔线隔开。

(十六) 页码

一般用4号半角宋体阿拉伯数字,编排在公文版心边缘之下,数字左右各放一条一字线,一字线上距版心下边缘7 mm。单页码居右空一字,双页码居左空一字。公文的版记页前有空白页的,空白页和版记页均不编排页码。公文的附件与正文一起装订时,页码应当连续编排。页码位于版心外。

三、公文的特定格式

(一) 信函格式

发文机关标志使用发文机关全称或者规范化简称,居中排布,上边缘至上页边为30 mm,推荐使用红色小标宋体字。联合行文时,使用主办机关标志。

发文机关标志下4 mm处印一条红色双线(上粗下细),距下页边20 mm处印一条红色双线(上细下粗),线长均为170 mm,居中排布。

如需标注份号、密级和保密期限、紧急程度,应当顶格居版心左边缘编排在第一条红色双线下,按照份号、密级和保密期限、紧急程度的顺序自上而下分行排列,第一个要素与该线的距离为3号汉字高度的7/8。

发文字号顶格居版心右边,编排在第一条红色双线下,与该线的距离为3号汉字的7/8。

标题居中编排,与其上最后一个要素相距二行。

第二条红色双线上一行如有文字,与该线的距离为3号汉字高度的7/8。

首页不显示页码。

版记不加印发机关和印发日期、分隔线,位于公文最后一面版心内最下方。

(二) 命令(令)格式

发文机关标志由发文机关全称加"命令"或"令"字组成,居中排布,上边缘至版心上边缘20 mm,推荐使用红色小标宋体字。

发文机关标志下空二行居中编排令号,令号下空二行编排正文。

(三) 纪要格式

纪要标志由"×××××纪要"组成,居中排布,上边缘至版心上边缘35 mm,推荐使用红色小标宋体字。

标注出席人员名单，一般用 3 号黑体字，在正文或附件说明下空一行左空二字编排“出席”二字，后标全角冒号，冒号后用 3 号仿宋体字标注出席人单位、姓名，回行时与冒号后的首字对齐。

标注请假和列席人员名单，除依次另起一行并将“出席”二字改为“请假”或“列席”外，编排方法同出席人员名单。

纪要格式可以根据实际制定。

第三节　党政公文的行文规则

行文规则是针对行文所制定的操作规范和标准，内容体现为理顺行文关系，选对行文方式，遵守行文制度等。文书工作有自己的工作规律，采用科学、系统的方法，遵守行文规则，可以确保公文迅速、准确、安全地传递并尽快发挥效用，同时减少不必要的发文，避免文牍主义，进而提高公文工作及相关的管理活动、业务活动的质量和效率。

一、行文关系

行文关系指收文与发文机关之间由于收发公文所形成的关系。《条例》第十四条规定：行文关系根据隶属关系和职权范围确定。职权范围是指机关单位的级别及其权力、职能的界限和所辖区域。职权范围决定着隶属关系，职权范围之内的组织之间有隶属关系，职权范围之外的组织之间无隶属关系。

管理学理论认为，职权分为三种形式，即直线职权、参谋职权和职能职权。直线职权指管理者所拥有的直接指挥下级的权力，与组织中的等级链相联系，是组织中一种最基本、最重要的职权。参谋职权指组织成员或部门所拥有的提出建议的权力，没有指挥权，不能向下级发布命令。在实践中，常常指专门的参谋机构或参谋人员所拥有的权力，如政府的办公厅(室)、政策研究室等。在纯粹参谋的情形下，参谋人员所具有的仅仅是辅助性职权，并无指挥权。但是，随着管理活动的日益复杂，主管人员仅依靠参谋的建议还很难做出最后的决定，为了改善和提高管理效率，主管人员就可能将职权关系作某些变动，把一部分原属自己的直线职权授予参谋人员或某个部门的主管人员，这便产生了职能职权。使用职能职权时应注意：一，使用职能权力应限于具体工作方面，不能危及主管人员正常的管理工作；二，要加强协调工作，不要因此而形成责任不清和工作上的混乱。

直线权力是命令和指挥的权力，参谋权力是协助和建议的权力，参谋的职责是建议而不是指挥，只有当他们的建议被管理者所采纳并通过等级链向下发布时才有效。职能权力是由直线权力派生的、限于特定职能范围内的直线权力。因此，要界定直线权力与职能权力的作用范围，从而避免二者之间的冲突。

组织中职权理论都可以在作为管理工具的公文工作中得到具体的体现。根据各个组织的职权范围，我们可将行文关系分为如下两大类。

1. **领导与被领导、指导与被指导的隶属关系**

领导与被领导关系在党政机关中具体表现为：一是上级领导机关与下级领导机关之间的“块块关系”，即上级直线主管和下级直线主管之间的关系。二是领导机关和参谋部门、职能部门之间的领导与被领导关系，即直线主管与参谋部门之间的关系。指导与被指导关系具体表现为上级政府的职能部门与下级政府的职能部门之间业务上的指导与被指导关系，也即通俗所说的“条条关系”，如江苏省教育厅与徐州市教育局。不管是领导还是指导关系，都是上下级的关系，作为载体的公文承载着管理信息下行沟通和上行沟通的任务。所以在领导与被领导、指导与被指导的隶属关系的系统中行文，就应该选择上行文或下行文。

2. **同级机关或不相隶属机关之间的不相隶属关系**

在同一系统中，互相之间没有领导和指导关系的级别相同的机关之间就是同级机关，如同隶属江苏省政府领导，徐州市政府和淮安市政府之间的同级关系；如同是江苏省的职能部门，教育厅和人社厅之间的同级关系。不相隶属机关就是在组织内部既不属于同一隶属序列，又不属于同一等级层次的行文机关之间的关系。如江苏省人民政府和山东泰安市教育局，就不存在隶属关系。作为载体的公文承载着平等沟通和斜向沟通的任务，目的在于加快信息的交流，谋求相互之间必要的合作和支持。

二、行文方式

一个组织在设计组织结构，确定管理层次时，必须要使上下形成一条连续的不间断的等级链，明确职责、权力和联系方法。具体要求：任何一级组织只能由一个人负责，实行首长负责制；下级只能接受一个上级组织的命令和指挥，防止出现多头领导的现象；下级只能向上级请示工作，不能越级请示工作；上级可以越级检查工作，但一般不能越级指挥下级；职能部门一般只能作为同级直线领导的参谋，无权对下级直线领导发号施令。这些组织设计的要求在作为管理工具的公文工作中也都能得到具体的体现。

1. **按公文发送范围和效力范围分类**

（1）逐级行文

组织中确定管理层次时，使上下形成一条连续的不间断的等级链。一级指挥一级，一级接受一级的指挥。不允许越级指挥从而保证管理的连续性，不会出现混乱。在公文工作中体现为要遵循逐级行文的规则，不允许越级行文。

（2）越级行文

特殊情况允许越级行文。可以越级行文的特殊情况有：

情况特殊紧急，逐级上报下达会延误时机造成重大损失；

需要直接询问、答复或联系具体事项；

多次请示直接上级机关而未解决的问题，或与直属上级有争议又急需解决的问题；

上级领导机关交办或指定越级上报的公文；

对直接上级机关进行检举、揭发或控告。

应当特别注意的是，因特殊情况需要越级行文的，应当抄送被越过的机关，同时行文中需说明理由。

(3) 多级行文

多级上行通常情况下是不允许的。根据管理学理论，为了保证管理效率，在进行组织设计的时候，要遵循“命令统一”的原则。“命令统一”原则的实质是在管理工作中实行统一领导，每个下属应当而且只能有一个上级主管。如果同时接受两个上级的指挥，对于下级来说，会无所适从，不知道该听谁的。而对于上级机关来说，会造成两个或多个上级机关之间责任不清，或出现矛盾纠纷，以致无法有效指挥。因此，多级上行文是不被允许的。但由于报告不需要答复，在特殊情况下，也是可以多级报告的。

多级下行是一种非常高效的行文方式。它可以缩短行文路线，减少行文时间，提高公文的时效性，从而提高行文效率，促进管理效率。但是，在管理中，根据上级机关所在管理层次的高低，上级机关的政策、指示等会呈现不同程度的原则性和概括性，这样下发的公文就给下级机关在落实执行的时候，能够根据本地区或本部门的实际情况，灵活地、因地制宜地开展工作。所以，通常情况下需要逐级行文，也就形成了我们看到的一种情况：国务院下发的文件，到了省里以后，需要开会讨论领会文件精神，根据本省的实际情况再往下发通知部署。到了市里，开会发文，到了县里，开会发文，一直到最基层，才能真正落实。所以，多级下行文主要适用于不需要逐级补充执行意见的下行文。

(4) 普发行文

普发行文是指将公文发向所属的所有下级，直接到达最基层。因此，普发行文又称直达行文，是多级下行文中的特例，不是所有的公文都可采用普发方式。

(5) 通行行文

通行行文即泛行文，指将公文向全社会普遍发布。因为面向全社会，通常采用在媒体上或以张贴的形式发布。

2. 直接行文与间接行文

直接行文指发文机关直接将公文主送受文机关。那么，间接行文就是不能直接将公文主送受文机关。前文说过，参谋部门、职能部门无权指挥直线部门，只有当他们的建议被管理者所采纳并通过等级链向下发布时才有效。在实际的公文工作中，就是参谋部门给管理者行文，由管理者批准以后转发到直线下级。

3. **单独行文与联合行文**

单独行文指单一机关制发公文,联合行文指两个或两个以上的机关集中意志制发公文。

4. **职权行文与受权行文**

职权行文指依据法律赋予的职权,在职责权限内制发公文;受权行文通常是发文机关没有权力制发公文,接受有权制发公文的机关授权后发文,但由此产生的责任则由授权机关承担。如行政机关的办公厅(室)就可以在接受授权后,以自己的名义制发公文。但在公文中一定要说明是接受授权行文。

三、党政公文的具体行文规则

(一) 行文根据规则

行文根据规则是党政机关公文工作应当遵循的基本原则,内涵包括:一是"行文应当确有必要,讲求实效";二是"行文关系根据隶属关系和职权范围确定"。

"行文应当确有必要,讲求实效"意思是需要的时候才发文,不需要的时候不发文。通过现场方式、会议方式可以开展管理的,就不需要发文。公文从拟稿到发出去,需要诸多环节,带有一定的滞后性,也容易造成信息的重复。因此,当工作中确实出现某一问题,或需要处理某一事务,而又需要通过文件的形式来开展的,才应当发文,才能真正发挥公文的效用。

关于"行文关系根据隶属关系和职权范围确定"的规定,实质是要求不要滥发文、错发文,要根据隶属关系和职责权限来确定是否发文,是否是正确发文。

(二) 党委、政府各职能部门行文规则

党委、政府的职能部门,也就是前文所述拥有职能权力的部门。根据我国现行的国家制度和政治体制,党委、政府的职能部门行文规则具体包括如下内容。

一是上一级党委、政府各职能部门可以同下一级党委、政府对口的职能部门互相行指示性公文或请示性公文,即"党委、政府的部门在各自职权范围内可以向下级党委、政府的相关部门行文"。但《条例》规定:"党委、政府的部门向上级主管部门请示、报告重大事项,应当经本级党委、政府同意或者授权。属于部门职权范围内的事项应当直接报送上级主管部门。"这一点强化了党委、政府对自己职能部门的指挥权,一定程度上避免了双重领导。

二是党委、政府各职能部门一般不得向下一级党委、政府行指示性的公文,可以以信函格式与下一级党委、政府行文,即行平行文。这是职能部门无权指挥直线部门在公文工作中的具体体现。其他部门和单位不得向下级党委、政府发布指令性公文或者在公文中向下级党委、政府提出指令性要求。需经政府审批的具体事项,经政府同意后可以由政府职能部门行文,文中须注明已经政府同意。

三是党委、政府各职能部门内设机构除办公厅(室)外不得对外正式行文。内设机构是

负责具体工作的部门，无法承担法律责任，也无权以自己的名义行文。当然，如果他们接受授权，也是可以以内设机构的名义行文的。办公厅(室)是秘书机构，办文是主要工作之一，如果接受授权，是具有行文主体的资格的。“党委、政府的办公厅(室)根据本级党委、政府授权，可以向下级党委、政府行文。”

(三) 抄送规则

抄送要限于同文件内容有关、需要对方知道或协助办理的机关，既不能滥送，也不能漏送。

向下级机关或者本系统的重要行文，应当同时抄送直接上级机关。此举目的主要在于上级给自己的工作把关，并有利于上级及时了解下级工作情况。上行文不得抄送其下级机关。特别是请示，如果没有得到上级批复之前让下级知晓请示内容，很容易给工作带来被动局面。

接收抄送公文的机关不得再向其他机关抄送、转送。

不得越级抄送文件，不得抄送个人。

受双重领导的机关向一个上级机关行文，必要时抄送另一个上级机关。上级机关向受双重领导的下级机关行文，必要时抄送该下级机关的另一个上级机关。

(四) 协商一致规则

协商一致原则是管理的协调职能在公文工作中的具体体现。部门之间对有关问题未经协商一致，不得各自向下行文。如擅自行文，上级机关应当责令纠正或撤销。联合行文肯定要做好会商的工作，即使是单一机关制发公文，如果公文内容涉及到其他地区或部门的职权，也应当做好协调的工作。

(五) 联合行文规则

联合行文也是一种高效的行文方式，其好处主要有：可以避免政出多门，即分头单独行文可能在内容方面出现的不一致性；可以增强公文的权威性，提高办理公务的效率；可以减少公文的数量，减少收文单位的负担。

联合行文的条件是：联合行文的机关必须是同级的，级别不同不可以联合行文。联合行文应当明确主办部门。行政机关与同级或相应的党的机关、军队机关、人们团体联合行文，按照党、政、军、群的顺序排列。同一系统同级机关联合发文，主办机关应协调确定。政府办公室与同级政府各部门在一般情况下不宜联合行文。

(六) 请示规则

请示除了应当遵循“一事一请”，即文书写作的基本原则“一文一事”的原则，一般不得越级请示。但在一些特殊的情况下，允许越级请示，同时需要抄送被越过的上级机关。请示还要求“一头主送”，即只能主送一个上级机关，这是“命令统一”原则在请示工作中的具体呈现。此外，请示不得同时抄送下级机关，即上述“上行文不得抄送其下级机关”。

（七）报告规则

工作中经常会出现请示和报告混用或错用的现象。虽然都是上行文，但二者的行文目的不一样。报告不需要上级机关答复，所以报告中不得夹带请示事项，否则可能就是石沉大海。此外，根据逐级行文的要求，一般也不得越级报告。但特殊的情况下，报告是可以主送多个或多级上级机关的。

（八）媒体发表应视作正式公文的规则

《条例》第三十一条规定，“经批准公开发布的公文，同发文机关正式印发的公文具有同等效力”。因此，经过批准在媒体上全文公开发布的公文，不应视作新闻消息，而是自公文公布之日，或是自宣布生效之日，就具备了法定权威性和行政约束力，就应当成为开展工作的依据和凭证。

（九）不主送个人的原则

公文是党政机关及其他组织在处理公务时使用的文书。《条例》规定：“除上级机关负责人直接交办事项外，不得以本机关名义向上级机关负责人报送公文，不得以本机关负责人名义向上级机关报送公文”以及“党政机关公文由文秘部门或者专人统一管理”。公文如果没有通过文秘部门或专人的统一管理，而是直接送给个人，就脱离了机关公文处理工作的正常渠道。后果可能有：一是可能由于个人不在，未能及时处理公文而贻误公务；二是由承办人分散收阅处理公文，易形成“账外公文”，使管理失控；三是送个人处理公文，不容易进行办文协调工作；四是公文办毕之后的归档难以保证。

除了不能主送个人，主送机关常见的错误还有：

越级行文。如前文所述，组织开展管理活动，要一级指挥一级，一级接受一级的指挥，而不允许越级指挥。在公文工作中就是要逐级行文，不允许越级行文。

多头主送。多头主送是违反“命令统一”原则在公文工作中的具体体现。如果是需要上级机关答复的请示或意见，只能一头主送。

交叉行文。交叉行文指不具有指挥关系的机关之间互相行请示性公文或指示性公文。对于党政机关来说，不能交叉行文就是要贯彻党政分工的原则。

（十）贯彻党政分工的原则

党的机关和政府机关之间按照各自隶属关系和职权范围行文；

属于政府职权内的工作，应以政府的名义行文；

属于党务、组织、宣传等党委职权内的工作，应以党委名义行文；

行政机关不能直接向下级单位的党组织制发领导性、指导性公文；
上级党委不能直接向行政机关制发请示、报告或下达指示性公文。

【思考题】

1. 党政公文的特点有哪些？
2. 党政公文的版头、主体和版记各有哪些要素？
3. 论述党政公文的行文关系。
4. 简述党政公文的行文规则。
5. 联合行文的好处有哪些？联合行文规则的内涵是什么？

【扩展阅读】

杨戎. 当代公文行文方式多样化透视[J]. 档案与建设，2007，1.

第四章

指挥性文书写作

第四章
指挥性文书写作

本章概述

指挥性文书在组织管理活动中发挥着重要的指挥作用，是上级决策的重要载体。在15种法定党政公文中，命令（令）、决定、决议、批复、下行的意见等公文具有突出的指挥功能，有些通知、通报和纪要也是上级政策、指示的重要载体。这些文书是党政各级机关治国理政、实施领导、开展管理的重要工具，它们用来传达政策、解决问题、推动工作。除法定公文外，非法定的计划类文书、规约类文书、领导讲话稿等也都发挥着指挥作用。本书有专章介绍规约类文书和讲话稿的写作，因此，本章重点讲解命令（令）、决定、决议、批复、意见、通知等法定公文及非法定的计划类公文。

学习目标

1. 知道命令的性质、适用范围及分类，掌握命令的格式和正文的结构安排。

2. 知道决议和决定的性质及适用范围，对决议和决定进行有效地辨析，掌握决定的分类及不同种类决定的写作。

3. 知道批复的性质、适用范围、特点，掌握批复的分类及不同批复的写作。

4. 理解意见的性质及适用范围，掌握意见的分类及不同意见的写作。

5. 知道并理解通知的性质、适用范围及种类，熟练掌握不同种类通知的写作。

6. 知道计划的性质及适用范围，理解并掌握计划的不同分类，理解计划的特点，熟练掌握各种计划类文书的写作。

重点难点

重点：

1. 对作为指挥性文书的决议、决定、意见、计划、通知等文种进行有效辨析，能够选对文种。

2. 掌握决定、批复、意见、通知和计划等文书的分类，并熟练进行写作。

难点：

1. 选择正确的指挥性文书的种类。

2. 不同种类意见的写作，不同种类计划的写作，指示性通知的写作。

第一节 命令(令)

一、命令(令)的性质及适用

命令(令)是法定公文,《条例》规定:命令(令)“适用于公布行政法规和规章、宣布施行重大强制性措施、批准授予和晋升衔级、嘉奖有关单位和人员”。一般用规范标题格式时用“命令”,如《国务院关于进行第四次全国人口普查登记的命令》;其他情况可用“令”,如中华人民共和国国务院令、中华人民共和国主席令、戒严令、动员令等。

二、命令(令)的分类

根据适用范围,命令有公布令、行政令、授勋令、嘉奖令等。

(一) 发布令

发布令是国家领导机关和有关部门用来公布法律、发布行政法规和规章的命令。值得注意的是,用命令(令)颁布法律、法规或规章时,其本身并不是法律,但它是使法律生效的必要环节和方式。发布令一经发布,就要求全体人民无条件地遵照执行,具有极强的规定性和约束力,不容违抗和抵制。《行政法规制定程序条例》(2017 修订)第二十七条规定:“国务院法制机构应当根据国务院对行政法规草案的审议意见,对行政法规草案进行修改,形成草案修改稿,报请总理签署国务院令公布施行。签署公布行政法规的国务院令载明该行政法规的施行日期。”

(二) 行政令

行政令是用于宣布施行重大的强制性行政措施的命令。其适用范围比较广,在国家政治、经济、文化等领域中,凡国家领导机关和有关部门采取的重大强制性行政措施,均可以行政令的形式予以发布。行政令又包括戒严令、动员令、特赦令等,如《国务院关于在西藏自治区拉萨市实行戒严的命令》。

(三) 嘉奖令、授勋令

嘉奖令用于表彰有突出成就和重大贡献的单位、集体及个人;授勋令用于授予有关人员国家级荣誉称号、国家勋章和晋升衔级。二者在行文思路上基本相同。如:《湖北省人民政府对省残联的嘉奖令》属于嘉奖令;《国务院、中央军委关于授予钱学森同志“国家杰出贡献科学家”荣誉称号的命令》属于授勋令。

三、命令(令)的特点

(一) 法定的权威性

命令(令)是权力、权威的体现,直接而集中地反映了领导机关的意志,具有强烈的权威性和指挥性。其发布机关级别高、权力大，使用权限受到极为严格的限制。据《中华人民共和国宪法》《中华人民共和国地方各级人民代表大会和地方各级人民政府组织法》规定，只有中华人民共和国主席、国务院总理、人大常务委员会委员长、国务院所属各部部长、各委员会主任及地方各级人民政府才可发布命令（令）。除此之外，其他任何单位和个人不能发布命令（令）。

（二）执行的强制性

命令（令）一旦发布，下级机关必须无条件地、不折不扣地执行，不得延误、干扰、违抗，否则将受到严厉的惩罚。从这一点来讲，命令（令）的强制性比其他任何下行文都强烈得多。

（三）语言的庄重性

命令（令）主要用于重大决策事项的发布，这就决定了它的语言要高度准确、凝练、规范，语气坚定、强硬、决断有力，语体风格庄重、严肃。

四、命令(令)的写作

（一）命令格式

1. 标题

命令（令）的标题常见的有以下两种形式。

一是发文机关＋事由＋文种，如《国务院关于贯彻保护侨汇政策的命令》。行政令、嘉奖令、授勋令的标题一般用这种写法。

二是发文机关（或机关首长）＋文种，如《中华人民共和国主席令》《四川省人民政府令》。这种写法多适用于任免令和公布令。

2. 主送机关

发布令、行政令因其面向行政机关所辖范围内的全体成员而不需写主送机关。《行政法规制定程序条例》（2017 修订）第二十八条规定："行政法规签署公布后，及时在国务院公报和中国政府法制信息网以及在全国范围内发行的报纸上刊载。"嘉奖令、授勋令一般要写明主送机关。

3. 正文

命令（令）的种类不同，正文部分的写法也有所不同，后文加以详述。

4. 发文机关署名、成文日期和印章

命令（令）有签署发文机关名称的，也有签署领导人姓名的。凡签署领导人姓名的，必须在姓名前标注该领导人职务的全称，如"中华人民共和国主席　胡锦涛"。签署写在正文（或

附件说明)的右下方,发布命令(令)的时间写在签署的下面,并加盖印章。若成文时间已标在标题之下,这里则可不写。

(二) 命令正文

1. 发布令

发布令的正文一般采用篇段合一式,即正文通常只有一段,甚至只有一句话。如《中华人民共和国国务院令》(第 419 号)正文:"《中华人民共和国行政监察法实施条例》已经 2004 年 9 月 6 日国务院第 63 次常务会议通过,现予公布,自 2004 年 10 月 1 日起施行。"这一句话说明了要发布的行政法规的名称、通过的时间及施行起始时间。令文简短、严肃。

【例文 4-1】

中华人民共和国公安部令

第 153 号

《公安机关维护民警执法权威工作规定》已经 2018 年 12 月 7 日公安部部长办公会议通过,现予发布,自 2019 年 2 月 1 日起施行。

部长　赵克志

2018 年 12 月 19 日

【简析】 这是一篇发布部门规章的命令。这种命令有特定格式,具体格式请参见《党政机关公文格式》。标题同时也可看作发文机关标志,由"发文机关 + 文种"组成。令号(第 153 号)相当于发文字号,但形式不同。命令的令号编码方法是自签署人任职发布的第 1 号令开始按流水号编排,一直到任期结束。因为要在全国范围内公开发布,故而省略主送机关。正文采用篇段合一式,只用了一句话说明所要发布的规章通过的时间和会议,施行的日期。落款采用签署方式,即职务和姓名。

---

2. 行政令

行政令一般采用分层分段式。

开头:发令缘由,主要说明发布该命令(令)的背景、目的和依据。开头要集中概括,简洁明了,引起受文对象的高度重视,增强执行命令的决心和自觉性。然后用"为此,发布命令如下""为此,现发布如下命令""为……特命令"等过渡语来衔接下文。

主体:写明命令事项,即所应采取的重大的强制性措施。一般分条列项来写,如内容少,也可以一段到底。要求内容陈述得当,条理清晰,语言简洁,用词准确,语气肯定,便于接受者理解和执行。绝不能含糊其辞,模棱两可。

结尾:如果执行要求在主体部分没有讲明,可以写在结尾部分。此外,很多命令内容重要且具有强制性，需经过一段时间的周知和学习以利落实执行，通常采用定时生效的方式，所以需要在结尾写明生效日期。

【例文 4－2】

甘肃省人民政府2019年度森林草原防火命令

甘政发〔2019〕18号

为有效预防和扑救森林草原火灾，确保人民生命财产和国家森林草原资源安全，根据《森林防火条例》(国务院令第541号)、《草原防火条例》(国务院令第542号)有关规定，结合我省实际，发布如下命令：

一、明确森林草原防火期。全省森林防火期原则上为当年11月1日至次年5月31日，草原防火期原则上为当年10月1日至次年5月31日，其中每年1月1日至4月30日为森林草原高火险期。各市州政府和兰州新区管委会可结合本地实际调整森林草原防火期和森林草原高火险期。

二、适时发布禁火命令。县级以上地方人民政府可以根据需要适时划定森林草原防火区，规定森林草原防火期，发布禁火命令，严禁一切野外用火；对可能引起森林草原火灾的居民生活用火应当严格管理。林草行业各单位在当地各级人民政府统一部署下共同开展工作。

三、严控野外火源。森林草原防火期内，要下大力筑牢“四条防线”(用火审批防线、入山检查防线、日常巡护防线、联防联保防线)，在森林草原防火区禁止烧荒、烧秸秆、烧枝桠、烧煮加工山野菜、吸烟、烧纸、烧香、野炊、使用火把、点火取暖、燃放烟花爆竹和孔明灯、焚烧垃圾等野外用火行为。在林区牧区要道和景区入口设立检查站，进入森林草原防火区的人员、车辆必须接受森林草原防火检查。

四、落实防火责任。严格落实以地方政府行政首长负责制为核心的森林草原防火责任制，强化森林草原防火指挥机构组织协调和指导责任、职能部门监管责任、森林草原经营主体经营范围内的防火责任。涉及两个以上行政区域或者管理区域的，有关政府或主管部门要建立森林草原防火联防机制，明确联防职责，协同做好联防区域内的森林草原防火工作。要加强对高火险区的巡逻管控，严防死守敏感地区和重要设施。森林草原防火期内，各级森林草原防火指挥机构要严格执行24小时值班带班、有火必报、报扑同步制度。森林草原消防专业队伍要实行24小时执勤、备勤、靠前驻防制度，保持临战待命状态。对发生的火情要迅速查清原因，对相关责任单位和责任人依法依纪惩处。

五、强化宣传教育。各地各有关部门要采取多种形式，广泛开展森林草原防火宣传教育，增强公众的责任意识、安全意识和法治意识，提高公众预防、避险、自救、互救和减灾能力，确保有火不成灾、有灾无伤亡。

六、迅速报告火情。任何单位和个人发现森林火灾、草原火情，应当立即报告。接到报告的当地人民政府或者森林草原防火指挥机构应当立即派人赶赴现场，调查核实，采取相应的扑救措施，并按照有关规定逐级报上级人民政府和森林草原防火指挥机构。

省长　唐仁健

2019 年 4 月 1 日

【简析】 这篇命令采用一般的文件格式，故而标题和文号与发布令不同。整篇分为两个大层次。第一段开头部分说明了发文的目的和依据，然后过渡到正文部分。正文包括五个二级层次，采用序号加段旨句的段前撮要写法，说明了开展森林草原防火工作的五项工作内容和相应的措施。非常详细、具体，可操作性强。需要注意的是，这五个段旨句存在顺承、递进的关系，先后的顺序不能颠倒，否则正文主体逻辑混乱。落款采用签署方式。

3. 嘉奖令、授勋令

嘉奖令和授勋令在写法上基本相同，正文一般由三部分组成。

开头：概括嘉奖或授勋对象的主要事迹和意义，这也是发文的依据和目的。这部分要实事求是，概括得当，主要事迹要重点突出，分析入理，条理清晰。

主体：要写明对受奖人员或授勋对象的嘉奖办法、授予的荣誉称号等。这是主体部分，要求用语准确，文字简洁。

结尾：向有关人员提出希望，发出号召。这部分要紧扣嘉奖或授勋对象的事迹来写，发出的号召要富有针对性、鼓动性，切实起到宣传、教育作用。

嘉奖令、授勋令的内容往往比较丰富，事迹的叙述相对细致，语言要求带有爱憎感情色彩，可以写得生动一些；但要注意用语准确，文风严肃，体现出命令（令）的权威性。

【例文 4－3】

国务院对民航 2402 机组的嘉奖令

国发〔1990〕3 号

一九八九年十一月三日，中国西南航空公司 2402 机组驾驶波音 707 飞机执行哈尔滨至广州的 4632 次航班任务，飞机从哈尔滨阎家岗机场起飞，当飞行至湖南醴陵上空时，一名腰缠自制爆炸装置的歹徒窜入一等舱，以炸机相威胁，企图劫持飞机。2402 机组全体成员为保护国家财产和旅客生命安全，维护社会主义祖国的神圣尊严，在机长梁录星同志的沉着指挥下，群策群力，机智勇敢地与劫机犯周旋了一个多小时，使飞机安全降落在广州白云机场；张俊余同志在机组其他同志配合下，奋不顾身擒拿了罪犯，粉碎了这起劫机事件。

为了表彰这一英雄事迹，国务院决定：授予 2402 机组“中国民航英雄机组”称号，授予梁录星、张俊余同志“中国民航反劫机英雄”称号。

国务院号召民航空勤人员和广大职工向英雄的 2402 机组学习，努力做好本职工作，保证空防安全和飞行安全，为我国的改革开放和社会主义现代化建设做贡献。

国务院

一九九〇年一月三日

【简析】 作为一篇嘉奖令，整篇文章由为什么嘉奖，如何嘉奖及提出学习的要求三个大层次组成。开头部分写为什么嘉奖，完整且较为详细地叙述了机组人员擒拿劫机罪犯，粉碎劫机事件的来龙去脉，使读者充分地了解整个事件经过。在此基础上，提出给予嘉奖，并提出相关人群及全国范围内学习的要求。文章逻辑合理、紧密，语言准确、鲜明，是一篇优秀的嘉奖性文书。

第二节　决议　决定

一、决议、决定的性质及适用

决议是法定公文，《条例》规定，决议“适用于会议讨论通过的重大决策事项”。

决定是法定公文，《条例》规定，决定“适用于对重要事项作出决策和部署、奖惩有关单位和人员、变更或者撤销下级机关不适当的决定事项”。

二、决议和决定的文种辨析

(一) 决议和决定的相同之处

首先，都是下行的指挥性公文，具有领导性、权威性。决议、决定虽然没有命令那样浓厚的强制色彩，但也具有很强的权威性和指挥色彩，其制约性比其他公文要强。两个文种都比较集中地体现上级领导机关的意志，一经发布，对受文机关就会产生很强的约束力，受文机关必须严格遵守，认真贯彻执行，以此作为处理工作的依据。

其次，在内容方面接近，均侧重于对重要事项的决策。

最后，在文字表达方面，都要求严肃、准确、简洁。

(二) 决议和决定的不同之处

首先，形成的程序不完全一样。决议必须由会议通过，即由领导集体共同做出决策。决定可以是由会议即领导集体通过，也可以走秘书拟稿、领导签发的程序。

其次，内容的范围和事情的重要程度不同。决议基本上是针对全局性的重要问题做出决策。决定可以是针对全局性的工作，也可能是相对比较重要的某一方面或某一项工作，重要程度不及决议。

最后，发布形式略有不同。决议以会议名称发布。决定或以机关名义发布，或以会议名称发布。

这两个文种非常相似，但工作中决定使用频率较高，各级党政机关、社会团体或企事业单位，对某些重要事项或重要行动作出安排，都可以用决定。所以下面重点介绍决定这一文种。

三、决定的分类

（一）指挥性决定

也叫部署性决定，用于党和国家行政机关部署全局工作，或采取某种重大举措，或对重要事项作出安排。决定中所涉及的"重要事项"往往是带有全局意义或深远影响的事项。

（二）知照性决定

知照性决定是告晓性质的，将上级的决定告知受文机关，没有落实执行的要求。奖惩有关单位和人员的奖惩性决定和"变更或者撤销下级机关不适当的决定事项"的决定都属于这种知照性决定。

四、决定的写作

（一）决定格式

1. 标题

发文机关＋事由＋文种，如《国务院关于修改〈出版管理条例〉的决定》《中共中央、国务院关于打击经济领域严重犯罪活动的决定》。

2. 主送机关

如属普发性决定，一般不写主送机关；如决定是在一定范围内发送的，则要根据文件内容写明主送机关。

3. 决定正文

不同类型的决定，其正文部分的写法有所不同，后文加以详述。

4. 发文机关署名、成文日期和印章

不是会议通过的决定，在正文右下方写明发文机关名称及成文时间，并加盖印章；经会议通过的决定，在标题正下方注明经何会议通过及会议通过的时间，并用圆括号括入。

（二）决定正文

1. 指挥性决定的正文

因是对重要事项作出的决定，同时还有部署，所以篇幅一般都比较长，采用分层分段式。

开头：概述作出决定的背景、目的、依据等。对一些重大的或复杂的问题作出决定时，有时会分析作出决定的重要性、紧迫性，以利于下级机关更好地理解和执行。

主体：说明决定做什么（目的、任务）和如何做（政策、措施等）等，这部分是写作重点。

结尾：根据决定事项提出相应的执行要求，或说明生效日期。这一部分不是所有的决定都要写，应视具体情况而定。

【例文 4－4】

国务院关于进一步加强安全生产工作的决定

国发〔2004〕2 号

各省、自治区、直辖市人民政府，国务院各部委、各直属机构：

安全生产关系人民群众的生命财产安全，关系改革发展和社会稳定大局。党中央、国务院高度重视安全生产工作，建国以来特别是改革开放以来，采取了一系列重大举措加强安全生产工作。颁布实施了《中华人民共和国安全生产法》（以下简称《安全生产法》）等法律法规，明确了安全生产责任；初步建立了安全生产监管体系，安全生产监督管理得到加强；对重点行业和领域集中开展了安全生产专项整治，生产经营秩序和安全生产条件有所改善，安全生产状况总体上趋于稳定好转。但是，目前全国的安全生产形势依然严峻，煤矿、道路交通运输、建筑等领域伤亡事故多发的状况尚未根本扭转；安全生产基础比较薄弱，保障体系和机制不健全；部分地方和生产经营单位安全意识不强，责任不落实，投入不足；安全生产监督管理机构、队伍建设以及监管工作亟待加强。为了进一步加强安全生产工作，尽快实现我国安全生产局面的根本好转，特作如下决定。

一、提高认识，明确指导思想和奋斗目标

1. 充分认识安全生产工作的重要性。搞好安全生产工作，切实保障人民群众的生命财产安全，体现了最广大人民群众的根本利益，反映了先进生产力的发展要求和先进文化的前进方向。做好安全生产工作是全面建设小康社会、统筹经济社会全面发展的重要内容，是实施可持续发展战略的组成部分，是政府履行社会管理和市场监管职能的基本任务，是企业生存发展的基本要求。我国目前尚处于社会主义初级阶段，要实现安全生产状况的根本好转，必须付出持续不懈的努力。各地区、各部门要把安全生产作为一项长期艰巨的任务，警钟长鸣，常抓不懈，从全面贯彻落实"三个代表"重要思想，维护人民群众生命财产安全的高度，充分认识加强安全生产工作的重要意义和现实紧迫性，动员全社会力量，齐抓共管，全力推进。

2. 指导思想。认真贯彻"三个代表"重要思想，适应全面建设小康社会的要求和完善社会主义市场经济体制的新形势，坚持"安全第一、预防为主"的基本方针，进一步强化政府对安全生产工作的领导，大力推进安全生产各项工作，落实生产经营单位安全生产主体责任，加强安全生产监督管理；大力推进安全生产监管体制、安全生产法制和执法队伍"三项建设”,建立安全生产长效机制,实施科技兴安战略,积极采用先进的安全管理方法和安全生产技术,努力实现全国安全生产状况的根本好转。

3. 奋斗目标。到2007年,建立起较为完善的安全生产监管体系,全国安全生产状况稳定好转,矿山、危险化学品、建筑等重点行业和领域事故多发状况得到扭转,工矿企业事故死亡人数、煤矿百万吨死亡率、道路交通运输万车死亡率等指标均有一定幅度的下降。到2010年,初步形成规范完善的安全生产法治秩序,全国安全生产状况明显好转,重特大事故得到有效遏制,各类生产安全事故和死亡人数有较大幅度的下降。力争到2020年,我国安全生产状况实现根本性好转,亿元国内生产总值死亡率、十万人死亡率等指标达到或者接近世界中等发达国家水平。

二、完善政策,大力推进安全生产各项工作

4. 加强产业政策的引导。制定和完善产业政策,调整和优化产业结构。逐步淘汰技术落后、浪费资源和环境污染严重的工艺技术、装备及不具备安全生产条件的企业。通过兼并、联合、重组等措施,积极发展跨区域、跨行业经营的大公司、大集团和大型生产供应基地,提高有安全生产保障企业的生产能力。

5. 加大政府对安全生产的投入。加强安全生产基础设施建设和支撑体系建设,加大对企业安全生产技术改造的支持力度。运用长期建设国债和预算内基本建设投资,支持大中型国有煤炭企业的安全生产技术改造。各级地方人民政府要重视安全生产基础设施建设资金的投入,并积极支持企业安全技术改造,对国家安排的安全生产专项资金,地方政府要加强监督管理,确保专款专用,并安排配套资金予以保障。

6. 深化安全生产专项整治。坚持把矿山、道路和水上交通运输、危险化学品、民用爆破器材和烟花爆竹、人员密集场所消防安全等方面的安全生产专项整治,作为整顿和规范社会主义市场经济秩序的一项重要任务,持续不懈地抓下去。继续关闭取缔非法和不具备安全生产条件的小矿小厂、经营网点,遏制低水平重复建设。开展公路货车超限超载治理,保障道路交通运输安全。把安全生产专项整治与依法落实生产经营单位安全生产保障制度、加强日常监督管理以及建立安全生产长效机制结合起来,确保整治工作取得实效。

7. 健全完善安全生产法制。对《安全生产法》确立的各项法律制度,要抓紧制定配套法规规章。认真做好各项安全生产技术规范、标准的制定修订工作。各地区要结合本地实际,制定和完善《安全生产法》配套实施办法和措施。加大安全生产法律法规的学习宣传和贯彻力度,普及安全生产法律知识,增强全民安全生产法制观念。

8. 建立生产安全应急救援体系。加快全国生产安全应急救援体系建设,尽快建立国家生产安全应急救援指挥中心,充分利用现有的应急救援资源,建设具有快速反应能力的专业化救援队伍,提高救援装备水平,增强生产安全事故的抢险救援能力。加强区域性生产安全应急救援基地建设。搞好重大危险源的普查登记,加强国家、省(区、市)、市(地)、县(市)四级重大危险源监控工作,建立应急救援预案和生产安全预警机制。

9. 加强安全生产科研和技术开发。加强安全生产科学学科建设，积极发展安全生产普通高等教育，培养和造就更多的安全生产科技和管理人才。加大科技投入力度，充分利用高等院校、科研机构、社会团体等安全生产科研资源，加强安全生产基础研究和应用研究。建立国家安全生产信息管理系统，提高安全生产信息统计的准确性、科学性和权威性。积极开展安全生产领域的国际交流与合作，加快先进的生产安全技术引进、消化、吸收和自主创新步伐。

三、强化管理，落实生产经营单位安全生产主体责任

10. 依法加强和改进生产经营单位安全管理。……

11. 开展安全质量标准化活动。……

12. 搞好安全生产技术培训。……

13. 建立企业提取安全费用制度。……

14. 依法加大生产经营单位对伤亡事故的经济赔偿。……

四、完善制度，加强安全生产监督管理

15. 加强地方各级安全生产监管机构和执法队伍建设。……

16. 建立安全生产控制指标体系。……

17. 建立安全生产行政许可制度。……

18. 建立企业安全生产风险抵押金制度。……

19. 强化安全生产监管监察行政执法。……

20. 加强对小企业的安全生产监管。……

五、加强领导，形成齐抓共管的合力

21. 认真落实各级领导安全生产责任。……

22. 构建全社会齐抓共管的安全生产工作格局。……

23. 做好宣传教育和舆论引导工作。……

各地区、各部门和各单位要加强调查研究，注意发现安全生产工作中出现的新情况，研究新问题，推进安全生产理论、监管体制和机制、监管方式和手段、安全科技、安全文化等方面的创新，不断增强安全生产工作的针对性和实效性，努力开创我国安全生产工作的新局面，为完善社会主义市场经济体制，实现党的十六大提出的全面建设小康社会的宏伟目标创造安全稳定的环境。

国务院

二〇〇四年一月九日

（注：因例文篇幅过长，省略了部分内容）

【简析】 这篇决定的主旨是进一步加强安全生产工作，安全生产是一个重要工作，用决定行文是非常恰当的。

开头简要概述了发文的缘由和目的，再加上一句“特作如下决定”过渡到主体部分。缘

由的写法值得学习。第一句“安全生产关系人民群众的生命财产安全，关系改革发展和社会稳定大局”，指出了加强安全生产的重要性。接着说明自建国以来特别是改革开放以来，国家为加强安全生产采取的措施以及取得的成效。紧接着再一转，“但是，目前全国的安全生产形势依然严峻，煤矿、道路交通运输、建筑等领域伤亡事故多发的状况尚未根本扭转……”，凸显了现在发文进一步加强安全生产工作的原因。这种先扬后抑的写法在公文开头部分介绍发文背景的时候经常采用。这种写法既能够体现出发文机关看待问题的全面性，即在安全生产工作方面之前已经取得的成绩，又凸显出了当前存在的问题，“抑者”得到强化，而且使行文富于变化，文章曲折多姿，正所谓“文若看山不喜平”。

这篇决定的主体部分主要说明决定做什么，以及如何做，即决定的目标和具体的政策措施。这两个二级层次分别对应第一部分“提高认识，明确指导思想和奋斗目标”和第二、三、四、五部分的政策措施。每个一级层次的小标题下又有若干段旨句。整个主体部分内容丰富，层次清楚，逻辑清晰、有条理。

结尾部分则是对收文单位在进一步加强安全生产工作方面提出要求。

整篇文章结构完整清晰、内容鲜明丰富、语言严肃准确，是一篇非常值得学习的公文。

---

2. **知照性决定的正文**

知照性决定的目的，不是让人们具体地去做什么，而是要把决定的事项传达给有关地区、单位和人员，因此一般没有执行要求，少数兼有事项安排。

(1) 奖惩性决定

奖惩性决定所涉及的对象必须是贡献突出、成绩非常或错误性质严重、影响恶劣的单位、集体或个人。奖惩决定又可分为奖励性决定和惩处性决定。

奖励性决定的正文可以先简要介绍被表彰者的身份、先进事迹，对被表彰者作出恰如其分的评价，然后说明表彰的形式(比如授予称号、授勋、奖章、证书、物质奖励等)，最后对受文机关及有关人员提出希望或发出号召。

惩处性决定的正文应写明违纪人员的身份信息，所犯错误的主要事实，造成的后果和危害，对错误的定性(分析其性质、根源、责任及所违反的法律或规章制度的条文等)，写明处分决定，最后还要指出应汲取的教训，提出希望和要求，以对他人起到警戒作用。

【例文 4－5】

上海市人民政府关于表彰 2018 年度上海市政府质量奖获奖组织和个人的决定

各区人民政府，市政府各委、办、局：

为引导本市各行各业改进质量管理、追求卓越绩效，进一步提升上海总体质量水平和城市核心竞争力，根据《中华人民共和国产品质量法》和《上海市政府质量奖管理办法》等相关规定，在组织和个人自愿申报、有关部门推荐的基础上，经资格审查、资料评审、现场评审、公众评价、陈述答辩、综合评价、公示和上海市政府质量奖审定委员会审定，市政府决定，授予下列组织和个人2018年度上海市政府质量奖：

一、授予上海汽车集团股份有限公司乘用车分公司、上海核工程研究设计院有限公司2家组织以及复旦大学附属儿科医院院长黄国英、复旦大学附属中山医院检验科主任潘柏申2位个人2018年度上海市市长质量奖。

二、授予上海华虹宏力半导体制造有限公司等10家组织以及上海马陆葡萄公园有限公司执行董事单传伦等5位个人2018年度上海市质量金奖。

希望获奖组织和个人继续坚持以质取胜，再接再厉，开拓创新，争取更大的成绩。

希望全市各级组织和个人以获奖组织和个人为榜样，不断强化质量意识，加强质量管理，持续提高全市产品、工程、服务和人居质量，共同为上海建设具有国际竞争力的质量高地、促进高质量发展作出新贡献。

附件：2018年度上海市政府质量奖获奖组织和个人名单

上海市人民政府

2019年1月28日

【简析】 这篇决定开头部分说明了表彰的背景，"为引导本市各行各业改进质量管理、追求卓越绩效，进一步提升上海总体质量水平和城市核心竞争力，根据《中华人民共和国产品质量法》和《上海市政府质量奖管理办法》等相关规定，在组织和个人自愿申报、有关部门推荐的基础上，经资格审查、资料评审、现场评审、公众评价、陈述答辩、综合评价、公示和上海市政府质量奖审定委员会审定，市政府决定，授予下列组织和个人2018年度上海市政府质量奖"，明确地说明了开展评奖的目的、依据、组织过程、评选的方法和环节等，包括过渡句，整个开头部分行文可谓是行云流水。主体分条说明给哪些单位和个人什么奖励。需要注意的是，这种集体性的奖励需要在正文当中写出受表彰的代表性组织或个人的名称。在附件的名单中，正文中的代表性组织或个人名称一定要放在首位。结尾部分在最后两个自然段提出希望。先对受表彰的单位或个人提出希望，再在全市范围内提出学习先进的希望。

(2) 变更或撤销性决定

更变或撤销性决定的正文部分一般只需写明更变或撤销有关事项的原因、依据和决定事项。如《国务院关于废止和修改部分行政法规的决定》，开头部分简要说明发文目的、根据，接着写明决定事项："一、对7件行政法规予以废止。二、对107件行政法规的部分条款予以修改。"而《国务院决定废止的行政法规》和《国务院决定修改的行政法规》则作为附件附在正文之后。

【例文 4-6】

江苏省人民政府关于修改《江苏省失业保险规定》的决定

省人民政府决定，对《江苏省失业保险规定》作如下修改：

一、将第六条第一款修改为："用人单位应当自成立之日起 30 日内到当地失业保险经办机构办理失业保险登记。"

二、将第十四条第五项修改为："国家规定的其他支出"。

三、将第十九条中的"并且自解除、终止劳动关系之日起 15 日内将失业人员的名单、档案、解除或者终止劳动关系证明、参加失业保险以及缴费情况等有关材料报失业保险经办机构备案"修改为"并将失业人员的名单自终止或者解除劳动关系之日起 15 日内告知失业保险经办机构"。

四、将第二十三条第一款修改为："失业保险金的标准，缴费不满 10 年的，按照失业人员失业前 12 个月月平均缴费基数的 45%确定；缴费满 10 年不满 20 年的，按照失业人员失业前 12 个月月平均缴费基数的 50%确定；缴费 20 年以上的，按照失业人员失业前 12 个月月平均缴费基数的 55%确定。失业保险金最高不得超过当地最低工资标准，最低不得低于当地城市居民最低生活保障标准的 1.5 倍。"

增加一款作为第二款："省人民政府可以根据国家规定，结合经济发展状况、失业保险基金的承受能力等因素适当调整失业保险金标准。"

本决定自公布之日起施行。

《江苏省失业保险规定》根据本决定作相应修改，重新公布。

【简析】 这篇决定虽然也有开头和结尾部分，但是极简短。开头简要说明发文依据，即"省人民政府决定"，然后过渡到主体部分。正文当中的"一""二""三""四"是决定的主体部分，非常明确地说明了对原法规的哪一条哪一款进行修改，以及修改后的具体内容。结尾说明了此篇决定的生效日期，以及修改后的《江苏省失业保险规定》的后续操作。该篇决定非常鲜明地体现了应用文书直截了当、要言不烦的语体要求。

五、决定的写作要求

(一) 缘由要充分、准确

决定的缘由是形成决定事项的依据和理由，既要简明扼要，又要有理有据，令人信服；既要有政策和法律依据，又要结合实际，论断经得起实践检验。不符合党和国家方针政策、不符合实际的缘由是缺乏说服力的，不可取的。

(二) 事项要具体、明确、可行

决定事项是决定的主要内容，必须具体、明确。决定中提出的措施、办法、要求等必须切实可行，以便下级机关清楚地理解、正确地贯彻执行，否则会影响决定的实施。但高级别机关的决定内容及语言表达又往往比较概括，以便下级能根据自己的实际情况来落实执行。

(三) 语言要庄重、严谨，富有决断性

决定是下行文，其语言表达不仅要精炼、严谨，而且要体现出威严性、决断性。陈述决定的事项、落实的措施、解决的办法、提出的要求等，表达上一定要准确、周密，语气坚决、肯定，切忌模棱两可，含混不清。

第三节　批　　复

一、批复的性质及适用

批复是法定公文，《条例》规定，批复“适用于答复下级机关请示事项”。从这句可见，批复是下行文，且批复是被动行文，有请示才有批复，有请示必有批复。所以批复与针对公民个人所作的答复是不同的。

二、批复的特点

(一) 被动性

批复是用于答复下级机关请示事项的公文，其制发以下级的请示为前提。对上级机关来说，批复是被动行文，这一点与其他指挥性公文有所不同。

(二) 针对性

批复的内容必须针对请示事项，不涉及请示事项以外的内容。并且，上级机关对请示事项无论同意与否，都必须有针对性地予以明确的回答，不能答非所问，或借题发挥。

(三) 权威性

批复属于指挥性公文，它提出的处理意见和办法，代表上级机关对问题的决策意见，对下级机关具有行政约束力。特别是对一些重大事项的答复，体现了党和国家的有关方针政策，具有非常强的权威性。所以，批复一旦下达，下级机关必须遵照执行，不得违背。

三、批复的种类

批复是针对请示所作的答复。请示可分为求准性请示和求示性请示。根据请示的不同，则可将批复分为表态性批复和指示性批复。

(一) 表态性批复

表态性批复是针对下级机关请求批准的事宜,如机构设置、人事安排、项目设立、资金划拨、活动开展等进行答复,主要表明上级机关对下级机关请示内容的同意或不同意。

(二) 指示性批复

求示性请示用于下级机关在工作中遇到问题,特别是新情况、新问题,自己不知如何处理,请求上级机关给予必要的指示。因此,指示性批复主要是针对请示的内容给政策、给意见、给办法。

四、批复的写作

(一) 批复格式

1. **标题**

除了规范性标题"发文机关+事由+文种"外,批复的标题还可写成双介词结构的标题,如《山西省商业厅关于同意举办春季商品展销会给祁县商业局的批复》,以突出批复的针对性。不可写成《关于……请示的批复》。

2. **主送机关**

即请示的制发机关。

3. **正文**

不同类别的批复正文的写法有所不同,后文加以详述。

4. **发文机关署名、成文日期和印章**

在正文(或附件说明)右下方写明发文机关名称及发文的年、月、日,并加盖印章。

(二) 批复正文

批复正文相对来说比较简短,一般由批复引据、批复事项、批复结语三部分组成。

开头:批复引据部分,即引用下级请示的标题和发文字号,说明是针对哪个请示所做的答复。规范的写法应是"你××《关于××××××的请示》(×发〔××××〕×号)收悉",发文字号放在请示标题之后,并用圆括号括入。引据这一形式可推及其他公文写作中需要引用公文时的写法,即先引标题,后引发文字号。

主体:写明批复意见。

表态性批复要表明态度,即同意或批准还是不同意或不批准。需要注意的是:如果是肯定性意见,要写明同意或批准的具体内容,不可以只是"同意"或"批准"两字,否则主旨表述就不明确、不清楚。为便于下级更好地理解和执行,肯定性批复很多时候会在表态之后,针对请示的问题进行阐释，即为什么同意，通常阐释开展工作的必要性和（或）紧迫性，和（或）对下级开展工作提出要求。如果是否定性意见，则要简明且充分地说明理由，让下级心服口服、心悦诚服。

指示性批复要写明意见，即针对下级请示写明究竟应该如何开展工作，也就是给指示、给意见。有时在给出意见以后，为了让下级能够更好地理解为什么如此开展工作，以及接下来如何把工作做得更好，也会针对请示的问题展开阐释，和（或）提出开展工作的要求。

一般用“此复”“特此批复”等结语，或无结语。

五、批复的写作要求

（一）行文要慎重

上级机关接到下级机关的请示后，要根据党和国家的有关方针政策、法律、法规和实际情况等，认真研究请示所提要求、意见或建议的可行性，要做好充分的调查研究工作再作答复，才能使批复内容（即上级的指示、决策）切实解决实际问题。在行文中，很多批复在开头与主体之间的“经研究，现批复如下”的过渡句就体现了行文的慎重。

（二）态度要鲜明

作为实施领导的指挥性文书，无论是表态性批复还是指示性批复，上级机关的态度都要明朗，要非常针对性地予以明确具体的答复，以利于下级机关贯彻执行。语言表达要力求准确、鲜明，不能使用模棱两可的语言，含糊其词，使下级机关不知如何处理。

（三）批复要及时

批复是因下级机关的请示而行文，下级机关在工作中遇到困难需要得到上级机关帮助的，或者是根据相关规定需要请示的，或者事关重要需要得到上级机关的指示和帮助的，上级机关应当且必须及时地批复，否则就会影响下级机关工作的正常开展。如请示事项涉及其他部门或地区，批复前都要与其协商，取得一致意见，及时批复，以免贻误工作。

【例文 4－7】

山东省人民政府

关于同意设立青岛工程职业学院的批复

鲁政字〔2019〕38 号

青岛市人民政府：

你市《关于批准设立青岛工程职业学院的请示》（青政呈〔2018〕121 号）收悉。现批复如下：

一、依据《中华人民共和国高等教育法》《山东省高等职业学校设置暂行办法》等有关规定和山东省高等学校设置评议委员会的考察评议结果,同意整合青岛市职业教育公共实训基地资源设立青岛工程职业学院。

二、青岛工程职业学院系专科层次的全日制普通高等学校,实行省市两级管理、以青岛市为主的管理体制。

三、青岛工程职业学院内部实行院、系两级管理。学院机构编制事宜按照有关规定和程序办理。

四、青岛工程职业学院全日制专科在校生规模暂定为10 000人。首批设置的高等职业教育专业不应超过6个。

五、青岛工程职业学院的办学经费由你市负责安排。

六、青岛工程职业学院应在4年内达到国家规定的办学条件指标要求,省教育厅要对学院的办学情况进行评估和检查。

你市要以习近平新时代中国特色社会主义思想为指导,深入贯彻党的十九大和十九届二中、三中全会精神,切实加强对青岛工程职业学院的领导,做好学院的总体规划和建设工作,积极协调解决学校发展中的困难和问题,支持学校不断改善办学条件。青岛工程职业学院要认真贯彻执行国家和省颁布的有关教育法律法规以及相关的教育教学计划,积极适应现代职业教育体系建设需要,切实加强师资队伍建设和专业学科建设,创新人才培养模式,努力提高教育教学质量和办学水平,为区域经济社会发展培养更多应用型、技能型人才。

山东省人民政府

2019年3月6日

【简析】 这是一篇针对请求批准的表态性批复。正文包括三个部分,开头的引据部分非常规范,“现批复如下”过渡到主体部分。主体分条书写的六条意见非常明确。最后一段结尾部分是对收文的下级及具体办学单位提出做好工作的要求。

【例文4-8】

国务院关于横琴国际休闲旅游岛建设方案的批复

国函〔2019〕30号

广东省人民政府、国家发展改革委:

你们关于横琴国际休闲旅游岛建设方案的请示收悉。现批复如下:

一、原则同意《横琴国际休闲旅游岛建设方案》(以下简称《建设方案》),请认真组织实施。

二、横琴国际休闲旅游岛建设要以习近平新时代中国特色社会主义思想为指导,全面贯彻党的十九大和十九届二中、三中全会精神,统筹推进“五位一体”总体布局,协调推进“四个全面”战略布局，坚持新发展理念，按照党中央、国务院关于推进粤港澳大湾区建设的决策部署，加快构建以休闲旅游业为核心的现代产业体系，深入推进粤港澳更紧密合作，促进澳门经济适度多元发展，打造粤港澳深度合作示范区，大力推进生态文明建设，建设环境友好、资源节约的生态岛，积极推进自由贸易试验区建设，构建开放合作新体制，探索国际休闲旅游岛开发新模式，逐步将横琴建设成为面向未来、国际品质、生态优先、协同发展、智慧支撑的国际休闲旅游岛。

三、广东省人民政府要切实加强组织领导，完善工作机制，落实工作责任，按照《建设方案》明确的发展定位和重点任务，抓紧推进实施。

四、国务院有关部门要按照职能分工，加强对《建设方案》实施的协调和指导，进一步细化相关政策措施并推动贯彻实施，在规划编制、项目安排、政策实施、体制创新等方面给予积极指导和支持，协调解决横琴国际休闲旅游岛建设中遇到的困难和问题。

五、国家发展改革委要加强对《建设方案》实施情况的跟踪了解和督促检查，注意研究新情况、解决新问题、总结新经验，重大问题及时向国务院报告。

国务院

2019 年 3 月 21 日

【简析】 这是一篇表态性批复。正文的结构可分为两个部分。开头“你们关于横琴国际休闲旅游岛建设方案的请示收悉”作为引据并不规范，虽说“你××《关于××××××的请示》(×发〔××××〕×号)收悉”的引据写法并无明确规定，但已是惯例，成固定写法，且能更好地确指下级请示，因此，应尽量采用此种引据的写法。主体部分共有五条。第一条表明上级的意见是“原则同意”。这个方案本身就带有“原则性”，不是具体的、立刻就要照此具体实施的。因此，批复时，只能“原则同意”，而不宜“同意”。而对于具体的事项，需要立即执行或实施的事项，则不宜“原则同意”。第二条阐明开展工作的指导思想，第三、四、五条对相关单位提出具体要求。这是一篇非常典型的表态性批复，态度明确，结构分明、有条理，语言精准。

【例文 4－9】

教育部关于浙江大学毕(结)业证书、学位证书使用名章的批复

教学函〔2013〕3 号

浙江大学：

《浙江大学关于法人代表用印等事宜的请示》(浙大发〔2013〕4 号)收悉。经研究，现批复如下：鉴于你校校长职位暂时空缺，根据工作需要，你校 2013 届毕业生毕(结)业证书、学位证书所用校长名章，由你校暂行负责学校行政工作的金德水同志名章代替，至任命新校长

为止。

教育部

2013 年 3 月 18 日

【简析】 这是一篇指示性批复，针对浙江大学校长职位暂时空缺，毕（结）业证书、学位证书使用名章一事，给出了明确的办法，即“由你校暂行负责学校行政工作的金德水同志名章代替，至任命新校长为止”。行文简短、意见明确。唯一不足的是引据“《浙江大学关于法人代表用印等事宜的请示》（浙大发〔2013〕4 号）收悉”不甚规范，如果改成“你校《关于法人代表用印等事宜的请示》（浙大发〔2013〕4 号）收悉”就更妥当了。

第四节 意 见

一、意见的性质及适用

意见是法定公文，《条例》规定，意见“适用于对重要问题提出见解和处理办法”。意见是法定公文中唯一一个上行、下行、平行皆可的公文，上级、下级、不相隶属机关之间均可使用该文种。近些年，意见已经成为各级党政机关出台政策的重要公文种类，使用频次高且数量持续增加。适用范围广、种类多、使用者不受限是意见使用频率高的直接原因。在当前我国全力推进国家治理体系和国家治理能力现代化建设的背景下，意见优秀的文种品格使其成为最适宜发布政策的载体。

（一）写作方式决定了意见理性、柔性的色彩

与强硬、严厉、不留余地的命令、决定等文种相比，意见具有鲜明的理性、柔性色彩。原因有二。

一是意见的适用情况中有一点是“提出见解”。意见“适用于对重要问题提出见解和处理办法”。这一“见解”在文本中表现为在提出问题之后，或指明问题的危害、影响，或分析问题的缘由、脉络及趋势，或剖析问题产生的各方面原因，或阐明解决问题的紧迫性、重要性和方针原则，既而顺势提出解决问题的办法。文本中的“见解”除了增强收文者对重要问题认识的全面性、深刻性，有利于更好地领会和落实政策，还使意见呈现出鲜明的柔性、弹性色彩。下行意见中的“见解”，体现了民主、协商、务实的工作作风，多一份“见解”，就多了一分尊重，多了一分和缓；对下级收文单位来说，则多了一分理解，多了一分诚服。上行意见中的“见解”则可以鼓励下级开动脑筋、思虑周全，积极主动地献计献策，为上级科学决策提供坚实的社会基础或专业基础，体现了平等、参与、积极的工作态度。平行意见一般属于被动行文，仅供收文机关参考，但其“见解”和“处理办法”仍具有权威性和指导性，“见解”的写作则

恰当地传达了对不相隶属机关的尊重。因为文本写作中包括“提出见解”，所以意见的篇幅一般比较长，与其他文种相比，也更具理论性、说服力和亲和力。

二是意见的语言具有概括性，语气诚恳、和缓。意见在内容明确的同时较多地使用概括性语言对事情的性质、范围、程度等进行表述，使其兼具原则性和灵活性，可以使收文单位在不违反政策的前提下，做出更符合实际的决定，因而也更具有可操作性，更有利于政策的实施。同时，因意见重在体现对问题“提出见解”，语气更讲究诚恳、和缓、委婉、亲切。上行意见要使用下级对上级汇报见解、陈述办法的语气，常用“我们考虑”“我们认为”“我们建议”等语句。平行意见多用温和、谦恭的语句，使文章呈现平等、商榷的文风。下行意见也避免使用命令性、强制性词语，而是通过严谨、明确、平实的语言体现其权威性和指导性，以取得下级的理解与支持。意见的结语也呈现出柔性色调，上行意见一般用“以上意见如无不妥，请批转各地（或有关单位）执行”“以上意见，供领导决策参考”；平行意见一般用“以上意见供参考”；下行意见常用“以上意见，请结合实际情况贯彻执行”“以上意见请参照执行”等结语，诚恳、和缓的语气有利于收文单位接受、领会和落实。

（二）行文方式决定了意见高效、民主的品格

意见的行文方式有两个特点：一是直接行文。同样是实施领导、开展管理工作，规章类公文和计划类公文采用的发文方式是找载体，即作为命令（令）、公告、通知等公文的附件向外发布。意见则不需要找载体，而是采用文件格式直接向外行文。所经环节少，程序简便，行文迅速，这体现了公文作为工具的本质属性。在建设服务型政府、追求现代先进的管理手段和方法的背景下，我们理应寻求更加方便、快捷、高效的公文文种。

二是多方向行文。目前我国党政机关 15 个法定公文中，下行文的数量最多，这是中国传统计划经济时代，以计划指令、行政管制为主要手段的管制型政府留下的明显印迹，即上级通过各种各样的下行文指挥、要求下级，而下级只能依上级的命令（令）、决定、决议、通知、通报、批复等听命行事。现在看来，此种上下级间命令——服从的行文方式难以适应当今以民主、平等、高效、亲切为主旨的服务型政府管理工作的需要。意见作为一个多方向文种，近几年脱颖而出就在于其打破了其他文种身上附加的使用权限的限制，而是级别不论高低，机关不分大小，只要是符合组织原则、有利于党和政府的建设，任何一级党政机关都可以就任何重要问题向上级、平级和不相隶属的机关提出自己的见解和处理办法。

意见行文的多方向其实就是无方向。公文的行文方向是一种客观存在，因为收发文机关之间的行文关系是一种客观存在，行文关系是我国现行的政治体制、行政管理体制和组织制度在公文处理工作中的具体反映。然而目前法定文种的行文方向和使用权限被赋予了鲜明的等级色彩，文种出现了高低之分、贵贱之分，文种有意或无意错用的现象经常发生。意见恰恰摆脱了对制发者身份的要求，无方向之分，上级、下级、不相隶属机关等各级机关使用同一文种，不仅可以从形式上淡化收发文机关之间的等级色彩，还可以消除党政机关与人民

群众之间的隔膜，凸显平等、民主精神。

当前我国正加快高效、务实、廉洁、人民满意的服务型政府的建设，积极推进国家治理体系和国家治理能力的现代化，强调民主协商、互动参与的管理理念，追求管理的责任性、回应性、参与性和有效性。管理理念和管理模式的现代化必然要求管理手段、管理工具的现代化。作为党政机关实施领导、履行职能、处理公务的重要工具的公文就必须要跟上国家治理体系和治理能力现代化的步伐。意见的突出品格正与国家治理现代化蕴含的平等、民主、互动、协商、高效的精神内核相契合。该文种是赋予党政机关组织内部各层级参与治理的一个渠道，以期在政策制定与执行中融入积极、有效的参与，使地方更好地应对复杂多变的外部环境，对本地区进行因地制宜的自主性和灵活性更高的管理，实现决策民主化和协同治理。它的高频使用是党政机关民主的内部管理体制和科学、民主的政策活动在公文处理工作中的具体体现。

我们还可以看到，在意见文种高频出现的同时，指示、指令等文种先后被删除，决议、决定的使用越来越少，特别是近几年《国务院公报》中多次出现“指引”“指南”这两个更具指导性、亲和力更强的文种，自2000年首次出现“指引”，2002年首次出现“指南”后，截至2019年6月，共有“指引”“指南”92篇，涉及金融、证券、税务、环境、卫生等各个领域。应该说，这些公文文种的变化都适应了我国政治、经济、社会发展的需要，体现了国家管理理念和治理模式的转变。

二、意见的种类

（一）根据行文方向和用途分类

根据行文方向和用途的不同，意见可以分为指导性意见、建议性意见和参考性意见。

1. 指导性意见

指导性意见用于上级机关对下级机关进行工作指导，这是下行的意见。其内容是针对工作中的某些薄弱环节或出现的问题，上级机关用“意见”向下行文，阐明指导思想、工作原则，提出工作目标、思路、措施和办法，给下级机关以及时的指导，从而促进工作的健康发展。指导性意见在内容上注重原则性和灵活性结合、规定性与变通性结合，为下级办文留有更多的创造性余地。

2. 建议性意见

建议性意见是下级机关向上级机关提出工作建议、设想的上行文。提出建议性意见的机关大多是职能部门，就其所分管的业务提出工作意见，它可分为呈报类意见和呈转类意见。呈报类意见是向上级提出某方面工作的建议、意见，给上级献计献策，供上级决策时参考。呈转类意见是职能部门就开展或推动某方面工作提出目标任务和做法措施，呈送领导机关后，由领导机关批转更大范围的有关方面执行。

3. 参考性意见

参考性意见是平级机关或不相隶属机关之间就某项工作提出供对方参考的建设性的见解或可行性方案。从行文内容来看，这类意见主要起参考作用，能够促进平级机关和不相隶属机关之间的协作交流。

(二) 根据意见内容分类

根据意见内容涉及时间长短、适用范围广狭、措施是否具体，意见又可分为规划性意见、实施性意见和具体性意见。

1. 规划性意见

规划性意见是对某一时期的某一方面的工作作出部署、安排的公文。它的特点是适用时期长，内容宏观化、整体化，基本等同于规划、纲要等计划性公文。它指示了一个时期内某项工作的要点、原则和努力方向，一般没有具体的方法和措施。

2. 实施性意见

实施意见一般是为贯彻落实某一重要决定或中心工作所制定的实施方案，它重在阐发上级的有关精神，使下级单位对上级的文件精神有更深入的理解，同时提出较为具体的行动方案和工作安排。

3. 具体性意见

对如何做好某项工作提出意见，所涉及的内容具体，目标明确，办法措施具有很强的操作性。具体性意见基本等同于详细、具体、周密、细致的方案。

三、意见的写作

(一) 意见格式

1. 标题

发文机关 + 事由 + 文种，如《国务院办公厅关于做好国庆节期间有关工作的意见》。

2. 主送机关

意见一般要写明主送机关，但涉及面较广的意见可以不写主送机关。

3. 正文

意见的正文一般由开头、主体、结尾三部分组成，后文加以详述。

4. 发文机关署名、成文日期和印章

在正文(或附件说明)右下方写明发文机关名称、发文日期，并加盖公章。

（二）意见正文

意见“适用于对重要问题提出见解和处理办法”，其正文的底层思维是提出问题、分析问题和解决问题。“见解”在文本中表现为在开头提出问题之后，或指明问题的危害、影响，或分析问题的缘由、脉络及趋势，或剖析问题产生的各方面原因，或阐明解决问题的紧迫性、重要性和方针原则，既而顺势提出解决问题的办法。解决问题是意见行文的主要目的，因此，主体部分主要是写对策、措施。而分析问题的“见解”部分，可根据情况要么在开头提出问题之后，概述原因；要么在主体最前面分析解决问题的重要性和紧迫性，接着提出解决问题的对策。

开头：主要是提出问题即概述发文的背景，指出影响、原因，写明行文目的、依据等，要做到目的明确、根据充分，然后以“现提出以下意见”“特制定本实施意见”等过渡性语句引出下文。

主体：意见的核心部分，通常情况需写明指导思想、工作目标、工作任务、重点工作、具体措施、活动安排、保障措施等内容。

结尾：上行性意见一般有比较固定的结尾用语，如呈报类意见的结尾常写“以上意见供领导决策参考”，呈转类意见的结尾常写“以上意见如无不妥，请批转各地区、各部门执行”等；下行性意见可在结尾处用高度概括的语言向受文单位提出贯彻执行要求或发出号召，或以惯用语收尾，如“以上意见，请结合实际情况贯彻执行”等，也可以自然收尾，不加结束语。平行性意见结尾通常是“以上意见供参考”。

【例文 4-10】

农业农村部　商务部　公安部　市场监管总局
知识产权局　供销合作总社关于加强农村
假冒伪劣食品治理的指导意见

农质发〔2018〕11 号

各省、自治区、直辖市及计划单列市农业农村、商务、公安、市场监管、知识产权主管部门及供销合作社：

为加强农村假冒伪劣食品治理，规范农村食品市场秩序，维护群众健康和合法权益，扎实推进乡村振兴战略实施，现提出如下指导意见。

一、充分认识加强农村假冒伪劣食品治理的重要性和紧迫性

农村食品质量安全，事关群众健康和合法权益，事关农村社会和谐稳定和乡村振兴战略实施。党中央、国务院历来高度重视农村食品治理工作，习近平总书记提出“四个最严”要求，党的十九大报告中明确指出要“实施食品安全战略，让人民群众吃得放心”。近年来，各地区、各有关部门采取有力措施加强农村食品治理，取得了积极成效，农村食品质量安全水

平有了很大提升。但是，农村假冒伪劣食品问题依然存在，生产经营假冒食品、“山寨”食品、食品假货、“三无”食品、劣质食品、过期食品等现象时有发生，侵害了农村居民合法权益，甚至危及公众健康，农村食品治理工作亟待进一步加强。强化农村假冒伪劣食品治理，维护农村食品良好生产经营秩序，是推进农村综合治理的重要任务，也是实施乡村振兴战略的必然要求。各地区、各有关部门要充分认识做好农村假冒伪劣食品治理工作的重要性、紧迫性和艰巨性，坚持人民利益至上，增强责任意识和大局意识，优化完善工作机制，探索创新方法路径，扎实推进、久久为功，全面提升农村食品治理水平。

二、治理工作总体要求

（一）基本原则

坚持打建结合。既要严厉打击违法违规行为，取缔非法生产经营主体，又要按照便民惠民的要求，建设完善的食品流通市场体系，合理布局食品经营销售网点，保障农村食品有效供应。

坚持堵疏结合。既要强化监管，加大对食品生产经营主体监督检查、质量抽检力度，又要强化技术服务，规范食品生产经营行为，帮助和指导食品生产经营主体建立质量控制体系。

坚持长短结合。既要针对当前突出问题，迅速开展专项整治，出台一批能管用、见效快的措施，又要围绕固本强基，全面健全完善相关制度，建立科学有效治理的长效机制，确保农村食品质量安全。

（二）目标任务

通过集中专项整治，严厉打击违法违规行为，规范农村食品生产流通秩序，2019 年春节前生产经营假冒食品、“山寨”食品、食品假货、“三无”食品、劣质食品、过期食品等突出问题得到有效遏制；用 2—3 年时间，健全完善农村食品治理机制，建立规范的农村食品流通供应体系，全面改善和提高农村食品质量安全水平。

（三）治理重点

1. 重点违法违规情形：食品假冒（使用不真实的厂名、厂址、商标、产品名称、产品标识等信息）；侵权“山寨”（食品包装标识、文字图案等模仿其他品牌食品，误导消费者）；食品假货（假羊肉、假狗肉、假驴肉等涉及食品欺诈行为）；“三无”（无生产厂家、无生产日期、无生产许可）；劣质（以次充好、不符合国家食品安全标准等）；超过保质期等。

2. 重点品类：方便食品、休闲食品、酒水饮料、调味品、奶及奶制品、肉及肉制品等农村消费量大的食品品类。

3. 重点对象：小作坊、小商店、小摊点、小餐馆、小商贩等食品生产经营主体和农村集市、食品批发市场。

4. 重要时点：节假日、婚丧嫁娶、农忙耕种等农村市场集中消费时段。

三、立即采取强有力监管措施

（一）聚焦突出问题，迅速开展专项整治

坚持问题导向，严密组织排查，针对当地问题多发、易发的重点违法违规情形、重点品类、重点对象、重要时点，实施专项整治行动。对社会上反映强烈的假冒伪劣食品问题，开展联合执法检查，收缴一批假冒伪劣食品，处理一批“山寨”食品商标侵权案件，移送一批违法案件，严惩一批违法犯罪分子，曝光一批典型案例，确保突出问题治理在较短时间见到实效。

（二）强化生产管控，严格执行许可制度

严格落实食品生产经营许可制度，加强对食品生产经营企业现场检查和产品质量抽检。强化食品生产加工小作坊、小摊贩综合治理，鼓励支持其改进生产经营条件，在固定场所或指定的区域、时段经营。摸清农村食品生产主体情况，建立监管台账。严厉打击非法添加和超范围、超限量使用食品添加剂、使用无合法来源原料、劣质原料生产加工食品等违法违规行为，坚决取缔“黑工厂”、“黑窝点”、“黑作坊”，涉嫌犯罪的，按照行刑衔接有关规定移交公安机关依法处理。

（三）加强流通管理，提升市场管理水平

加强农村市场食品流通监测，确保食品生产源头可追溯。明确食品批发市场、集贸市场主体资质要求及食品安全责任，杜绝假冒伪劣食品流入市场。基础设施落后、设施设备不符合食品安全规定、内控管理制度不完善的市场，要限期整改。规范食品储藏运输管理，建立食品送货车辆备案制度，鼓励生产企业、批发主体发展冷链物流，确保储运符合食品质量安全要求。督促网络食品交易第三方平台加强入网食品销售主体资质审查，落实管理责任。

（四）规范市场销售，严格落实进货查验制度

全面清查食品经营主体资格，查处无证无照、进假售假、超范围经营食品行为。督促食品经营主体严格落实进货查验、索证索票和食品安全自查制度，确保所经采购销售食品来源合法、质量可控。加强农村现场制售食品监管，依法查处不具备经营资格和经营条件违规从事食品现场制售活动的行为。督促食品批发市场、集中交易市场严格落实食品销售记录制度，如实记录相关信息，全面履行法定义务。

四、着力构建长效机制

（一）完善农村综合治理

各地农业农村部门要切实转变观念，从推进乡村振兴战略实施的高度，将农村假冒伪劣食品治理工作作为农村综合治理的重要内容统筹推进。支持和引导农村地区各级党组织和党员干部群众发挥监督、指导、宣传作用。探索村委会协助乡政府开展农村食品治理工作的方式。

（二）推进市场体系建设

加强对农村食品消费能力和消费结构的监测分析，科学引导农村食品市场体系建设。改善农村食品流通模式，发挥供销系统优势，推进优质价廉食品下乡进村，鼓励大型食品生产经营企业发展农村食品配送，引导连锁经营超市、电子商务平台在有条件的地区设立直营店、配送点，支持农村食品供应向统一配送方向发展。开展农村食品经营店规范化建设。

（三）健全完善制度机制

治理商标、包装侵权行为。加强农村食品全程追溯、检验检测互认和监管执法等方面的区域合作，强化风险防范和全程控制。建立健全跨部门、跨地区农村食品信息通报、联合执法、隐患排查、事故处置等协调联动机制。加强行政执法与刑事司法衔接，依法从严惩治农村食品违法犯罪行为。加快诚信体系建设，建立食品生产经营企业黑名单制度和惩戒激励机制。

（四）加大宣传引导和培训

加大农村食品科普力度，以喜闻乐见的形式，开展食品科学知识进村入户活动，提升农村消费者质量安全意识、消费维权意识和识假辨假能力。对食品生产经营单位及从业人员开展食品安全培训，指导其树立和强化食品质量安全意识，自觉守法诚信生产经营。加强与新闻媒体合作，开辟农村食品治理专栏，营造强化农村食品治理的良好氛围。

五、强化工作保障

（一）压实管理责任

进一步强化地方政府属地管理责任，落实党政同责要求，将农村假冒伪劣食品治理纳入政府考核。强化部门法定职责，建立网格化监管体系，把监管责任落实到岗到人。充分发挥行业协会、新闻媒体、社会公众等多方作用，形成社会共治的格局。

（二）加大政策资金投入

各相关部门要在当地政府统一领导下，积极争取财政、发改、税收、科技、信贷等部门支持，加大对农村食品治理工作的财政投入。支持适合农村市场需求和消费特点的食品加工、冷链物流及包装储运等技术研发。

各地要严格按照意见要求，抓紧制定实施方案，结合本地区突出问题启动专项整治。农业农村部会同商务部、公安部、国家市场监督管理总局、国家知识产权局、中华全国供销合作总社将适时组织开展联合督导检查，并定期向党中央和国务院报告相关进展情况。

农业农村部　商　务　部
公　安　部　市场监管总局
知识产权局　供销合作总社
2018 年 12 月 11 日

【简析】 这是一篇下行的指挥性意见。意见开头部分非常简短，简要说明了一下发文的目的，然后过渡到主体部分。主体部分的“一、充分认识加强农村假冒伪劣食品治理的重要性和紧迫性”是务虚的分析问题，目的是使收文单位在思想上充分认识，方能在行动上更加用心用力，更好地落实执行。从“二、治理工作总体要求”开始，阐述实际是做什么以及如何来做。目标明确且分解出重点工作，措施得当，特别是二级小标题的拟写，准确精炼，结构相同，字数基本相等，体现出应用文语言的精炼美、整齐美。结尾部分以对收文单位提要求为结束，与开头呼应。整篇文章内容丰富，层次清晰，结构完整，语言准确精炼，是一篇非常好的政策性公文。

【例文 4－11】

住房城乡建设部　环境保护部　发展改革委　教育部　科技部
工业和信息化部　监察部　财政部　人力资源社会保障部　国土资源部
农业部　商务部　卫生部　税务总局　广电总局　中央宣传部
关于进一步加强城市生活垃圾处理工作的意见

为切实加大城市生活垃圾处理工作力度,提高城市生活垃圾处理减量化、资源化和无害化水平,改善城市人居环境,现提出以下意见:

一、深刻认识城市生活垃圾处理工作的重要意义

城市生活垃圾处理是城市管理和环境保护的重要内容,是社会文明程度的重要标志,关系人民群众的切身利益。近年来,我国城市生活垃圾收运网络日趋完善,垃圾处理能力不断提高,城市环境总体上有了较大改善。但也要看到,由于城镇化快速发展,城市生活垃圾激增,垃圾处理能力相对不足,一些城市面临"垃圾围城"的困境,严重影响城市环境和社会稳定。各地区、各有关部门要充分认识加强城市生活垃圾处理的重要性和紧迫性,进一步统一思想,提高认识,全面落实各项政策措施,推进城市生活垃圾处理工作,创造良好的人居环境,促进城市可持续发展。

二、指导思想、基本原则和发展目标

(一)指导思想。以科学发展观为指导,按照全面建设小康社会和构建社会主义和谐社会的总体要求,把城市生活垃圾处理作为维护群众利益的重要工作和城市管理的重要内容,作为政府公共服务的一项重要职责,切实加强全过程控制和管理,突出重点工作环节,综合运用法律、行政、经济和技术等手段,不断提高城市生活垃圾处理水平。

(二)基本原则。

全民动员,科学引导。在切实提高生活垃圾无害化处理能力的基础上,加强产品生产和流通过程管理,减少过度包装,倡导节约和低碳的消费模式,从源头控制生活垃圾产生。

综合利用,变废为宝。坚持发展循环经济,推动生活垃圾分类工作,提高生活垃圾中废纸、废塑料、废金属等材料回收利用率,提高生活垃圾中有机成分和热能的利用水平,全面提升生活垃圾资源化利用工作。

统筹规划,合理布局。城市生活垃圾处理要与经济社会发展水平相协调,注重城乡统筹、区域规划、设施共享,集中处理与分散处理相结合,提高设施利用效率,扩大服务覆盖面。要科学制定标准,注重技术创新,因地制宜地选择先进适用的生活垃圾处理技术。

政府主导,社会参与。明确城市人民政府责任,在加大公共财政对城市生活垃圾处理投

入的同时，采取有效的支持政策，引入市场机制，充分调动社会资金参与城市生活垃圾处理设施建设和运营的积极性。

（三）发展目标。到2015年，全国城市生活垃圾无害化处理率达到80%以上，直辖市、省会城市和计划单列市生活垃圾全部实现无害化处理。每个省（区）建成一个以上生活垃圾分类示范城市。50%的设区城市初步实现餐厨垃圾分类收运处理。城市生活垃圾资源化利用比例达到30%，直辖市、省会城市和计划单列市达到50%。建立完善的城市生活垃圾处理监管体制机制。到2030年，全国城市生活垃圾基本实现无害化处理，全面实行生活垃圾分类收集、处置。城市生活垃圾处理设施和服务向小城镇和乡村延伸，城乡生活垃圾处理接近发达国家平均水平。

三、切实控制城市生活垃圾产生

（四）促进源头减量。通过使用清洁能源和原料、开展资源综合利用等措施，在产品生产、流通和使用等全生命周期促进生活垃圾减量。限制包装材料过度使用，减少包装性废物产生，探索建立包装物强制回收制度，促进包装物回收再利用。组织净菜和洁净农副产品进城，推广使用菜篮子、布袋子。有计划地改进燃料结构，推广使用城市燃气、太阳能等清洁能源，减少灰渣产生。在宾馆、餐饮等服务性行业，推广使用可循环利用物品，限制使用一次性用品。

（五）推进垃圾分类。城市人民政府要根据当地的生活垃圾特性、处理方式和管理水平，科学制定生活垃圾分类办法，明确工作目标、实施步骤和政策措施，动员社区及家庭积极参与，逐步推行垃圾分类。当前重点要稳步推进废弃含汞荧光灯、废温度计等有害垃圾单独收运和处理工作，鼓励居民分开盛放和投放厨余垃圾，建立高水分有机生活垃圾收运系统，实现厨余垃圾单独收集循环利用。进一步加强餐饮业和单位餐厨垃圾分类收集管理，建立餐厨垃圾排放登记制度。

（六）加强资源利用。全面推广废旧商品回收利用、焚烧发电、生物处理等生活垃圾资源化利用方式。加强可降解有机垃圾资源化利用工作，组织开展城市餐厨垃圾资源化利用试点，统筹餐厨垃圾、园林垃圾、粪便等无害化处理和资源化利用，确保工业油脂、生物柴油、肥料等资源化利用产品的质量和使用安全。加快生物质能源回收利用工作，提高生活垃圾焚烧发电和填埋气体发电的能源利用效率。

四、全面提高城市生活垃圾处理能力和水平

（七）强化规划引导。……

（八）完善收运网络。……

（九）选择适用技术。……

（十）加快设施建设。……

（十一）提高运行水平。……

（十二）加快存量治理。……

五、强化监督管理

（十三）完善法规标准。……

（十四）严格准入制度。……

（十五）建立评价制度。……

（十六）加大监管力度。……

六、加大政策支持力度

（十七）拓宽投入渠道。……

（十八）建立激励机制。……

（十九）健全收费制度。……

（二十）保障设施建设。……

（二十一）提高创新能力。……

（二十二）实施人才计划。……

七、加强组织领导

（二十三）落实地方责任。……

（二十四）明确部门分工。……

（二十五）加强宣传教育。……

各省（区、市）人民政府要在2011年8月底前将落实本意见情况报国务院，同时抄送住房城乡建设部。

【简析】 这是一篇由住房城乡建设部等多部门联合呈送国务院的上行的呈转类意见。它是多部门就进一步加强城市生活垃圾处理工作提出见解和办法。之后国务院用批转性通知将意见送往各省、自治区、直辖市和国务院各部委、各直属机构，要求认真贯彻执行，充分地体现出上行意见是党委政府职能部门在其主管的业务范围内发挥着强有力的参谋作用。

就行文思路来看。开头简短说明了发文目的，即过渡到主体。主体部分包括"深刻认识城市生活垃圾处理工作的重要意义""指导思想、基本原则和发展目标""切实控制城市生活垃圾产生""全面提高城市生活垃圾处理能力和水平""强化监督管理""加大政策支持力度""加强组织领导"等内容，其逻辑关系是：在深刻认识到城市垃圾生活处理工作的重要意义之后，提出目标和具体的举措，即为什么、做什么、怎么做。"怎么做"包括"切实控制城市生活垃圾产生""全面提高城市生活垃圾处理能力和水平""强化监督管理""加大政策支持力度""加强组织领导"，各项举措具有先后顺承关系，切不可颠倒、混乱。全文思路连贯、层次分明，观点鲜明、措施得力、针对性强，语言准确精炼，是一篇非常好的指挥性公文。

四、意见写作的注意事项

1. 下行意见是带有引导、说明、阐释意义的指导性文件，用语要相对缓和，不应有命令性的强制语气。

2. 意见文中的“见解”部分属于分析问题，如分析重要性、紧迫性，需要使用议论的表达方式，但注意要简明扼要，不要用议论文的手法做全面论述。

3. 意见大多是就现实工作中出现的新情况、新问题，经过调查研究，提出解决问题的思路和办法，讲究建设性与可行性，又必须切实可行。因此，意见的写作要注意选题，进行充分的调查研究，要有细致的分析和可靠的论证。

第五节　计　　划

一、计划的性质及适用

计划是对一定时间内组织预期目标和行动方案所做出的选择和安排。这种选择和安排是一种管理活动。在一个组织实施管理的过程中，计划是管理的首要且最基本的职能，它是组织、领导和控制等管理活动的基础。将动态计划的结果呈现在文本上就是静态的计划，即计划书或称计划类公文。计划书是用文字和指标等形式所表述的，在未来一定时期内组织以及组织内不同部门或不同成员，关于行动方向、内容和方式安排的管理文件。计划书是非法定公文，使用的频率非常高，使用的范围非常广，大到国家小到个人，都需要制定计划，其重要作用就在于可以指明方向、统筹安排、减少浪费、利于控制。

二、计划的分类

(一) 广义计划的分类

我们将承载管理的首要职能的文本形式称为广义计划。计划书种类复杂多样。如果管理人员特别是执笔计划书的工作人员，不能充分认识到计划类文书的多样性，在写作计划书时不能把握不同种类计划的内涵和特性，就会降低计划的有效性，以致降低管理的有效性。不同的分类方法有助于我们全面地了解计划的各种类型及应用。

1. 按表现形式分类

管理学家哈罗德孔茨和海因韦里克按计划的表现形式，将计划分为宗旨、目标、战略、政策、程序、规则、计划和预算等八种类型。这是组织管理中非常重要的一种计划分类方法，但在写作实践中我们并没有充分地了解这八种计划类型，存在着认识严重不足的情况。

(1) 宗旨(Purpose)

宗旨或称使命，它指明一定的组织机构在社会上应起的作用和所处的地位，是组织中人们思考、决策和行动的共同依据。它对组织的日常管理活动有着重要的指导意义。宗旨类似于宣言，通常由高层管理者精心提炼，采用一句话或一段话，用最简洁、最凝练的语言来表述组织是干什么的,应该干什么。如某快递公司的宗旨是"使命必达",某电子产品公司的宗旨是"为顾客创造价值"。

(2) 目标(Objective)

目标是在宗旨下提出的,具体规定了组织及其各个部门的管理活动在一定时期所要达到的结果。目标具有层次性和多样性,可以分解为阶段性目标或部门目标,直至最终形成一个目标网络。如《全国城镇供水设施改造与建设"十二五"规划及2020年远景目标》中的目标有远期目标、近期目标及至分解为总体规划任务、"十二五"重点任务,目标由远及近,由大到小,由粗到细,最终形成目标网络。写作实践中,目标作为计划的一种类型,通常是作为战略、计划等公文内容的一部分,而很少独立成文。《国务院公报》仅能查阅到数篇工作任务、任务分解表等可供借鉴。

(3) 战略(Strategy)

战略是为实现组织长远目标所选择的发展方向、所确定的行动方针,以及资源分配的一个纲领性文件。战略不具体说明组织如何实现目标,而是指明发展的方针、方向和重点,提供行动框架。战略目标的实现需要一系列计划来完成。《中共中央关于全面深化改革若干重大问题的决定》锐意推进经济体制、政治体制、文化体制、社会体制、生态文明体制和党的建设制度改革,是一个典型的为实现我国全面建成小康社会奋斗目标的战略。事关长远发展方向的战略性计划通常需要长期思考、充分调研、集体写作、反复讨论修改才能最终定稿。"战略"可以直接作为文种使用,"纲要""规划"也可以用为战略性计划类公文的文种。

(4) 政策(Policy)

政策也是一种计划。它是组织在决策时或处理问题时用来指导沟通思想与行动方针的明文规定。政策是决策时考虑问题的指南,它规定范围和界限,将一定范围内决策权授予下级,鼓励下级主动承担责任,在规定的范围内来处置问题。所以,政策类计划的写作多用概括性语言,以突出其指导性和灵活性。在内容方面,要注意保持政策的连续性和完整性,因为多变的政策会导致追求眼前利益的短期行为的出现。目前国务院公报中常用的政策性公文主要有意见、指示性通知、决定等。本教材第五章指挥性文书中绝大部分文种包括命令、决议、指挥性决定、意见、指示性通知等都是政策性文书。其中,意见的写作方式使其呈现鲜明的理性、柔性色彩,行文方式决定了其优秀的民主、高效品格,是最适宜作为政策承载体的文种。

(5) 程序(Procedure)

程序规定了如何处理重复发生的例行问题的标准方法。程序的实质是对要进行的活动规定步骤、顺序,它是对大量日常工作过程及工作方法的提炼和规范化,是一种优化的计划。管理的程序化水平是管理水平的重要标志,制定和贯彻各项管理工作程序是组织的一项基础工作。按照计划的程序化程度这个标准,又可以将计划分为程序性计划和非程序性计划。程序性计划即程序在实际工作中主要体现为规章制度类文书中的规程、程序等文书,当然,其他文书中也会体现出程序的内容。规章制度类文书写作讲究体式的规范、用语的严密和内容的明确，特别在写作程序时要注意结合具体实际，不断改进，保持其科学性、稳定性和灵活性。

(6) 规则(Rule)

规则也是一种计划，它是对具体场合和具体情况下，允许或不允许采取某种特定行动的规定。规则与程序的区别在于规则不规定时间顺序。除规程、程序外，一个组织制定的规章制度(包括条例、规定、办法、规则、细则、制度、准则等文种)基本上都属于规则类计划。在应用文书写作实践中，传统意义上的计划(如规划、计划、方案等)与规章制度是两大类完全不同的文书，其内容格式、写作方法与要求当然和惯常所说的计划存在很大不同。然而，从管理学的角度来看，规章制度确实是文本计划的一大类型。在一个组织实施管理的过程中，这两大计划类文书的数量很庞大。以《国务院公报》近五年的公文作为统计对象可见，数量最多的公文主要有通知、命令(令)、意见、公告等四种。除了作为政策性计划载体的意见外，其余三种公文基本上是复合式公文，自身作为规章制度类公文(即规则)和规划、纲要等传统计划类公文的载体出现。

(7) 计划(Program)

这就是传统意义上的计划，也即狭义的计划。它是为了实施既定方针所必需的目标、政策、程序、规则、任务分配、执行步骤、使用的资源等而制定的。计划有大有小，大的计划往往又派生出许多小的计划。大到粗线条、纲要性的规划，小到详细、周密、具体的方案。我们平时所说的计划类文书包括规划、纲要、设想、要点、计划、方案、安排、预案等都是这类计划的不同文种，其内容都要写清为什么做、做什么、如何做、谁来做、何时做、何地(部门)做，区别就在于适用时间的长短，适用范围的广狭，以及计划制定出来之后是否详细、具体、可操作。

(8) 预算(Budget)

预算是一种数字化的计划，它是对未来活动的细致、周密安排，实质是资源的分配计划。它是未来经营活动的依据，数量化和可执行性是预算最主要的特征。因此，预算是一种可以据以执行和控制经济活动的、最为具体的计划，是对目标的具体化，是将组织活动导向预定目标的有力工具。制定预算应该更注重其精细、周密、可操作、可控的特性。

2. 按期限分类

这是一种非常常见的分类方式，即按计划的期限或时间长短，将计划分为长期、中期和短期计划。长期计划习惯上指 5 年以上的计划，为组织指明方向；中期计划为 1 至 5 年的计划，是长期计划在时间上的具体化，是长期计划和短期计划的衔接；短期指 1 年或 1 年以下的计划，要解决的是操作和实施问题。计划期限的长短是一个相对的概念。这种划分不能绝对化，要结合行业特点和环境变化的速度。如环境波动的频率高，不易准确预测未来，就不宜制定长期计划,组织的计划重点应放在短期内容上;反之,计划的重点可偏向于长远的规划上。

3. **按综合程度分类**

按涉及时间长短及其范围广狭的综合性程度分类可分为战略计划和战术计划。战略计划指为组织未来较长时期(通常为5年、10年,甚至更长时间)设立总体目标和寻求组织在环境中的地位的计划;战术计划是总体目标如何实现的细节性的计划,其需要解决的是组织的具体部门在未来各个较短时间内的行动方案。此外,按计划的明确程度还可分为具体计划和指导计划。指导计划指规定一般方针,指明方向和重点;具体计划指制定具体目标和行动方案。时间长短和范围广狭决定着计划是否明确,因此,具体计划就是战术计划,指导计划就是战略计划。

4. **按组织层次分类**

制定计划是各级主管人员的一个共同职责,各级管理人员所制定的计划的范围、内容不同而异。因此,计划还可以按组织层次分为高层管理计划、中层管理计划和基层管理计划。高、中、低层计划是相对而言的,后者一般是前者分解的结果,前者则是后者的纲领和综合。较低层级的计划是较高层级计划的落实和保证。高层管理计划即战略计划,中层管理计划即职能计划或施政计划,基层管理计划即具体计划。高层管理计划由高层管理者制定,体现了组织在未来较长一段时间里的目标以及实现目标的政策。它具有长期性、全局性和指导性,其实质就是战略计划、指导计划。中层管理计划或称施政计划。它是将战略计划中综合性、概括性的目标和政策转化为具体确定的配套目标和政策。这种由中层管理人员制定的,确定在组织整体目标实现过程中的各部门计划,或具有战略性、指导性,或具有相对的可操作性。基层管理计划是基层管理者制定的具体计划,又称作业计划。内容包括计划期内的各项任务、指标,流程、步骤、单位、人员,地点、时间,资源和权责的分配等。它是对施政计划的细致周密、具体可操作的安排,以配合计划的最终实现。

5. **按组织职能分类**

计划可以按职能进行分类,即一个组织中相应的职能部门编制和执行的计划,例如可以按职能将某个企业的计划分为生产计划、销售计划、供应计划、财务计划、人事计划、后勤保障计划等。将计划按职能分类,有助于人们更加精确地确定主要作业领域之间的相互依赖和相互影响关系,以及对全部计划的影响,并有助于将有限的资源更合理地在各职能部门之间进行分配。由于组织中职能部门通常称为中层部门,这一类计划其实就是中层管理计划。

6. **按计划对象分类**

按计划的对象可分为专项计划和综合计划。专项计划是针对组织的特定目标所制定的计划，如某产品的开发计划。综合计划指某一组织整体的安排，涉及多目标多方面的计划，是一种长期性、战略性、指导性的由高层管理者制定的计划。

可见，计划的分类方式很多，种类很多。除了平时工作中常用的纲要、计划、方案等计划类公文，其实还有实施管理时必不可少的战略、政策、规则等计划类公文。宗旨、目标、战略、政策等计划更多地由高层管理者制定，是长期性、指导性、综合性、战略性的计划，政策、程序、规则、计划、方案等计划更多地由中层、基层管理者制定，基本上属于中短期的、具体性、战术性的计划或专项计划。对于计划的编制人员来说，要明白自己是哪一层级管理者或者为哪一层级的管理者执笔，工作中经常会使用哪些类型的计划，通晓不同种类计划的使用范畴、内涵、特性和写作要求，写好各种计划以实施有效管理，切实提高管理效率。所以，越多了解计划的不同类型，越有助于我们了解各种计划的应用与写作。

（二）狭义计划的分类

狭义计划即我们平时所说的计划，通常可以分为规划、纲要、要点、设想、打算、安排、方案等类型。这些计划在目标远近、时间长短和计划内容等方面有所区别。

规划、纲要指时间较长、目标较大、范围较广、内容概括的全面性的战略部署。规划的时限一般在三五年及以上。纲要的内容原则性、概括性更强，通常是关于工作方向、目标的概要。如我国制定的各个领域的五年、十年规划纲要等。

要点是比较简要、概括地对一个时期内的主要工作所做的指导性计划。它是计划提纲挈领的表现。要点的“要”，既是宏观角度阐明计划的重点内容、主要方面，从表述方面来说，也要简明扼要。

设想、打算一般是初步的、粗略的、成熟度不高的计划，有待修订和完善。设想是关于比较长的时间内某项工作的建设性的想法，打算则是对短期内某项工作的初步设计。

安排是时间较短、内容单一而又具体的计划。预定在短时间内要做的某些事情，就可以用安排类的计划。

方案是为开展某单项工作而拟定的周密、具体、详细的计划。它是对近期或短期内某一项任务的具体实施，从目的、要求、方式、方法等方面作出具体安排的计划。另外，很多同学在学校社团工作中开展诸多活动时，为了能圆满地完成活动，往往需要写作策划书，策划书实质上就是非常周密、具体、详细的方案。

三、计划的特点

（一）预见性

计划是连接过去、现在和未来的一座桥梁。它是在正确分析过去和现状的基础上，对下一步的具体工作提出设想。因此，制订计划要从认清现在开始，认识现在的目的在于寻求合理有效的通向对岸的路径，也即实现目标的途径。还要研究过去，从过去发生的事件中得到启示和借鉴，探讨过去通向现在的一些规律。只有认识现在和过去，才能最大限度地对将来作出科学的预见。

（二）可行性

计划的可行性，指计划制定的内容要能实现。可行性是一切计划能否顺利实施的保障。其目标、措施等都需要具有切实的可行性。目标的确立要有一个准确的预见，目标既不能过高，也不能过低。过高过低的目标都发挥不了作用。为了完成目标的措施和步骤，需要调动的各种资源也要务实可行。

（三）约束性

计划虽不是法定文书，但计划一经确定，对实施者和相应范围的各单位就具有约束力，人、财、物等各种资源的投入安排，为了达成目标所安排的各项工作、各种活动，以及各项工作和活动的先后顺序都必须按照计划一一开展起来。当然，因为情况会发生变化，有时也需要根据实际情况的变化来调整、修订计划。

四、计划的写作

（一）计划格式

计划是非法定文书，不能直接发出，所以没有版头版记等要素。计划格式一般由“标题 + 正文 + 署名 + 成文日期”组成。

1. 标题

计划的标题形式比较灵活，常见的有如下几种。

计划制定单位 + 时限 + 事由 + 文种。如《××省××管理局 2021 年工作计划》，由四个要素构成，是最规范的标题，通常高级别的或涉及重大事务、涉及范围广的计划多采用这种标题。

计划制定单位 + 事由 + 文种。如《××交通支队处置各类突发偶发事件应急工作预案》，因不针对某一个特定时段，所以可以不标示时限。

时限 + 事由 + 文种。如《2021 年第一季度防治禽流感工作计划》，这种标题一般在单位内部使用时省略单位名称，而突出计划的时限和内容。

关于 + 事由 + 文种。如《关于开展“阳光绿色网络工程”的设想》，这种法定公文式标题，因为事由突出、醒目，又比较简捷方便，在单位内部也很常用。

事由 + 文种。如《图书馆工作人员业务培训方案》，则比较简练。

无论如何，规范的计划标题中必不可少的是事由和文种。

2. 正文

不同类型的计划正文写作有所不同，后文加以详述。

3. **署名和成文日期**

计划是组织的计划，因此署名必须是组织的名称。当然，如果是个人的计划，就写上计划者个人的姓名。成文日期也应当是领导确认定稿的日期。

（二）计划正文

不管是哪种计划，其内容至少要包括“5W2H”，也就是说，计划必须清楚地确定和描述：“WHAT”是做什么，即目标；“WHY”是为什么做，即原因；“WHO”是谁去做，即人员；“WHERE”是何地做，即地点；“WHEN”是何时做，即时间、时限和时序；“HOW”是怎样做，即措施、方式、手段；“HOW MUCH”是财力、钱款的安排，因为对于一个组织管理和开展各项工作来说，没有财力支持是根本不可行的。其中谁去做、何地做、何时做是组织拥有的资源，计划就是要将这些资源进行有效的配置，从而实现目标。

计划正文结构通常有开头、主体、结尾三部分。但有时也可采用无尾的结构。

开头部分要把为什么做写清楚，通常简要说明制定计划的背景、依据等。

计划的主体部分除了“5W2H”外，往往还会写明指导思想。指导思想是具有战略性、纲领性、引领性的东西，是工作目标、工作方向、工作思路、工作重点以及工作着力点、突破口等的高度概括和集中表达。只有确定了正确的指导思想，之后的政策措施、目标任务、保障机制等才好确定。指导思想在具体文稿中一般都放在最前面，其所处位置本身就体现了指导思想是走在前边的，起着引领、引导的作用。指导思想是抽象性的理论概括，是站在宏观的、总括的高度来进行指示、引导。指导思想实际上是一个有高度、有思路，层次清晰、逻辑严密的系统，无论是作为文件的一个部分还是一个语段，它都是完整的、系统的部分和语段。譬如遵循什么原则，突出哪些重点，为了什么目的，采取哪些方法，达到怎样的目标等，是一个系统的逻辑整体。所以，每个指导思想实际都是一篇小文章，集中了最关键的语言，浓缩了全部文章的精华。指导思想虽只短短数百字，但却涵盖了基本遵循、基本原则、目标任务、工作措施、工作重点、工作抓手、实现路径、达到的目的等多个方面，甚至还体现一种决心、气势和状态。

除了指导思想，计划主体部分要把“5W2H”等内容写清楚。根据情况，目标即做什么，如工作目标、工作任务、重点工作等，可能要进行分解，就是将总目标分解成阶段性目标或部门、个人的任务和工作。接下来就是将谁去做、何地做、何时做、怎样做和拨款安排，也就是为了完成目标所要采取的活动、措施、步骤、保障措施等写清楚。主体部分常采用条款式，用序号标明措施和步骤。当文件较长、层次较多时，就要使用多层序号，显得条理清晰。

结尾通常用富于号召性、鼓动性的语言，简洁有力地提出希望和要求。有时可省略结尾。

【例文 4－12】

南京市政府关于印发南京市打赢蓝天保卫战实施方案的通知

宁政发〔2019〕7 号

各区人民政府，市府各委办局，市各直属单位：

现将《南京市打赢蓝天保卫战实施方案》印发给你们，请认真组织实施。

南京市人民政府

2019 年 1 月 10 日

南京市打赢蓝天保卫战实施方案

打赢蓝天保卫战，是党中央国务院作出的重大决策部署，事关满足人民日益增长的美好生活需要，事关高水平全面建成小康社会，事关“创新名城、美丽古都”建设。为全面落实国务院《打赢蓝天保卫战三年行动计划》《江苏省打赢蓝天保卫战三年行动计划实施方案》，进一步提升南京市大气环境质量，制定本实施方案。

一、总体要求

（一）指导思想。以习近平新时代中国特色社会主义思想为指导，全面贯彻党的十九大精神，认真落实党中央国务院和省委省政府决策部署，坚持新发展理念，坚持全民共治、源头防治、标本兼治，持续开展大气污染防治行动，综合运用经济、法律、技术和必要的行政手段，大力调整优化产业结构、能源结构、运输结构和用地结构，强化区域联防联控，抓好重点季节污染防控，统筹兼顾、系统谋划、精准施策，坚决打赢蓝天保卫战。

（二）目标指标。到 2020 年，二氧化硫、氮氧化物、VOCs 排放总量分别比 2015 年下降 20％，全市 PM2.5 年均浓度和空气优良天数比率确保达到省定考核目标以上，重度及以上污染天数比率比 2015 年下降 25％以上。以“十三五”规划环境空气质量指标为奋斗目标，全面提升城市环境空气质量水平。

二、主要任务

（一）调整优化产业结构

1. 优化产业布局。编制完成“三线一单”（生态保护红线、环境质量底线、资源利用上线和环境准入负面清单）。严格执行国家和省产业结构调整限制、淘汰和禁止目录，落实《南京市制造业新增项目禁止和限制目录（2018 版）》。推行区域、规划环境影响评价，新、改、扩建重化工业的项目环境影响评价应满足区域、规划环评前提要求，化工、钢铁和煤电项目应符合江苏省相关行业环境准入和排放标准。（市生态环境局牵头，市发改委、工信局、规划和自然资源局配合，江北新区管委会、各区政府、南京经济技术开发区管委会、江宁经济技术开发区管委会负责落实。以下均需江北新区管委会、各区政府、南京经济技术开发区管委会、江宁经济技术开发区管委会落实，不再列出。）

2. 加大区域产业布局调整力度。落实长江经济带生态环境保护要求，有序推动沿江重点企业搬迁改造和产业转型升级。严禁在长江干流岸线1公里范围内新建化工企业。加大现有化工园区整治力度，严格执行省化工园区规范发展综合评价指标体系。禁止新增化工园区。（市工信局牵头，市发改委、生态环境局配合）

3. 严控“两高”业产能。……

4. 加大落后产能淘汰和过剩产能压减力度。……

5. 强化“散乱污”企业综合整治。……

6. 深化工业污染治理。……

7. 推进重点行业污染治理升级改造。……

8. 推进园区循环化改造。……

9. 大力培育绿色环保产业。……

（二）加快调整能源结构

10. 提升天然气占比。……

11. 实施煤炭消费总量控制。……

12. 淘汰老旧燃煤机组。……

13. 开展锅炉综合整治。……

14. 提高能源利用效率。……

15. 加力推广绿色建筑。……

16. 加快发展清洁能源和新能源。……

（三）积极调整运输结构

17. 优化调整货物运输结构。……

18. 大力发展多式联运。……

19. 加快车辆结构升级。……

20. 开展餐厨废弃物运输车辆集中整治。……

21. 大力淘汰老旧车辆。……

22. 推进船舶更新升级。……

23. 禁止冒黑烟车辆上路行驶。……

24. 强化在用车排放检验和维修治理。……

25. 强化油品管理。……

26. 强化机动车污染防治。……

27. 加强非道路移动机械和船舶污染防治。……

28. 推进靠港船舶和飞机使用岸电。……

（四）优化调整用地结构

29. 实施绿化工程。……

30. 推进露天矿山综合整治。……

31. 严格施工扬尘监管。……
32. 控制码头堆场扬尘污染。……
33. 提高道路保洁水平。……
34. 实施降尘绩效月考核。……
35. 加强秸秆综合利用。……
36. 全面实施烟花爆竹禁放工作。……
37. 控制农业源氨排放。……
38. 加强餐饮油烟污染防治。……
39. 禁止露天焚烧和露天烧烤。……
（五）实施重大专项行动
40. 开展秋冬季攻坚行动。……
41. 打好柴油货车污染治理攻坚战。……
42. 开展工业炉窑治理专项行动。……
43. 深化 VOCs 治理专项行动。……
（六）有效应对重污染天气
44. 加强重污染天气应急响应。……
45. 夯实应急减排措施。……
46. 实施秋冬季重点行业错峰生产。……
（七）完善环境经济政策
47. 完善法律法规及标准体系。……
48. 拓宽投融资渠道。……
49. 加大政策支持力度。……
50. 加大税收政策支持力度。……
（八）加强基础能力建设
51. 提升大气环境监测监控能力。……
52. 加强工业园区监管能力建设。……
53. 强化重点污染源自动监控体系建设。……
54. 加强移动源排放监管能力建设。……
55. 强化监测数据质量控制。……
56. 强化科技基础支撑。……
57. 加大环境执法力度。……
三、保障措施
（一）加强组织领导。……
（二）严格考核问责。……

（三）加强环境信息公开。……

（四）构建全民行动格局。……

（五）积极开展多种形式的宣传教育。……

【简析】 作为非法定的事务性文书，这篇方案是通过找载体即作为印发性通知的附件发出的，这种发文方式给方案的效力提供了强有力的保障。方案开头简要论述了打赢蓝天保卫战的意义和目的，主体部分包含总体要求、工作任务和保障措施三部分内容，无结尾。行文重点是主体部分。作为一篇周密、具体、细致的计划，这篇方案的目标除了总目标要打赢蓝天保卫战，更将总目标量化、细化。如将目标指标量化为"到 2020 年，二氧化硫、氮氧化物、VOCs 排放总量分别比 2015 年下降 20%，全市 PM2.5 年均浓度和空气优良天数比率确保达到省定考核目标以上，重度及以上污染天数比率比 2015 年下降 25%以上。以'十三五'规划环境空气质量指标为奋斗目标，全面提升城市环境空气质量水平"，这种数字化目标使计划更确切、更具有可考量性。同时，也将目标细化为阶段目标和部门目标。将总目标具体化为八项工作任务，每项任务均有数字化的目标指标、工作的措施和责任部门。如"19. 加快车辆结构升级。2019 年底前，基本实现新能源或清洁能源电动公交'全覆盖'。新增和更新的公交、环卫、邮政、出租、通勤、轻型物流配送车辆使用新能源或清洁能源汽车，到 2020 年，使用比例达到 80%。港口、机场、铁路货场等新增或更换作业车辆和非道路移动机械应主要使用新能源或清洁能源。在物流园、产业园、工业园、大型商业购物中心、农贸批发市场等物流集散地建设集中式充电桩和快速充电桩。（市工信局、交通运输局牵头，市财政局、建委、生态环境局、发改委、公安局、商务局、市场监督管理局、禄口机场、邮政局配合）"，主体第三部分的保障措施，为方针政策、工作安排的落实保驾护航，使其能够全面实施、顺利推进、落实到位。这篇方案目标明确、措施充分、保障有力，全文逻辑顺畅、层次清晰，是一篇值得学习的典范文章。

表格式计划在很多单位的常规性工作中被大量使用，甚至有的一份表格就是一篇文书的全部，如秘书为领导设计一天或一周的工作安排就常用表格的形式体现。表格式文书由于其制作便捷，内容项目非常直观明了，因而在有序有效地指挥指导工作方面发挥了巨大的作用，深受秘书及写作者的青睐。设计表格的项目时应注意全面、准确，便于填写、归类和检查，能够正确反映任务需求。

我们工作中可将文章式计划和表格式计划结合使用，既能通过文字将内容说得明白、清楚，又能通过表格使计划看起来简明直观、准确清晰，可谓是集中了两种形式计划的优点。

【例文 4 - 13】

普陀区青少年中心2009年度重点工作、重点项目安排表

分类		工作项目	实施时间											责任部门	责任人
			2月	3月	4月	5月	6月	7月	8月	9月	10月	11月	12月		
重点工程	1. 深化学习贯彻党的十七大精神，提升科学管理水平	(1) 深化学习，以德立校，促和谐发展。												主任室 党支部	冯克胜 吴忠民
		(2) 召开教代会。												党支部 主任室	吴忠民 冯克胜
		(3) 加强校务公开执行度和广度。												党支部 主任室	吴忠民 冯克胜
	2. 以普陀教育精神为抓手，进一步提高工作水平	(1) 铸造品牌，提升质量，扩大影响。												主任室 党支部	冯克胜 吴忠民
		(2)搭建教师展示成才的舞台。												主任室 党支部	冯克胜 吴忠民
		(3) 提高艺科参与率和得奖率。												主任室 党支部	冯克胜 吴忠民
		(4)开展迎世博等主题教育活动												主任室 党支部	冯克胜 吴忠民
	3. 进一步做好民族文化培训工作	(1) 筹备民族文化培训成果展。												主任室	吴忠民
		(2) 组织学生参加各类艺术欣赏、实践活动。												主任室	吴忠民
		(3) 办好传统美育节、科技节等主题活动。												主任室	吴忠民 陈 琰
重点项目	1. 抓好团队建设、争创品牌、服务社会（艺术部）	(1) 组织好各类考级、教师、学生的展示活动。												艺术部	英长海 李炳富
		(2) 加强学生艺术团建设，出作品，出人才。												艺术部	英长海 李炳富
		(3) 继续做好送教进校等公益性活动。												艺术部	英长海 李炳富
		(4) 积极参加市级以上各类竞赛评比交流活动。												艺术部	英长海 李炳富
		(5) 抓管理，提高教育教学质量和教研气氛。												艺术部	英长海 李炳富
	2. 完善科技教育网络，积极参与各类竞赛（科技部）	(1)加强学习，提高科技品牌效应。												科技部	叶仪琳 经志宏
		(2) 以科技节为抓手，提高学生参与普及得奖率。												科技部	叶仪琳 经志宏
		(3) 鼓励定期下基层指导，积极参加公益性活动。												科技部	叶仪琳 经志宏
		(4) 开展科技创新活动与青少年科技竞赛活动												科技部	叶仪琳 经志宏
		(5) 抓好科技培训师资队伍，提高上课质量。												科技部	叶仪琳 经志宏
	3. 全心全意为“中心”教育教学发展，提供优质服务（综合办）	(1) 以普陀教育精神为抓手，完善办公室各项工作。												综合办	徐 迅 王 征
		(2) 科学管理，及时提供各类信息资料。												综合办	张春芳
		(3) 做好内外事接待工作。												综合办	徐 迅
		(4) 做好文印、汽驾、财物等常规工作。												综合办	徐 迅 费洪俊
		(5) 开展各类主题教育活动及暑期工作。												综合办	王 征
		(6) 组织好市、区艺术节等各类活动组织工作。												综合办	王 征
	4. 搞好服务，提供保障（总务部）	(1)为中心教育教学提供服务与方便。												总务部	张裕萍
		(2) 电梯、空调、消防设备维护和安保工作。												总务部	张裕萍
		(3) 配合做好少年城大厅维修，新建电梯等工程。												总务部	张裕萍
		(4) 寒、暑托班各项准备工作。												总务部	张裕萍

【简析】 这篇表格式计划的栏目内容包括分类、具体的工作项目、实施时间、责任部门和责任人等，基本上把做什么、为什么做、谁去做、何地做、何时做、怎样做说清楚了。不足之处在第一栏“分类”。细看内容可知，这其实是目的。所以，可以把“分类”改成“活动目的”。

第六节　通　　知

一、通知的性质及适用

通知是法定公文,《条例》规定,通知"适用于发布、传达要求下级机关执行和有关单位周知或者执行的事项,批转、转发公文"。通知在指挥、协调和控制等各个管理过程中发挥指挥部署、沟通信息的重要作用。因为通知的种类多样,适用范围很广,所以通知是机关使用最频繁的文书种类。从发文机关来看,国家机关、企事业单位、人民团体都可以发布通知;从内容来看,大至传达全国性重大事项,发布重要法规、规章,小至单位内部告知一般事项,都可用通知行文。

二、通知的种类

1. 按形式划分:载体性通知和非载体性通知

载体性通知指通知正文不是主要内容,只起到说明的作用,而其后所附的文书才是主要内容的通知。载体性通知包括印发性通知、转发性通知和批转性通知三种,通常都是采取复体行文的方式,即前面先用"通知"作为"文件头",用以说明所发文件,再将文件附在通知之后,但所附文件不属于公文的附件。复体行文是一种特殊的行文方式,不在通知的正文(往往采取篇段合一的方式)之后标注"附件",而是通知与所附文件一起装订,页码连续编排。

印发性通知用于发布本组织制作的如规定、办法、细则、计划、方案等文书。这些文书不可以直接发文,必须找载体,如《上海市人民政府办公厅关于印发〈2019 年上海市推进"一网通办"工作要点〉的通知》。

转发性通知主要用于下级机关将上级机关或不相隶属机关发来的文件转发给所属机关人员周知或执行,如《上海市人民政府办公厅转发市住房城乡建设管理委等三部门〈关于本市推进商品住宅和保障性住宅工程质量潜在缺陷保险的实施意见〉的通知》。

批转性通知主要用于上级机关将来自下级机关的文件批转给其他有关下级机关周知或执行,如《上海市人民政府批转市财政局关于建立本市权责发生制政府综合财务报告制度实施意见的通知》。

非载体性通知指通知正文即是主要内容的通知。

2. 按行文方向划分:下行的通知和平行的通知

发布、传达要求下级机关执行的通知是下行方向的,要求有关单位周知或者执行的事项的通知则是平行方向的。

3. **按内容划分**

（1）下行的通知：指示性通知和事项性通知

指示性通知是用于传达上级机关指示的通知。这类通知带有指示性与指导性，是需要下级机关贯彻执行的。指示性通知其实是上级政策的一个重要载体。其内容比较概括，需要收文单位在收文后根据实际情况，再制定具体的实施方案才能真正执行起来。

事项性通知是用于开展某一项具体活动的通知。内容非常具体，什么时间，什么地点，什么人通过什么样的方式来开展工作，要写得清楚、具体、详细。如开会的通知，会场、会议时长、与会人员、会议议题和注意事项都会写得清清楚楚。再如放假的通知，什么时候放假，放多长时间的假，如何补休等也都会写得清清楚楚。

指示性通知相当于时间跨度较长、适用范围较广的计划。事项性通知相当于非常详细、具体的方案。指示性通知、事项性通知和计划类文书不同之处就在于行文对象和行文方式不一样。

（2）平行的通知：告知性通知和执行性通知

告知性通知指仅仅要求对方知晓其内容的通知，而执行性通知不仅要求收文单位知晓通知内容，而且有落实执行的要求。

三、通知的写作

（一）通知格式

1. **标题**

通知的标题一般采用“发文机关＋事由＋文种”的格式，如《国务院办公厅关于调整中国人民银行货币政策委员会组成人员的通知》。

发布性通知和批转、转发性通知的标题由“发文机关＋发布（批转或转发）＋被发布（批转或转发）文件名称＋通知”组成。需要注意的是，发布性通知所发布的文书名称要使用书名号，如《国务院办公厅关于印发〈省级政府耕地保护责任目标考核办法〉的通知》；批转、转发性通知所批转、转发的文件名称也要出现在标题中。前文中出现过的两个通知标题，《上海人民政府办公厅转发市住房城乡建设管理委等三部门〈关于本市推进商品住宅和保障性住宅工程质量潜在缺陷保险的实施意见〉的通知》和《上海市人民政府批转市财政局关于建立本市权责发生制政府综合财务报告制度实施意见的通知》，一个加了书名号，一个没加。目前对此并无明文规定，所以加不加都可以。多层转发的通知，标题中要省略过渡机关，直至始发机关，将过渡的“关于”“通知”删去，保留最后一个“关于”和最后一个“通知”，否则读起来就非常拗口、啰嗦，如《××县人民政府关于转发〈××市人民政府关于转发〈××省人民政府关于转发〈国务院办公厅关于××××年部分节假日安排的通知〉的通知〉的通知〉的通知》，应改为《××县人民政府转发国务院办公厅关于××××年部分节假日安排的通知》。为使受文者清楚了解情况，省略的过渡机关应该在正文加以说明。

有时，因通知的内容非常重要，需要被通知单位尽快知晓，拟定标题时可在“通知”前加上“重要”“紧急”等词语，如《国务院安委会办公室关于加强矿山安全生产工作的紧急通知》。

2. **主送机关**

通知的发文对象要非常明确，不能误送、漏送和错送。向所有下级发送的通知没写主送机关不代表没有主送机关，而是省略掉了，主送是十分明确的。

3. **正文**

不同类型的通知正文写作有所不同，后文加以详述。

4. **发文机关署名、成文日期和印章**

在正文（或附件说明）右下方写明发文机关名称、发文日期，并加盖印章。

（二）通知正文

1. **载体性通知**

印发性通知的正文部分比较简单，多数情况下篇段合一，甚至只有一句话，如：“《××××××办法》已经×××同意，现印发给你们，请遵照执行。”被发布的规章全文附在通知之后，但不作为附件处理，而是正件的组成部分。

批转、转发性通知的正文部分也比较简单，可以用篇段合一式，如“市政府同意市财政局《关于建立本市权责发生制政府综合财务报告制度的实施意见》，现转发给你们，请认真贯彻执行。”但为了让下级能够充分认识到批转或转发文件的意义，以及更好地落实执行，很多时候要指明形势，阐明意义，提出要求等。如《国务院批转发展改革委关于坚决制止电站项目无序建设意见的紧急通知》一文，在写明批转对象和批转决定之后，还对电站建设已取得的成绩、当前电站无序建设的现状和后果，落实要求等进行了说明和论述（详见本节例文 4-15）。这类通知也属复合体公文，被批转、转发的文件全文附在通知之后，但不作为附件处理，而是正件的组成部分。

2. **非载体性通知**

不论是下行的指示性通知或事项性通知，还是平行的告知性通知或执行性通知，非载体性通知通常采用分层分段式。

开头：简要交代发文的背景、依据、目的、意义等，然后用“特提出如下要求”“现通知如下”等过渡句引出下文。

主体：具体阐述所传达的指示或要开展工作的方法、措施和步骤等，内容较多的常分条列项来写，使其层次清晰、结构分明。

结尾：或提出贯彻执行的要求，或以"以上通知，望认真执行""特此通知，望认真贯彻执行"等惯用语结束，也可省略不写。

四、通知与相似文种辨析

（一）指示性通知与决定、下行意见辨析

共同点：指示性通知与下行意见、决定都是上级政策的重要载体，对下级工作的开展起到指挥和管理的作用。

不同点：决定一般是上级机关对组织的重要工作的部署，要求下级机关"做什么"或"必须做什么"，集中体现了上级机关的意志，突显了上级的领导地位，语体色彩严肃，具有明显的强制性，下级收文必须执行。下行意见也适用于解决重要问题，但很多问题是工作中出现的新情况、新问题，语体色彩和缓，体现了上级机关探索的态度，下级机关根据意见的精神、原则，可以结合本地区的实际情况落实执行，有时也要求下级参照执行，下行性意见更多体现出指导性质。指示性通知所针对的工作可能是比较重要的工作，更多地是常规性、一般性的工作，通过通知给下级机关以指导。语言表达也是比较严肃，很明确，但并不强硬。

（二）通知与通告的区别

共同点：都是告知性公文，要求对方知晓或执行。

不同点：通知可以作为载体性公文使用，还有作为政策载体的指示性通知；通告则无此功用。通知的受文机关非常明确；通告是泛行文，向社会发布，通常不写主送机关。通告一般是通过媒体公开发布，或在公共场所张贴，也可以内部行文。可以说，通告是组织和社会之间进行横向沟通信息的载体；而通知一般是内部行文，不向社会公开发布，是组织间或纵向或横向传递信息的载体。

【例文 4－14】

人力资源社会保障部　应急部关于印发
《国家综合性消防救援队伍消防员招录办法（试行）》的通知

人社部规〔2018〕5 号

各省、自治区、直辖市及新疆生产建设兵团人力资源社会保障厅（局）、应急管理厅（局）、消防救援总队、森林消防总队：

现将《国家综合性消防救援队伍消防员招录办法（试行）》印发给你们，请遵照执行。

人力资源社会保障部
应　　急　　部
2018 年 12 月 23 日

【简析】 这是一篇联合行文，是非常典型的用来发布法规的印发性通知。通知正文只

有一句话，非常简明。

【例文 4-15】

国务院批转发展改革委关于坚决制止电站项目无序建设意见的紧急通知

国发〔2004〕32 号

各省、自治区、直辖市人民政府，国务院各部委、各直属机构：

发展改革委《关于坚决制止电站项目无序建设的意见》已经国务院同意，现转发给你们，请认真贯彻执行。

近几年来，为适应国民经济和社会发展的需要，缓解电力供应紧张的矛盾，国家加大了电力建设力度，新开工建设与投产运行的电站规模逐年增加。2004 年已批准新开工发电项目 6000 万千瓦以上，预计投产 5100 万千瓦。同时，国家还积极采取措施，努力解决当前煤电油运紧张问题，保障社会正常的生产和生活秩序。

在当前电力供应紧张的情况下，各地区、各部门总体上能够正确把握形势，按照国家规划和有关规定，积极落实各项建设条件，加快电力工程建设，为缓解当前电力供应紧张局面发挥了重要作用。但也必须看到，有些地区和企业没有认真执行国家有关政策和规定，盲目铺摊子上项目，违规建设电站工程。特别是从去年以来，一些地区和企业不顾国家多次重申电力建设必须有序发展的要求，继续违规开工建设了大量电站项目，致使电站在建规模远远超出电力规划确定的目标，同时也超出了资源和环境的承受能力，极易再次形成高耗能工业无序发展的恶性循环。这种情况如果任其发展，势必扰乱国家能源总体战略的实施，引发电力布局混乱，煤炭供应和运输能力失衡，金融风险压力加大，以及电力工业技术水平的倒退等问题，也为今后电力结构和产业结构调整留下隐患。

国务院高度重视当前电力建设中出现的问题。为巩固和扩大宏观调控成果，防止违规建设电站项目影响经济建设正常秩序，当前需要尽快采取措施，坚决制止电站项目无序建设的势头。各地区、各有关部门和单位必须按照通知精神和要求，高度重视，组织力量，认真清理违规建设的电站项目，提出停缓建的处理意见，并负责做好各项善后工作。对少数大规模违规建设电站的地区，发展改革委要会同有关部门进行专项重点检查，有关省级人民政府要认真向国务院作出说明。

各地区、各有关部门和单位要牢固树立和认真落实科学发展观，把经济发展的着力点放在调整结构、深化改革、转变经济增长方式上，努力提高能源利用效率，节约资源，正确处理好电力建设局部与全局、近期与长远的关系，切实促进电力工业的健康有序发展。

各省级人民政府和国家电网公司、中国南方电网有限责任公司、有关电力集团公司要在 2004 年 12 月 31 日之前，将清理情况和处理意见报国务院并抄送发展改革委等有关部门。

发展改革委要会同有关部门对清理工作进行指导，加强监督检查。

国　务　院

二〇〇四年十一月二十四日

【简析】 这是一篇批转性通知。发展改革委在自己的业务范围内，给国务院上行《关于坚决制止电站项目无序建设的意见》，国务院批准后转发到各省、自治区、直辖市人民政府和国务院各部委、各直属机构，要求贯彻执行。根据隶属关系和职责权限，发展改革委不可以直接行指示性公文给各省、自治区、直辖市人民政府和国务院各部委、各直属机构要求其贯彻执行。因此，先上行给国务院，再由国务院批转给其他地区和部门，部门的意志就变成了上级的意志，这篇意见就变成了下行的指挥性文书，也就能发挥其指挥作用了。

这篇通知的标题是批转、转发性通知标题的典范。被转的文件是发展改革委呈报给国务院的《关于坚决制止电站项目无序建设的意见》，通知标题中写明被转文件的标题，但把被转文件文种前的“的”字去掉，避免了“的意见的通知”的多层次写法，从而使标题更清楚明白。同样，整个标题只保留一个“关于”，也避免了“关于……关于……”的层次不清的写法。而且，保留的“关于”后面是事由，这样使事由（即文章主旨）得到强化。此外，这个通知标题中还有在其他文书标题中很少出现的“紧急”二字，这种写法突显了通知的紧急性。

就正文写作来言，第一自然段说明了批转对象和批转意见，第二、三、四自然段可看作上级的指示语。首先是对我国电站建设已取得的成绩和各地的水电建设情况的肯定，接着一转，重点写明当前电站无序建设的现状和后果，然后说明国务院的态度以及对收文单位贯彻执行的具体做法、工作原则和督查方法。整个文章顺理成章，条理清楚，结构分明，语言精准，是一篇非常值得学习的范文。

【例文 4－16】

国务院办公厅关于转发教育部等部门教育部直属师范大学师范生公费教育实施办法的通知

国办发〔2018〕75 号

各省、自治区、直辖市人民政府，国务院各部委、各直属机构：

教育部、财政部、人力资源社会保障部、中央编办《教育部直属师范大学师范生公费教育实施办法》已经国务院同意，现印发给你们，请认真贯彻执行。2007 年 5 月 9 日经国务院批准、国务院办公厅转发的《教育部直属师范大学师范生免费教育实施办法（试行）》和 2012 年 1 月 7 日经国务院批准、国务院办公厅转发的《关于完善和推进师范生免费教育的意见》同时废止。

国务院办公厅

2018 年 7 月 30 日

【简析】 这是一篇内容简明、语言精准的转发性通知。教育部、财政部、人力资源社会保障部、中央编办联合给国务院报送《教育部直属师范大学师范生公费教育实施办法》,国务院同意后,授权自己的秘书机构即国务院办公厅,给同级的各省、自治区、直辖市人民政府和国务院各部委、各直属机构发文。所以,这也是一篇典型的办公厅(室)接受授权行文。文中"已经国务院同意"即点明了办公厅只是辅助领导发文,传达的是领导的意志。该通知不足之处在标题,按惯例,文中出现法规、规章时应加书名号。规范的写法应该是《国务院办公厅关于转发教育部等部门〈教育部直属师范大学师范生公费教育实施办法〉的通知》。

【例文 4-17】

国务院办公厅关于开展城镇小区配套幼儿园治理工作的通知

国办发〔2019〕3 号

各省、自治区、直辖市人民政府,国务院各部委、各直属机构:

城镇小区配套建设幼儿园是城镇公共服务设施建设的重要内容,是扩大普惠性学前教育资源的重要途径,是保障和改善民生的重要举措。2018 年 11 月,党中央、国务院印发《关于学前教育深化改革规范发展的若干意见》,提出规范小区配套幼儿园建设使用,并对小区配套幼儿园规划、建设、移交、办园等情况进行治理作出部署。为落实相关要求,经国务院同意,现就开展治理工作有关事项通知如下:

一、总体要求

以习近平新时代中国特色社会主义思想为指导,全面贯彻党的十九大和十九届二中、三中全会精神,落实全国教育大会部署,坚持以人民为中心的发展思想,认真履行政府责任,依法落实城镇公共服务设施建设规定,着力构建以普惠性资源为主体的学前教育公共服务体系,聚焦小区配套幼儿园规划、建设、移交、办园等环节存在的突出问题开展治理,进一步提高学前教育公益普惠水平,切实办好学前教育,满足人民群众对幼有所育的期盼。

二、工作任务

1. 城镇小区严格依标配建幼儿园。严格遵循《中华人民共和国城乡规划法》和《城市居住区规划设计标准》(GB 50180-2018),老城区(棚户区)改造、新城开发和居住区建设、易地扶贫搬迁应将配套建设幼儿园纳入公共管理和公共服务设施建设规划,并按照相关标准和规范予以建设。城镇小区没有规划配套幼儿园或规划不足,或者有完整规划但建设不到位的,要依据国家和地方配建标准,通过补建、改建或就近新建、置换、购置等方式予以解决。对存在配套幼儿园缓建、缩建、停建、不建和建而不交等问题的,在整改到位之前,不得办理竣工验收。

2. 确保小区配套幼儿园如期移交。已建成的小区配套幼儿园应按照规定及时移交当地教育行政部门,未移交当地教育行政部门的应限期完成移交,对已挪作他用的要采取有效措施予以收回。有关部门要按规定对移交的幼儿园办理土地、园舍移交及资产登记手续。

3. 规范小区配套幼儿园使用。小区配套幼儿园移交当地教育行政部门后,应当由教育行政部门办成公办园或委托办成普惠性民办园,不得办成营利性幼儿园。办成公办园的,当地政府及有关部门要做好机构编制、教师配备等方面的工作;委托办成普惠性民办园的,要做好对相关机构资质、管理能力、卫生安全及保教质量等方面的审核,明确补助标准,加强对普惠实效及质量方面的动态监管。

三、工作措施

1. 摸底排查。各地以县(市、区)为单位,对城镇小区配套幼儿园情况进行全面摸底排查,针对规划、配建、移交、使用不到位等情况,分别列出清单、建立台账。该项工作于2019年4月底前完成。

2. 全面整改。针对摸底排查出的问题,从实际出发,认真制定有针对性的整改措施,按照“一事一议”“一园一案”的要求逐一进行整改。对于已经建成、需要办理移交手续的,原则上于2019年6月底前完成;对于需要回收、置换、购置的,原则上于2019年9月底前完成;对于需要补建、改建、新建的,原则上于2019年12月底前完成相关建设规划,2020年12月底前完成项目竣工验收。

3. 监督评估。对各地自查、摸排、整改等环节加强督导、监督和评估,并针对关键环节适时进行抽查,对落实不力、整改不到位的地区进行通报。

四、组织实施

1. 建立治理工作协调机制。成立城镇小区配套幼儿园治理工作小组,组长由协助分管教育工作的国务院副秘书长担任,成员由教育部、住房城乡建设部、发展改革委、民政部、自然资源部等部门负责同志组成。治理工作联合办公室设在教育部、住房城乡建设部。各地要参照建立相应工作机制,加强治理工作协调。

2. 落实治理责任分工。按照小区配套幼儿园规划、建设、移交、办园等各个环节的工作要求,明晰各项工作的主责部门及配合部门,建立联审联管机制,切实把摸底排查、全面整改等各项任务落到实处。教育行政部门要参与小区配套幼儿园规划、建设、验收、移交等各个环节的工作。发展改革部门要参与小区配套幼儿园建设项目规划布局,对需要补建、改建、新建的项目按程序及时办理审批、核准或备案手续。自然资源部门要根据国家和地方配建标准,统筹规划城镇小区配套幼儿园,将小区配套幼儿园必要建设用地及时纳入国土空间规划,按相关规定划拨建设用地。住房城乡建设部门要加强对城镇小区配套幼儿园的建筑设计、施工建设、验收、移交的监管落实。机构编制部门按程序做好小区配套幼儿园移交涉及的机构编制工作,根据办园性质,分别由机构编制部门和民政部门依法办理事业单位法人登记或民办非企业单位法人登记。在治理工作中,需要其他相关部门支持配合的,地方各级人民政府要加强统筹协调。

3. 加强治理工作保障。地方各级人民政府要认真制定治理工作方案，明确治理步骤，细化工作分工，压实部门责任，完善治理举措，确保治理工作如期完成。要加强社会监督，及时向社会公布治理工作方案、整改措施及治理结果。畅通群众反映意见渠道，设立并公布监督举报电话和信箱。健全部门工作联动、形势研判和应急反应机制，妥善处理突发事件，坚决维护社会稳定。对在治理工作中发现的造成学前教育资源严重流失等失职渎职行为和违法违纪案件，要依法依规追究责任。要及时总结治理情况，制定完善小区配套幼儿园建设管理办法，形成规范管理的长效机制。

各省（自治区、直辖市）治理工作方案、反映意见渠道以及摸底排查、整改等情况，要及时报送治理工作联合办公室。

国务院办公厅

2019 年 1 月 9 日

【简析】 这是一篇形式上平行，实质上下行的指示性通知，开头部分的“经国务院同意”，点明是国务院办公厅接受授权行文。该通知对关于开展城镇小区配套幼儿园治理工作具有指导作用。行文包括开头、主体、结尾三部分。

开头部分即第一自然段，首先用一句话说明城镇小区配套建设幼儿园的重要性。然后说明了两个发文依据，一个是《关于学前教育深化改革规范发展的若干意见》的政策依据，一个是“经国务院同意”授权依据。最后一句既点明主旨又顺利过渡到主体部分。

主体部分包括四个二级层次，分别是总体要求、工作任务、工作措施和组织实施。这个逻辑是典型的计划类文书的逻辑，因此，指示性通知本质上就是计划。总体要求相当于计划文书中的指导思想，概述了开展城镇小区配套幼儿园治理工作的基本遵循、目标任务、达到的目的等方面。接下来的三个二级层次的逻辑就是目标、措施（工作措施和组织措施）。

结尾部分即最后一个自然段，要求收文单位将治理工作方案、反映意见渠道以及摸底排查、整改等情况，要及时报送治理工作联合办公室，以保证该通知落到实地。

该通知主旨鲜明，条理清楚，结构分明，语言严谨，用语精准，是一篇优秀的政策性文书。

【例文 4－18】

浙江省科学技术厅关于组团赴加拿大参加“Inventure 创新论坛”的通知

浙科发外〔2019〕33 号

各有关单位：

为进一步促进我省与加拿大艾伯塔省的科技友好交流与合作，加强双方国际科技合作，应加拿大艾伯塔省政府经贸部的邀请，我厅拟组织省内科技企业、科研院所、高校、风投机构、科技园区、技术转移服务机构及相关管理部门代表于 2019 年 6 月赴加拿大卡尔加里参加

“Inventure 创新论坛”。去年该创新论坛吸引了全球相关领域超过 3 000 多名的专业人士参加，200 多位演讲者作各类主旨演讲，同时包含 90 多场会议以及 30 多场的创新活动。之后代表团还将赴韩国与当地科创机构进行交流对接。现将有关事项通知如下：

一、时间地点

时间：2019 年 6 月上旬，8 天

地点：加拿大、韩国

二、活动内容

1. 参加“Inventure 创新论坛”，届时将有主题演讲、小组讨论、交流对接等活动，交流领域包括：人工智能、自动驾驶、传感器技术、物联网、生物技术、水处理技术、清洁能源、健康和生命科学、农业技术、电气技术、纳米技术、食品和纤维、石油和天然气技术、林业技术、建筑施工技术等。

2. 参加由主办方组织的合作洽谈。主办方将根据我方代表团情况安排加方相关领域的科创机构代表进行“一对一”对接。

3. 实地考察艾伯塔省知名科研机构。

4. 与韩国高技术项目及企业进行对接洽谈，拓展国际视野，探讨创新之路。

三、其他事项

1. 出访费用由派员单位自理。

2. 我厅与加拿大艾伯塔省设有浙加产业联合研发计划。对于在对接活动中达成合作意向且符合浙江－加拿大国际产业联合研发计划项目申报条件的浙方机构，省科技厅将优先给予支持。

3. 请各单位认真选派人员，做好报名和预审工作，并预先提交报名回执(见附件 1)。因公出访人员材料(见附件 2)和企业代表材料(见附件 3)请于在 4 月 3 日前递交至浙江省对外科技交流中心。

4. 联系人

浙江省对外科学技术交流中心　×××

电话：0571－8799××××

传真：0571－8799××××

地址：杭州市文二路×××号××大厦×楼

邮箱：j××××××@zjinfo. gov. cn

附件：1. 报名回执

　　　2. 因公出访人员材料

　　　3. 企业代表材料

浙江省科学技术厅

2019 年 3 月 25 日

【简析】 这是一篇事项性通知。与例文 4－17 的指示性通知相比，二者均采用分层分段式的篇章类型写作，其深层逻辑是相似的。开头稍有不同，一个是说明发文的缘由和依据，一个说明发文的依据。主体部分两篇形式相同，都是分层次，分条列项地写作。不同的是内容，指示性通知的主体内容逻辑性很强，语言较概括。而这篇事项性通知的内容则非常具体，对于组团赴加拿大参加论坛这项工作的开展进行了详细地说明，什么时间、什么地点、什么人、采取什么方式方法、做什么事情等都写得比较清楚明确。事项性通知与开展某项活动的方案相比，通知是法定公文，是可以直接发送出去，在一定范围内周知和执行的；而方案则是在组织内部为完成某项工作，要求相关工作人员知晓和执行的。两个文书的性质功用非常相似，所以结构也非常相似。

作为一篇事项性通知，这篇例文还是需要进一步修改的。开头部分“去年该创新论坛吸引了全球相关领域超过 3 000 多名的专业人士参加，200 多位演讲者作各类主旨演讲，同时包含 90 多场会议以及 30 多场的创新活动”这一句，应前提至首句，作为发文背景。另外，主体部分的活动内容也不是十分地明确。如“实地考察艾伯塔省知名科研机构”，具体考察了哪些机构最好能说明清楚。尤其缺少时间的安排，以至行程不明确。这虽然是预备性的组团通知，但如果这些事项都不甚清楚的话，估计很难吸引大家参团。

【思考题】

1. 请辨析决定和决议两个文种。
2. 请谈谈批复的写作。
3. 请谈谈意见这一文种的性质和用法。
4. 请辨析决定、意见、指示性通知三个文种。
5. 请谈谈计划的种类。
6. 何谓计划的“5W2H”？

第五章

报请性文书写作

第五章
报请性文书写作

本章概述

报请性公文是向上级机关(或领导)或有关机关请求解决问题、汇报工作、交流情况的重要工具。其内容或是希望收文机关或收文者对需要解决的问题予以批准或指示,或是希望收文机关或受文者了解工作开展情况,提出建议供参考。报请性公文主要包括法定的请示、报告、函、议案和非法定的申请书、调查报告、汇报材料、述职报告等。除了函是向不相隶属机关请求批准,其他的文种都是自下而上地向上级机关或者领导请求或汇报,发挥着向上传播信息的功能。因为是向上或向不相隶属机关行文,报请性文书的语言总体上要求谦恭、和婉,不能使用强制性、指令性的语言。

学习目标

1. 理解请示的特点,掌握请示的写作及注意事项。辨析请示、申请书、建议等文种。

2. 辨析请示和报告两个法定的上行文种,辨析报告和汇报材料两个常用文种。掌握报告的种类,掌握报告和汇报材料的写作。

3. 理解调查报告的作用,掌握调查报告的种类、写作及要求。

4. 掌握函的适用事项和分类,辨析函和请示两个文种,掌握不同种类函的写作。

重点难点

重点:

1. 掌握请示的写作,使其有理、有据、有节。辨析请示和报告。
2. 掌握报告、调查报告、汇报材料的适用和写作。

难点:

1. 掌握不同种类报告的写作思路。
2. 掌握调查报告写作之前的调查和研究工作。

第一节　请　　示

一、请示的性质和适用

请示是法定公文。《条例》规定,请示“适用于向上级机关请求指示、批准”。所以,请示是典型的上行文。凡是本机关无权、无力决定和解决的事项需要向上级请示，而上级则应及时回复。

二、请示的特点

(一) 成文的条件性

请示成文的条件性包括两个内涵：一是行文之前必须做好沟通工作。请示只是最终的文本，实践证明，要想得到上级的指示或批准，在正式行文之前的沟通是非常必要的。二是需要的时候行文。给上级机关的请示要掌握好度，确有必要的才行文。也就是说，不能遇到点事情就请示，也不能该请示的时候不请示。

(二) 行文的超前性

请示的写作必须在事前，不能先斩后奏，否则就是莽撞、越权，甚至造成严重的后果。越权是违反组织原则的，必须在得到上级的批示或批准后才能开展工作。行文的超前性这一特点在文本当中则体现为不能用“决定”做什么事情，而需要用“拟”“建议”等词语。

(三) 内容的单纯性

请示必须坚持一事一请的原则。其实不仅请示要一事一请，其他文书也需要遵循一文一事的原则。只是请示是需要上级机关回复的，因此，着重强调避免在一份请示当中出现两件不相关的事情，既方便上级机关及时地回复，也方便请示机关更好地理解和有效地执行。

(四) 明显的时效性

请示是在工作中遇到困难或按照规定必须请示的时候行文。因此，对于下级机关来讲，要及时地行文，对于上级机关来讲，也要及时地予以回复。只有及时的行文才有利于工作的顺利开展，有利于促进管理效率提升。

(五) 结果的期复性

有请示必有批复。上级对于下级报送的请示必须及时回复，否则就是失职。因此，不可以将需要答复的请示事项放在不需要答复的报告中，也就是说，不能该用请示的时候用报告行文，因为报告不需要回复。

三、请示的种类

请示是向上级机关请求指示和批准，所以请示可以分为请求指示性请示和请求批准性请示，简称为求示性请示和求准性请示。

求示性请示是请求上级给予指示，也是给政策、给意见、给办法，给工作的开展给予必要的指导。如，对上级有关方针、政策、指示或法令、法规不够明确或有不同理解，需要上级机关作出明确解释和答复；或是在工作中出现了新情况、新问题需要处理而又无章可循、无法可依，需要上级机关作出明确指示；或是工作中出现一些涉及面广而职能部门无法独立解决的困难和问题，必须请求上级领导，以求得他们的协调和帮助。

求准性的请示则是请求上级同意或批准自己的请求。如，需要请求上级解决本地区、本单位的某一具体问题和实际困难，请求上级给予人、财、物等方面的支持；或是从本地区、本单位的实际问题出发，需要对上级的某项政策或法规、规章作出变通处理，有待上级重新审定明确作答；或是按上级机关和主管部门有关政策规定，不经请示批准，在本级职权范围内无权自行处理的问题。

四、请示的写作

（一）请示格式

1. 标题

发文机关 + 事由 + 文种，如《江西省工商行政管理局关于"非法所得"是否应当减除银行贷款利息的请示》。

2. 主送机关

主送机关需要避免主送个人、越级主送、多头主送和交叉主送的情况。

3. 正文

正文一般包括开头、主体和结尾三个部分，后文加以详述。

4. 发文机关署名、成文日期及印章

在结尾处右下方写上请示单位的名称，在下面一行注明成文日期，并加盖印章。

（二）请示正文

开头：写明请示缘由，即提出请示的原因或理由。缘由必须明确、充分、有力，才有可能得到上级机关的指示或批准。缘由要想写得充分有力，通常需要从必要性和（或）重要性、可行性、效益性三个方面来展开。必要性即紧迫性，就是当前的工作、情况或事实可能导致的后果，重要性就是做好请示反映的某项工作的重要性；可行性指开展某项工作或处理某个问题有哪些有利的条件，如人、财、物等手里掌握的资源，如果存在不利因素，需要提出如何克服困难。如果提出方案，要具体可行；效益性指上级给了指示或批准了以后，带来的收益、效果等。请示的缘由从这三个方面来写，将会具有非常好的说服力。注意要条理清楚，提供的情况真实完整，确凿可靠，提出的建议和设想要符合党和国家的有关方针、政策，要准确具体，切实可行。

主体：写明请示事项，即提出自己明确的要求。这一部分反而着墨不多，但是一定要把请求的内容写明确，如请上级给予资金支持，一定要把数额写清楚，这样上级才能有效地答复给予帮助。我们经常说“文风即政风”，文风体现着工作作风、工作态度，因此，在请示中为了体现出工作的积极主动，还可以提出几种方案，同时摆明理据，恳请上级权衡定夺，给出明确的指示或批准。

结尾：常用固定结语，一般另起一行写。例如，“特此请示，请批复”“当否，请指示”“以上意见如无不当，请批准”等。最好不写“特此请示，请批准”。

概括来说，请示要写得有理、有利、有节。有理、有利是指理由要充分，证据要充分，有节指请示的语气要谦恭，要体现出下级应有的恭敬、礼节。

【例文 5－1】

乌海市海勃湾区人民政府关于紧急调拨救灾资金的请示

海政发〔2018〕113号

市政府：

2018年8月31日至9月1日期间，我区出现暴雨天气，多处气象监测站总降雨量和小时雨量走过历史极值，部分区域受灾严重。按照市委、市政府防汛抢险工作要求，为有力推进全区抗洪救灾工作，切实做好灾后重建工作，恳请市政府紧急调拨救灾资金贰仟伍佰万元整(25 000 000元)。

乌海市海勃湾区人民政府

2018年9月3日

【简析】 该篇请示简洁明了。请示的缘由即受灾事实写得很清楚，请求的内容即要求调拨救灾资金数额更是非常明确。

【例文 5－2】

马鞍山市司法局关于撤销社区矫正局成立社区矫正支队的请示

市政府：

我市社区矫正工作自2006年在全省率先开展以来，在市有关方面的重视支持下，得到了较快发展，为全市社会平安稳定做出了积极贡献。但随着形势的变化，我局现在的社区矫正机构已不适应社区矫正工作的需要。为进一步推进执法专业化、规范化，提升社区矫正工作水平，我们学习借鉴外地先进做法(全省有12个市成立了社区矫正支队，其中有3个市的社区矫正支队为副处级建制)，建议撤销现在的社区矫正局，成立社区矫正支队。具体方案如下：

方案一：成立社区矫正支队，副处级建制。配备支队长一名、政委一名，均为副处级。

方案二：成立社区矫正支队，正科级建制。配备支队长一名、政委一名，二者高配为副处级，或者高配一名副处级。

方案三：成立社区矫正支队，正科级建制。配备支队长一名、政委一名，均为正科级。

从社区矫正工作的专业化和长远发展考虑，我们建议采用第一个方案。同时，建议适当增加社区矫正支队人员编制。

妥否，请批示。

附件：全省各地市社区矫正机构情况统计表

马鞍山市司法局

2017 年 11 月 8 日

【简析】 这篇请示的开头部分，先是采用先扬后抑的写法说明了之前的工作成绩和当前存在的问题，即“我局现在的社区矫正机构已不适应社区矫正工作的需要”，然后是提出自己的建议，即“建议撤销现在的社区矫正局，成立社区矫正支队”，“建议采用第一个方案”和“适当增加社区矫正支队人员编制”。这一篇请示出彩的地方在三个方案。文风即政风，文风即工作作风，发文单位不是直接把问题推给上级，而是积极主动地思考，列出几种方案，请上级帮助自己定夺，并且还提出自己的倾向性意见，即“建议采用第一个方案”。这是很多请示体现不出来的。

五、请示与申请书、议案、提案、(请批)函的辨析

请示、申请书、议案和(请批)函都是向对方请求批准或指示的文书。几个文种行文目的相同，但文种性质、格式、制发者和使用的场合不同。请示、议案和函是法定公文，申请书是非法定公文。作为法定公文，请示、议案和函行文时要有法定的格式，而申请书则需遵循约定俗成的格式。

请示“适用于向上级机关请求指示、批准”，是下级机关在工作中遇到困难，或按规定必须请示才能开展工作时，给上级机关的行文，不可以主送个人。

申请书是个人或集体向组织表达自己愿望、提出请求的文书。申请书在日常生活、工作中使用范围十分广泛，诸如个人申请入党、入团或加入其他党派、群众性组织等，或者申请报考学校，申请某种补助，申请调整住房等，都需要写申请书。

在《人大机关公文处理办法》中，议案“适用于根据法律规定，依据法定程序，提案人向人大及其常委会提请审议的事项”；在《党政机关公文处理工作条例》中，议案“适用于各级人民政府按照法律程序向同级人民代表大会或人民代表大会常务委员会提请审议事项”。这两个议案适用有一个共同特点，即都是围绕人大行文的文种。所不同的是，人大议案的行文主体是多元化的，适用范围广泛；行政议案的行文主体只政府一家，适用范围单一。

与议案相似的文种还有提案。提案通常是政协委员和企事业单位的职工、股份制企业的股东向同级权力机关提出自己意见和建议的文书。个人的意见和建议只能用提案而不能用议案，即使有多人附议也不能更名为议案。议案必须列入大会的议程予以审议，而提案的作用是供有关部门今后决策时参考，有可能被采纳，也有可能不被采纳。因此提案与议案是两种性质不同的文种。

因为都是向受文者提出请求，所以申请书、议案、提案、(请批)函和请示的行文思路是相同的，理由都要充分有力，请求要明确务实，不同的是文书的制发者和受文者。

请批函和请示异同请见本章第三节。

【例文 5－3】

入职申请书

尊敬的公司领导：

我于×月×日面试贵公司的人事助理职位，并进入公司成为一名实习生，很高兴贵公司能给我这个机会，我感到非常的荣幸。作为一名刚从学校毕业的学生，深知自己没有丰富的工作经验，但是我有热情，有信心，能够很快学到东西，认真做好工作，努力积极团结奋进。

我觉得做好这份工作我有以下的几点优点：

1. 乐观向上，做人踏实，思维敏捷，爱好看书看，善于总结，责任感强，适应能力强，工作勤奋，富于创新精神和顽强、执着、永不服输的精神；遇事沉着、冷静；有一定的组织管理能力。

2. 具有良好的组织、策划、统筹以及交际能力，有良好的口才。

3. 具有较好团队合作精神，注重集体利益，能以大局为重；思维活跃、思路开阔、逻辑思维及判断能力较强。

4. 我对工资目前要求不高，我只希望找到一个平台让我施展自己的能力和乐趣，我更希望能在这一阶段努力学习，等有了一定能力，能给公司创造一定的利润时再考虑工资问题，我喜欢平等交换，用我的成绩交换公司的报酬。

这半年的实习工作让我学到了很多，感悟了很多；今后希望能以一名正式员工的身份在这里工作，实现自己的奋斗目标，体现自己的人生价值，和公司一起成长。在此我提出入职申请，恳请领导给我锻炼自己、实现理想的机会。我会用谦虚的态度和饱满的热情做好我的本职工作，为公司创造价值，同公司一起展望美好的未来！

申请人：×××

××××年×月×日

【简析】 这篇申请书是个人向组织提出的入职申请书。该文开头说明申请的缘由以及表明态度。出彩之处是正文主体部分的个人优点的列举，向组织展示了自己的岗位胜任力。结尾明确提出入职申请，并展望未来。行文思路符合申请类文书的思路安排。但语言表达稍有不足，如“努力积极团结奋进”一句词语的盲目堆砌；“我觉得做好这份工作我有以下的几点优点”的重复啰嗦等。

【例文5－4】

关于积极谋划我市地下综合管廊建设的建议

领衔代表：董利娣

地下综合管廊对满足民生基本需求和提高城市综合承载力发挥着重要作用。推进地下综合管廊系统建设，有利于提升城市品质；有利于空间合理有效开发利用，节约城市用地；有利于电力、通信、燃气、给排水等市政设施的维护和检修；有利于节省路面多次翻修费用和管线维修费用；更重要的是有利于民生安全保障，从根本上消除了“马路拉链”、蜘蛛网式架空线等建设问题，以及维修管理带来的一系列扰民问题。

我市2016年就发布了《宁波市地下综合管廊建设实施方案（2016—2020年）》，方案明确了工作目标和主要任务，但在实际开展地下综合管廊建设中，存在三方面问题：一是思想上存在战略意义认知不够和畏难情绪。二是在规划建设上缺少具体实践和经验。地下综合管廊建设在市级层面尚未制定前瞻性、可操作性的专项规划。现有地下空间规划侧重于停车场、商业设施等规划布局。原文化商务区板块虽编制了规划，但缺乏全盘考虑，最终因资金问题未实施。三是体制机制上，缺乏专门的工作机构来统筹协调。

我市明确提出，优化城市空间格局，科学布局城市地上地下空间。加快推进地下综合管廊建设，对提升新型城市化品质显得十分重要和紧迫。为此建议：

一、转变理念，尽早部署。要树立“地下空间也是财富”的理念，克服“小城市不必搞、投资大无力搞、没空间无法搞”的模糊认识。尽早把“地下城市”建设放上重要议事日程。要把推进地下综合管廊建设与重大市政道路建设、地下空间开发利用、轨道交通发展、旧城改造、城市排涝及海绵城市建设等统筹结合，强化人、财、物投入。

二、规划先行，谋划项目。一是深入细致做好现有管线普查。建立完善地下管线信息数据库，整合地下管线综合管理地理信息系统，尽早实现信息共享，为实施管线入廊打好基础。二是加快编制专项规划。按照“先规划、后建设”的原则，统筹各类管线建设需要，加快地下综合管廊建设专项规划编制，落实控制性、修建性详细规划，实施建设项目规划许可。三是建立项目储备制度。组织编制地下综合管廊建设的远期项目建设规划和近期建设项目计划，积极、稳妥、有序推进。

三、有序建设，典型示范。一是合理确定重点区域。按照“新区优先建设、老区结合项目改造”的原则，建议地下综合管廊重点建设区域为：宁波大市新建区域、成片园区开发区域、老城行政商贸中心的旧城改造更新区域。各县市区新建区域是当务之急。要完善地下综合管理廊建设规划，增强规划执行刚性，使其成为我市建设示范区域。二是科学统筹。结合重大道路交通建设规划有序开展地下管廊建设。提前谋划好国道、国道复线等地下综合管廊轴线规划，待条件成熟时组织实施。另外，地下管廊建设中，还要注重与我市城市排涝相结合，兼顾应急排涝蓄水功能。

四、创新管理，力促成效。一是建立健全管理机构。建议市里专门成立相应领导工作机构，明确职责，协调规划、建设和管理等事项。二是创新融资模式。制定社会资本参与的投资补贴、贷款贴息、政府购买服务等扶持政策，引进大型专业化建设企业。抓住国家对地下综合管廊建设大力支持的有利时机，用足用好有关政策，争取国家专项资金。三是强化入廊管理。制定管线强制进入地下管廊的政策文件，积极探索有偿使用制度，健全建后的长效运营管理机制，确保地下综合管廊安全、可靠、持久运行。

【简析】 议案来自宁波市十五届人大四次会议第2号。实践中，“建议”经常被用作议案或提案的文种。该篇议案的结构即行文思路非常清晰，先是论述地下综合管廊的重要性，然后说明该市虽已出台相关文件，但是仍存在诸多问题，“一是……，二是……，三是……”。在问题的基础上，明确提出加快推进地下综合管廊建设具有重要意义，最后是具体的建议。建议部分采用“序号+段旨句+阐释”的形式，每条建议的具体内容又采用分条项的写法，内容丰富、观点明确、结构分明。

【例文5-5】

案　　由：我省精准扶贫工作存在的问题及对策

提交日期：2018-01-26　　　　提案来源：本人撰写

是否调研：是　　　　　　　　界　　别：党派、团体、专委会

提案类别：大类：社会建设领域　子　　类：社会建设领域

建议承办单位

提案者：中国国民党革命委员会陕西省委员会　回复联系人：李××

我省精准扶贫工作存在的问题及对策

当前，全国的精准扶贫工作正在如火如荼地进行当中，面对2020年以前“坚决打赢脱贫攻坚战”的“国考”目标，陕西省面临着比以往更加严峻的“挑战”。尽管近几年来，我省通过产业扶贫、扶贫搬迁、基础设施建设、技能培训、政策兜底等措施，取得了良好的扶贫效果，但我省当前仍有50个县(区)属于国家级贫困县(区)，贫困面大、贫困程度深、致贫原因多，脱贫难度大、脱贫任务重，导致我省精准扶贫工作呈现出较多问题。

一、存在的问题

1. 考核机制不合理

在精准扶贫工作开展中，各级政府每年要应对来自中央以及省内的多项扶贫工作考核。

根据考核指标，每一项考核需要提供充足、详细、纪实的文本资料，因此为了完成这些考核，各级政府需要花费很多时间做大量的“书面”准备工作，导致工作量增加较多。此外，在“扶贫扶志”的政策落实中，多以宣传牌、宣传标语等“表面文章”代替具体工作。同时，所有考核使用同一把“尺子”，没有根据不同地区的实际贫困程度有针对性地制定考核指标。个别地方存在一个干部分包100多户脱贫任务的情况，基层公务员的压力很大。

2. 政策存在“一刀切”现象，缺乏弹性和精准化

很多地方没有根据深度贫困地区与普通贫困地区的实际情况，有区别性地制定政策，存在“一刀切”现象。一方面，陕西省农村医疗保险报销比例高达90%，但对于贫困县而言，地方财政难以配套；另一方面，扶贫搬迁的房屋补贴政策缺乏弹性，限定了农户的房屋改造面积，但实际上对于农户而言，规定面积根本无法满足其储藏需求。

3. 只给政策不给钱，并存在政策“白条”现象

陕西省扶贫政策是省级统领、市县实施的一种体系，省一级医保政策对于老百姓做出的承诺是：每年新合疗（新型农村合作医疗）费用由政府兜底，但是执行到县一级政府，由于贫困县财政收入十分有限，根本无法负担“新合疗”的兜底费用，专项扶贫资金和涉农资金又无法使用。最终导致政策落实打了折扣，更多只付诸“口头”上。如此以来，省级政府只出台政策而不顾基层困难，产生了政策“白条”。

4. 新旧政策有冲突，引发新的“不平衡”

在扶贫搬迁方面，“十二五”“十三五”两个阶段对于移民搬迁的补助标准是不同的，在陕南三地尤为明显。“十二五”的时候，各地给予5万、3万的补助标准，“十三五”的新标准比以往而言补助力度更大，这种差异直接制造了新的不平衡。

现有的扶贫政策使得贫困人口迅速脱贫，但在贫困户与非贫困户之间也造成了新的不平衡。

5. 缺乏“扶志”举措，贫困户不愿意摘“贫困帽子”

陕西省农村贫困人口众多，精准扶贫政策能够解决贫困人口的“燃眉之急”，但扶贫并不等于扶志。我省各个地方不同程度都存在不少有劳动能力的贫困农户完全依靠政府，自身不积极、不主动的情况。目前各地政府并没有通过合适的举措去提升贫困农户主动脱贫的积极性，这很可能是贫困人口再度“返贫”的“隐患”之一。

二、对策建议

（一）制定科学合理的扶贫考核机制

1. 减少“书面”考核工作，多看实际成果。依不同地区设置具有针对性的考核指标。

2. 提高基层扶贫工作者的工资待遇。在干部招考、人才培养等方面多向基层倾斜，充实深度贫困地区干部队伍。

（二）新旧政策平稳过度，因地制宜定政策

1. 开启针对扶贫对象的信息反馈机制，妥善解决因政策变化所带来的矛盾，并尽可能采

取措施去缩小由于政策变化而产生的差距。

2. 对深度贫困县给予更多的政策、资金支持。

（三）建立健全投入机制，拓宽资金渠道

1. 增加并落实对深度贫困地区社会保障与基础设施建设方面的资金支持。

2. 鼓励社会力量积极参与，拓宽各类扶贫项目的资金来源渠道。

（四）构建合理机制，促进贫困人口的脱贫积极性

1. 建立“扶志”工作体系，引导贫困人口形成“劳有所获”的价值观。

2. 宣传更多“勤劳致富”农户的脱贫故事，以地区典型带动扶贫实践。

（五）强化技能培训，引导社会扶贫

1. 引导社会力量加入到培训“扶智”的过程中，让贫困农户具备更多脱贫的技能。

2. 加强与龙头企业等主体的合作，增加贫困农户的社会就业机会。

【简析】 例文来自中国人民政治协商会议陕西省十二届委员会第一次会议提案第1号。标题“我省精准扶贫工作存在的问题及对策”十分明确地概括了提案的主要内容。文章的开头部分即第一自然段，先概述精准扶贫的大背景，然后采用先扬后抑的写法，先肯定陕西省精准扶贫取得的成就，接着一转，指出还存在一些问题，接下来就过渡到了主体部分。主体部分先是问题，然后是对策建议。都采用了分条分项的写法，使得文章的结构非常分明，很有条理。编者以为，不足之处在于对策建议部分不太详细，只是提出了一些大致举措，具体的操作尚待补充完善。

第二节　报　　告

一、报告的性质和适用

报告是法定公文。《条例》规定，报告“适用于向上级机关汇报工作，反映情况，回复上级机关的询问”。作为法定公文，报告用于下级机关向有隶属关系的上级机关行文。“汇报工作，反映情况”通常是主动行文，即按照组织的相关规定，每隔一段时间定期地或不定期地向上级机关报告工作情况。“回复上级机关的询问”则是被动行文，即应上级机关的要求报告某件事或某项活动等的情况。因此，报告既是上级机关了解下情，也是下级机关给上级机关出谋划策的重要工具。

二、报告与请示的辨析

请示和报告都是典型的上行文，但实践中经常被错用，特别是该用请示的时候写报告，甚至出现“请示报告”混用。为了更好地掌握报告的特点和写作，我们必须将二者作个比较。

首先，请示和报告的行文目的不同。请示是请求上级机关帮助解决问题，而报告则是向上级机关汇报情况。因此，两个文种的处理结果也不同。有请示必有批复，而报告则不需要回复。所以如果把需要答复的请示事项放在不需要答复的报告里，则可能石沉大海，有去无回。因为行文目的不同，两个文种的结束用语也不同。请示需要答复，结尾会用期请盼复性的“特此请示，请指示”等结语，而报告不需要答复，所以常用“特此报告”“特此报告，请查收”等作结语。

其次，请示和报告的行文方式不同。一是主送机关有所不同。因为需要答复，请示必须一头主送。报告原则上要一头主送，但如果情况特殊，比如情况重大紧急，如果逐级上报会不利于上级机关及时了解情况，不利于正确决策的，就可以采用多头主送或多级主送的行文方式。二是行文时间不同。请示必须在事前行文，不能先斩后奏。而报告则在事前、事中、事后均可写作，随时汇报情况。

三、报告的写作

（一）报告格式

1. 标题

发文机关＋事由＋文种。有些报告的内容比较紧急，可在标题中注明“紧急”二字，如《×××××关于当前电煤保供形势严峻的紧急报告》。有些是联合向上报告，可在标题中注明“联合”二字。

2. 主送机关

注意不可越级报告（特殊情况除外），不可报告给个人。

3. 正文

报告的正文一般包含开头、主体、结尾三个部分，后文加以详述。

4. 发文机关署名、成文日期和印章

在正文（或附件说明）右下方写明发文机关名称、发文日期，并加盖印章。

（二）报告正文

报告的正文通常采用分层分段式，底层的思路是提出问题、分析问题和解决问题。但不同内容的报告，其正文主体部分的安排有所不同。

开头：报告的缘由。或可概括报告的主要内容，给阅读者总体的把握。或可写明报告的依据，即是为了上级机关掌握情况，或答复上级机关提出的问题等。可用“现将有关情况报告如下”等过渡到主体部分。也可以不写明报告的缘由，直接写作主体部分。

主体：报告的具体内容。在提出问题、分析问题和解决问题的底层逻辑上有不同的结构

模式可供选择。不管是哪种报告，都要脉络清楚，逻辑严密，主次分明。不同类型报告的主体部分写作思路如下。

（1）工作报告的主体部分可采用“过去工作的情况 + 经验和教训 + 下步打算”这一行文思路，即各项工作的进展情况或一些做法，取得的成绩与经验，存在的教训或问题，以及对今后工作的打算、建议等。如果是综合性强的工作报告，在全文结构上既可以按工作事项或工作的进程分成若干部分，逐项地汇报以上内容；也可以将全部工作综合成情况、成绩与经验、问题及教训以及打算与设想等几部分分别来写。

（2）情况（事件）报告的主体部分可采用“情况 + 原因 + 责任和处理意见”的行文思路。先陈述事实，实事求是地将所述情况发生的时间、地点、人物、经过、结果及性质等写清楚。然后是写明原因（主要原因、次要原因，直接原因、间接原因，表层原因、深层原因，主观原因、客观原因等），最后提出相关的处理意见或建议。

（3）建议报告的主体部分可采用“情况 + 原因 + 建议”“情况 + 影响 + 建议”“情况 + 影响 + 原因 + 建议”“情况 + 做法 + 问题 + 建议”等行文思路。先简要陈述事实、介绍情况；然后是分析问题，或查找原因，或指出影响等；最后提出具体可行的建议。

（4）答复报告的主体部分主要包括答复依据和答复事项。答复依据指上级机关要求回答的问题，可简要提及，答复事项则是针对提问所作出的回答。这部分的写作内容应注重针对性，实事求是、认真负责地答其所问，而且有问必答。在具体安排上，可先写依据，然后一并作答；也可边写依据边逐一答复。

（5）报送报告的内容，报送报告的内容和写法极为简便，只需用三言两语直接写明有关情况即可。

结尾：结尾有两种写法，一是根据报告主体的事实或问题提出几点建议或意见后，在结尾写明供领导参考。二是常用的结语作结尾。另起一行写上“特此报告”“专此报告”“特此报告，请查收”“特此报告，请查阅”等。

四、报告与汇报材料的辨析

汇报材料是指下级机向上级机关、部门向领导机关、分支机构向总部、个人向单位汇报本组织、本部门或本人某阶段的工作进展情况或对上级政策、法令的执行情况或交办任务的完成情况的文书。如果是在会议上汇报，则是汇报发言稿。

汇报材料是一个组织开展管理工作中用来推动工作、反映情况、总结经验的重要工具。汇报材料虽然不是法定公文，但在公务活动中使用频率很高。汇报材料可以用正式公文（作为法定公文的附件）报给上级机关，也可以作为口头汇报的依据或参考，还可以作为口头汇报的补充。

作为法定公文的报告和作为非法定公文的汇报材料，区别在于制发者和受文者，以及行文方式不尽相同。报告有法定的行文程序和规范的公文格式，而汇报材料则无法定公文的规范格式，其格式一般包括标题、主送、正文、署名和日期。二者的行文目的和功能相同，都是就某一阶段的工作开展情况，向上传递信息。因此，汇报材料的正文写作思路和工作报告的正文写作思路是一样的。另外，汇报材料很少用来汇报某一单独事件或提出建议，也不用来答复上级询问或报送其他材料等。

【例文5-6】

关于全省防雷减灾安全检查工作情况的报告

省人民政府：

为认真贯彻落实《中华人民共和国安全生产法》《中华人民共和国气象法》《广东省防御雷电灾害管理规定》等法律规章，有效遏止雷击事故的发生，按照省政府的部署，省气象局会同省法制办、建设厅、安监局、消防总队等部门组成全省防雷减灾工作检查组，对全省易燃易爆场所和重点工程项目防雷设施的设计审核、施工监督、竣工验收及定期检测等情况进行了执法检查。现将检查情况报告如下，请审示。

一、检查情况

这次检查分两个阶段进行。第一阶段为8月25日至31日，由各市开展自查；第二阶段为9月1日至5日，由省检查组对全省21个市进行抽查。各级政府对首次开展的防雷安全专项检查都给予了高度重视，迅速部署，精心组织，开展了自查自纠工作。全省各市共组织了106个工作组，抽调了530人参与，历时12天，检查了1 413个重点单位。自查工作规模大，宣传面广，组织有序，工作扎实，收到了良好的效果。

按照要求，省检查组重点对各地完成易燃易爆场所防雷设施的定期检测率、合格率、新建建筑物防雷设施的审核验收率三项指标进行了检查。检查发现，全省各地均比较重视易燃易爆场所各项防雷减灾工作要求，前两项指标完成得比较好。至2003年6月，全省定期检测率为93%、合格率为84%。其中中山、肇庆、惠州、揭阳、珠海、河源等6个市易燃易爆场所定期检测率达到100%，任务完成突出；广州、汕头、茂名等12个市定期检测率达到90%以上，85%以下的有深圳、佛山、东莞3个市。

对新建建筑物防雷设施的设计审核、施工监督和竣工验收工作，各地落实不平衡。2002年1月至2003年6月，全省新建防雷设施的审核验收率为79%。其中中山、佛山、湛江、江门等市落实得比较好，中山、佛山市审核验收率分别达到100%和99%，完成工作突出。湛江、茂名、江门等市的防雷设施设计审核均已进入各级政府的行政服务中心，按照规范审核运作。

二、存在的主要问题

从检查的情况看，各地在易燃易爆场所和新建建筑物防雷设施方面落实规定的总体情况良好，但仍然存在一些问题，个别地区还比较严重。

一是，个别地方政府及相关部门对防雷减灾工作认识不到位，措施不落实。一些地区政府协调力度不够，部门之间缺乏协作和配合，导致部分建筑一直没有办理防雷设计审核，存在安全生产隐患。

深圳、揭阳、汕尾市的新建防雷设施审核验收率仅分别为0.5%和10%，与其他地区相比存在较大差距。其中深圳市一直没有落实《广东省防御雷电灾害管理规定》中关于新建建筑物防雷设施的有关规定。

二是，个别地区的重点工程没有完善防雷设施设计审核便先行开工的现象比较普遍。一些地方政府为加大招商引资力度，促进当地经济发展，对一些大的建设项目采取报建和建设走快速通道的做法，忽略了安全生产的相关要求，没有遵循安全生产"三同时"，即防雷设施与建设项目同时设计、同时施工、同时投入使用的原则，造成安全隐患。如惠州市壳牌石化建设项目、湛江市库容94.5万立方米的重油库建设项目等，均存在上述问题。

三是，防雷减灾的宣传力度不够，防雷知识尚未广泛普及。一些地方政府及部门领导对防雷法律法规知之不多、认识不足，部分企业负责人及有关专业人员对防雷新科技的应用了解甚少，某些群众还以迷信思想看待雷击现象。

三、整改工作建议

（一）提高认识，高度重视

各级人民政府要从实践"三个代表"重要思想的高度，把防雷减灾工作作为切实保护广大人民群众生命和财产安全的大事抓紧、抓好，抓出成效，重视、关心和支持防雷减灾工作，主动协调，督促整改。

（二）健全机制，加大依法行政力度

各级人民政府应全面建立健全防雷减灾机制，培养一支高素质的防雷执法队伍，加大执法力度。鉴于广东雷电灾害的严重性，省政府已于今年2月批准成立了广东省防雷减灾管理办公室。各市也应按照本地的实际情况，参照省的做法，健全和完善相应的防雷减灾管理机制，切实做到事有人管，责有人负，以确保防雷减灾法律法规的贯彻落实。

（三）全面贯彻落实《广东省防御雷电灾害管理规定》，切实抓好防雷减灾工作

为切实减轻雷电灾害对我省经济建设和群众生命财产安全造成的危害，省政府1999年印发了《广东省防御雷电灾害管理规定》（粤府〔1999〕21号），对防雷工作的管理主体、防雷设施的设计审核、施工监督、竣工验收和定期检测等问题均作出了明确规定，各级政府要认真抓好落实。气象部门要加大行政执法力度，法制、安监、建设、消防等部门要紧密配合，严格把关，把防雷设施设计审核书或防雷设施合格证作为施工许可证、消防许可证、验收合格证、房产证等证件发放的前置审批条件之一，使《广东省防御雷电灾害管理规定》真正落实到位。

（四）继续加大宣传力度

各地要通过各种新闻媒体，继续加大对《中华人民共和国气象法》《广东省防御雷电灾害管理规定》等法律规章的宣传力度，不断提高全社会的防雷减灾意识，树立"安全就是效益""减灾就是增效"的观念，使防雷法律法规能够深入人心，确保我省社会经济顺利发展和人民

群众的生命财产安全。

省防雷减灾管理办公室要加强对各市贯彻落实防雷法律法规情况的监督、指导工作，对这次检查中存在严重雷击隐患的单位，要督促当地市政府抓好整改，并把整改结果报省人民政府。

以上报告如无不妥，请转发各地执行。

省气象局

二〇〇三年十月二十一日

【简析】 这是一篇工作报告。开头写明了发文的缘由后，过渡到主体部分。主体部分包含三个层次：检查的情况、存在的主要问题和整改工作建议。结尾部分是对省防雷减灾管理办公室这个责任主体提要求。主体部分的二级层次下，又有三级层次，通过标题或段旨句体现出来。整篇报告行文思路非常清晰，是一篇很好的报告。特别是文章中用到很多的数据，既能充分地说明情况和问题，又能体现出写作者在写作前的工作非常扎实，这种使用数据说明事实的方法，写作前认真开展调查研究收集数据的工作方法和态度，都非常值得我们学习。

【例文 5－7】

铁道部关于193次旅客快车发生重大颠覆事故的报告

国务院：

5月28日16时05分，由济南开往佳木斯的193次旅客快车行驶至沈山线锦州铁路局管辖内的兴隆店车站(距沈阳43公里)时，发生颠覆重大事故。造成3名旅客和4名列车乘务人员受伤，报废机车一台，客车四辆，导车一辆，损坏机车一台，客车五辆、货车一辆和部分线路路岔等设备，沈山下行正线中断运输近20小时，直接经济损失达170余万元。

事故发生后，东北铁路办事处和锦州、沈阳铁路局负责同志立即随救援列车或救护车赶赴事故现场，组织抢救、抢修工作。当地驻军、地方同志及沈阳军区、辽宁省军区有关负责同志先后赶到现场，组织抢救伤员，疏运旅客。我部李克非副部长率安监室和运输、机务、车辆、工务、电务、公安各局负责同志也于当日连夜赶赴现场，指挥抢修工作，调查分析事故原因，慰问伤员，并对省市领导和部队表示感谢。在省市领导和驻军的大力支持下，伤员的抢救和治疗工作安排得比较周密，受伤的旅客和列车乘务人员，除少数送入就近的新民县医院抢救外，其余的均由沈阳市和军队、铁路医疗部门派车接到沈阳，及时得到了抢救和治疗。

经调查分析，造成这次事故的直接原因，是锦州铁路局大虎山工段兴隆店养路工区工人在该处做无缝线路补修作业时，违反劳动纪律和操作规程，将起道机立放在钢轨内侧，撤离岗位，到附近的道口看守房去吃冰棍，当193次快车通过时，撞上起道机，引起列车脱轨颠覆事故。

这次事故是发生在旅客列车上的一次严重事故，又是发生在全国开展的"安全月"活动中，使国家和人民生命财产蒙受了巨大的损失，在政治上造成了极坏的影响，性质是非常严重的，我们的心情十分沉痛。这次事故的发生和最近一个时期安全工作不稳定的状况，说明了我们铁路基础工作薄弱，管理不善，思想政治工作不落实，反映了我们作风不扎实，对安全工作抓得不力，在安全生产中管理不严，职工纪律松弛的问题长期没有得到解决。

为了使全路职工从这起严重事故中吸取教训，我们于5月31日召开了有各铁路局、铁路分局、全路各工务段负责同志参加的紧急电话会议，通报了这次事故，提出了搞好安全生产的紧急措施。要求铁路各部部门、各单位必须把安全工作放在第一位，各级领导干部要树立安全第一的思想，并向全体职工进行安全教育，使每个职工都牢固地时立起对国家、对人民极端负责的观念，认真落实岗位责任制，严格遵守劳动纪律，一丝不苟地执行规章制度和操作规程；各单位要针对近年来新工人比重不断增加的情况，加强对新工人的教育和考核工作，各行车和涉及安全生产的主要工种不经考核合格不得单独作业；对各种行车设备要进行一次认真检查，发现问题立即解决；同时，各单位要切实解决职工生活中应该而且可以解决的问题，解除职工的"后顾之忧"；动员广大职工干部迅速行动起来，以这次事故为教训，采取措施，堵塞漏洞，保证行车安全。

我们在5月份开展的"人民铁路为人民"活动中，要把搞好安全生产作为重点，并在今后当作长期的根本任务来抓。党、政、工、团各部门要从不同的角度抓好安全工作，迅速改变目前安全生产不好的被动局面。

锦州铁路局对这次事故的主要责任者，已按照法律程序提出起诉，追究刑事责任；对与事故有关的分局、工务段领导也作了严肃的、正确的处理。铁道部决定对锦州铁路局局长董庭恒同志和党委书记李克基同志给予行政记过处分。这次事故虽然发生在下边，但我们负有重要的领导责任，为接受教训，教育全路职工，恳请国务院给我们以处分。

铁道部

××年×月×日

【简析】 这是一篇事故性的报告。全文没有一个数字序号，这在篇幅比较长的文书中很少见到的，因为不加序号容易使结构模糊。但这一篇报告则结构非常清晰和有逻辑。文章没有一般文书惯有的帽子式的开头，直接写作主体部分。主体部分包括第二、二自然段的情况说明，第三、四自然段的原因查找，第五、六自然段的采取的做法和第七自然段的责任的归属。

第一自然段和第二自然段是报告事故的情况，又包括三个小层次。第一自然段写明事故的基本情况(什么时间、什么地点、发生了什么事情)和人员伤亡、财产损失的情况；第二自然段则是各方驰援也就是抢救的情况；第三、四自然段是原因的分析。第三自然段说明了这次事故的直接原因，即违规操作所致。第四自然段总共两句话，分为两个小层次，第一句话

(第一个小层次)是这次事故的性质和影响,第二句话(第二个小层次)则是挖掘了这次事故的深层次的原因。接下来的第五、六自然段则是讲述了在前述事故和找到原因之后采取的措施,对各单位在安全生产方面的具体要求。最后一个自然段是责任的归属。整篇文章行文思路非常清晰、有逻辑,值得我们学习。编者以为,从今天的视角来看,如果文中事故发生的时间“5 月 28 日 16 时 05 分”写明具体的年份就更好了。

【例文 5-8】

关于市政协《社情民意》意见建议办理情况的回复报告

贺交发〔2018〕126 号

县政协:

现将银川市政协办公厅《社情民意》涉及县交通运输局意见建议办理情况回复如下:

一、关于在新建中医院附近增设公交线路、公交站点的意见建议。

1. 2018 年 4 月 21 日,银川公交贺兰有限公司新开通 327 路,由贺兰烟草公司开往中国银川国际商贸城,途经贺兰县新建中医院;

2. 计划于 2018 年 8 月底前对 327 路进行车辆加密;

3. 计划于 2018 年 7 月底前新辟 405 线路,由贺兰县欣兰广场开往宁夏中小企业孵化园,途经贺兰县新建中医院,将满足群众就医及太阳城区域居民的出行需求。

二、关于在县新医院增设公交站点的意见建议。目前贺兰县新医院已开通公交 401 线路,银川公交贺兰有限公司将根据客流情况及新能源车辆分配情况,对 401 路进行车辆更换及加密,以解决居民出行及就医需求。

三、关于增加德胜工业园区公交线路的意见建议。目前途经德胜园区的线路有 301 路、311 路、313 路、315 路、317 路、107 路,能够满足周边市民出行需求。

四、关于加强基础设施和交通服务设施建设入手,加速推动贺兰经济融入银川市经济圈,借力快速发展的意见建议。近年来,贺兰县交通运输局不断加快交通基础设施建设,主动融入大银川干线交通网络。

1. 已建成贺兰县至贺兰山路连接线工程,路线全长 3.9 km,路基宽度 24.5 m,采用双向四车道一级公路技术标准。该项目作为贺兰县城南出口同时兼顾京藏高速东出口的主要连接线,缩短了银川市、滨河新区至贺兰县距离,缓解贺兰县与银川市之间的交通运输压力。

2. 实施京藏高速石嘴山(蒙宁界)至中宁段改扩建工程(贺兰段)项目,全长 31.07 公里,沿线经过贺兰县洪广镇、常信乡、宁夏原种场、习岗镇、金贵镇。该工程是国家公路网规划(2013—2030 年)的重要组成部分,该项目的建设将对改善我县交通运输条件,构建内联外通交通运输体系,推动地区社会经济发展具有重要意义。

3. 计划实施109国道改线工程。拟按一级路标准建设。路线起自平罗县姚伏镇南侧约1.5公里处闫家湾子村,与G109线平面交叉,由北向南布设,终点止于贺兰县金贵镇银河三社南侧即贺兰县与兴庆区交界处。该项目建成后将实现贺兰县与平罗县、兴庆区的有效连接。

贺兰县交通运输局

2018年7月17日

【简析】 这是一篇回复的报告。开头一句"现将银川市政协办公厅《社情民意》涉及县交通运输局意见建议办理情况回复如下"即点明原因。主体部分采用分条列项的写法,分别针对不同的建议给出各自的答复,针对性强且眉目清楚。

【例文5-9】

关于报送河北省2014年大气污染防治工作实施计划的报告

环保部办公厅:

根据《关于印发〈大气污染防治年度实施计划编制指南(试行)〉的通知》要求,我办组织编制了《河北省2014年大气污染防治工作实施计划》,并报经省政府同意。现将其报上。

附件:河北省2014年大气污染防治工作实施计划

河北省大气污染防治工作领导小组办公室

2014年7月2日

【简析】 这是一篇载体性报告。内容非常简洁,采用篇段合一的写法,向上级机关报送文件时使用。

【例文5-10】

珠海政企云平台运行情况汇报

珠海政企云平台7月29日正式上线试运行以来,在各区、各职能部门的共同努力下,稳步推进政务信息发布及精准推送、企业诉求提交及办理、融资增信产品推介及对接、服务超市开发及名录整理等工作,取得了预期效果。为进一步做好企业政务信息收集与发布,融资政策传递与对接等工作,加大平台推广与应用,现将有关情况报告如下:

一、政企云平台主要功能及取得的效果

主要功能:平台主要是为全市企业提供政策推送、诉求办理、融资增信、成果转化、服务对接和人才培训等综合服务,更好实现政府与企业互动、线上线下互动、诉求马上就办、服务自由对接等服务。取得效果:平台7月29日正式上线试运行至10月16日止,8个区(功能区)和34个相关职能部门已加入平台,可提供诉求办理后台处理业务;33家金融机构加入投融资增信子平台,上传了企业创业、小微企业、科技金融及常规产品等四类161个金融产品,每天更新当天贴现利率,以变化曲线图表形式在子平台右上角上发布;初始化入库企业52636家,申请激活企业216家;访问量累计58492人次(访问区域包括广东、北京、上海等18个省市、地区和美国、英国等6个国家);628人关注平台微信公众号;发布新闻763条、通知206条、政策措施434条、政策解读152条,企业订阅政策648人次,精准推送政策52639条;企业来电325宗,在线咨询606宗,诉求反映企业11家14条(2条办理中)等。其中采集了包括香洲区的《香洲区中小微企业贷款风险补偿资金管理办法》等47条、金湾区的《金湾区加快推进科技创新驱动若干政策措施》等27条、斗门区的《斗门区先进装备制造业发展专项资金管理办法》等42条及其他功能区各类政策信息在微信公众号和政企云平台上发布。

二、前期重点开展工作

在试运行阶段,平台办公室主要集中精力做好各区、职能部门协调,政务信息收集、整理和发布,系统测试与完善功能,工作人员培训及推广,内部流程制定与优化等工作,保证平台平稳运行。

1. 协调方面

平台管理办公室先后于7月7日、7月22日和9月13日印发了做好平台上线运行相关工作的三份通知,要求各区(功能区)、相关职能部门协助整理政务信息、报送平台工作人员等。目前包括8个区和33个部门报送了工作人员名单。7月28日与人民银行珠海中心支行及市科工信局高新科召开了融资增信子平台协调会,8月9日再次召开了平台管理办公室、市科工信局高新科、人行、市生产力促进中心共同参与的融资增信子平台协调会,重点商谈推进科技金融板块业务开展问题。

2. 信息发布方面

为保证信息的及时性和全面性,平台管理办公室每天安排约9人从包括国家、省和市53个各类目标网站查找有关企业政策政务信息在平台上发布,节假日也照常发布,并力求在上午9时前进行更新,共发布各类信息1555条。

3. 测试与功能完善方面

试运行期间共有59人次对平台运作页面美观性、流畅性、操作功能等方面提出了意见和建议,结合工作人员实际操作中遇到的问题,先后对平台“诉求办理”“融资服务”栏目进行了调整,开发了“服务超市”栏目(于9月25日完成了开发,待测试完毕后投入服务),微信公众号的“深度阅读”栏目也于9月30日开设完毕。

4. 培训与推广方面

就信息收集、整理、查找关键内容、排版、上传发布,企服热线接转、诉求办理与反馈、办结,内部流程管控、协调、数据统计与分析等方面内容开展了共15场内部员工培训活动,组织或参与9场对外宣传培训活动,并与湛江市和佛山市中小企业局开展了交流活动,近期也将与阳江市开展交流。9月22日省中小企业服务中心叶中全副主任带队到中心现场指导平台工作。

5. 流程制定与优化方面

先后制定了政务信息收集、发布，检查标准、共性诉求标准问答收集、发布与检查，诉求预处、处理与反馈标准格式、企服热线与在线客服标准用语、企业用户操作手册、用户注册激活指引等，员工内部管理手册正在制定中。

三、存在问题与下一步工作设想

平台试运行期间，主要是保证平台“跑起来”，侧重于平台运作的平稳性，集中在建立基础政务信息数据库、顺畅处置诉求办理、理顺内部规程等工作。下一步主要从突出平台服务企业功能入手，以信息查询、融资撮合和服务对接为支撑点，以提高激活用户量为重点，逐步提高企业应用面和粘合度。

1. 信息查询

加强各区、职能部门信息的收集、发布和解读，方便企业查阅。除做好日常政策措施收集发布外，更注重关键要点整理、热点推介、政策深度解读、融资对策研讨分析等，把相关信息及时精准推送至定制的企业用户，做到有关企业信息基本可从平台上查找，缓解信息不对称问题。

2. 融资撮合

现全市34家金融机构已有33家在融资增信子平台发布161个各类金融产品，且每天更新贴现利率，方便企业查找和选择，但只实现了线上展示、线下撮合作用，企业应用度不高。拟在11月底前更新企业2016年1—9月获得银行贷款情况，引入部分银行产品平台办理功能，开通企业贷款深度解读分析专栏，引导企业开展现代企业制度建设，建立起企业与金融机构联系渠道，帮助有需要的企业逐步获得金融机构间接融资，做实资本市场直接融资基础。

3. 服务对接

整合金融、法律、财务、人才、培训、技术、检测、信息、物流、供求等各类服务机构资源，10月底前开通“企业服务超市”，建立服务机构数据库，打通服务自由对接渠道，发挥行业协会、商会中介组织作用，探索建立市级企业服务联盟，利用平台专家委员为企业做好诊断和咨询，促进企业健康发展。

4. 激活用户

关注平台微信公众号只可查阅各类政策信息，企业用户激活后可实时接收自己订阅的信息，发布企业简介及供求信息，网上办理诉求，提交融资需求和开展服务对接等。目前只有216家企业进行了用户激活，为更好地提高企业粘合度，实现年底前用户激活量至少为500家以上，与各区进行了沟通，拟于10月下旬至11月底，在各区开展平台应用培训推广活动，发动更多企业关注平台微信公众号和激活用户，扩大平台活跃企业用户量，更好地实现政企互动。

2016年10月17日

【简析】这是一篇汇报材料。根据汇报材料的内容，建议将标题改为“珠海政企云平台试运行情况汇报”。第一自然段即开头部分，概述珠海政企云平台运行的基本情况，以及汇报的目的，进而过渡到主体。主体部分包括“一、政企云平台主要功能及取得的效果”“二、前期重点开展工作”“三、存在问题与下一步工作设想”三部分内容，这一行文思路是可以的，但建议调整为“政企云平台的主要功能”“试运行期间的重点工作和成效”“存在问题与下一步工作设想”。另外，“前期重点开展工作”的具体内容“1. 协调方面”等五个方面的工作，建议将“方面”修改为“工作”，即改为“1. 协调工作”等。“三、存在问题与下一步工作设想”中，“存在问题”即试运行期间存在的问题并不明确，这也是这篇文章的不足之处。“下一步工作设想”的具体内容“1. 信息查询”“2. 融资撮合”“3. 服务对接”“4. 激活用户”则写得非常不错。小标题的拟写准确简练、形式对称，内容详实。

第三节　调 查 报 告

一、调查报告的性质和适用

调查报告是非法定公文，是对客观事物进行实地调查研究后写成的反映客观事物规律的书面报告，是反映调查研究成果的一种文体。报告的写作虽然也是有前期的调查和研究做基础，但调查报告特指工作中根据特定的目的，带着调研任务，采用科学的调研方法，对某一事物、问题或事件进行调查研究后，写作的有事实、有分析、有结论的向领导者或上级组织报送的文书。调查报告可分为应用性调查报告和学术性调查报告。本教材讲解对象是应用型调查报告。

与报告相比，报告是法定公文，是下级机关给上级机关行文，有规范的格式和行文程序。调查报告是以调查工作组或单位或个人的名义向领导个人或上级组织报送的文书，可以直接行文，但没有规定的格式和程序。

二、调查报告的作用

调查报告是实施领导、科学决策的一种重要的工具，在组织管理工作中使用频率非常高。秘书作为领导的参谋和助手，经常会接受领导的任务开展调查研究工作，进而写作调查报告，供领导决策时参考和帮助决策的落实执行。调查报告的作用主要体现为以下几点。

(一) 科学决策的重要依据

没有调查，就没有发言权，更没有决策权。调查研究是科学认识的前提、科学决策的基础、科学发展的途径。调研才能够准确、全面、真实地反映实际情况。通过调查研究，可以了解各方面的基本情况，可以及时发现工作中新情况、新问题，可以真正了解群众在想什么、盼什么、最需要什么，从而为各项决策和工作部署奠定基础。调研工作的质量直接决定科学决策的成效，调研报告质量的高低决定着决策质量的好坏。

（二）落实决策的必要保障

调查报告是进行督促检查的工具，通过调查对领导机关重要决策部署的贯彻执行情况，以及各级领导同志批示、交办事项的办理情况，及时向上报告，来促使、保证决策的落实，以此防止出现执行假象，克服官僚主义和形式主义的不正之风。另外，还可以通过典型经验的调查报告，将工作中比较成熟的做法和具有榜样意义的先进经验，推广到其他地区、其他部门，为其工作开展提供借鉴，通过以点带面，能够很好地推动各地工作的落实。

（三）修正决策的重要手段

决策不可能完美，在执行中，通过调查可以及时掌握决策在实践中暴露的缺陷和漏洞，揭露问题，查找真相，通过调查报告向上反馈，使领导能发现原决策与客观现实之间存在的差异和矛盾，使他们及时采取有效措施，对原决策予以调整、修正，使决策方案日臻完善，更加符合实际情况，顺利地实现预期目标。同时，又能通过调查报告引起有关部门和个人乃至社会的警觉，接受教训，不犯或少犯类似错误。

三、调查报告的分类

（一）基本情况型调查报告

主要用于反映某一地区、某一领域或某一事物的基本面貌，目的在于摸清各方面情况，理清工作头绪，报告全面的、基本的情况，为决策者制定方针政策、规定任务、采取措施提供决策依据和参考。这类调研报告格式常用于向上级报告工作，以及部门和单位领导下基层了解面上情况后所写的调研报告。这类调研报告偏重于反映客观情况，分析研究的成份相对少一些，一般也不要求提出理论性的主题思想。

（二）问题研究型调查报告

这类调研报告可细分为两种：一种是为了研究解决工作中存在的缺点、问题，以及不良倾向等撰写的调研报告，其目的在于揭示问题、反映情况，而不在于追究责任者。另一种是为了处理违法乱纪事件或严重事故等撰写的调研报告，这一类调研报告要查明事实，判断性质，确定影响，剖析成因，分清责任，提出解决和处理的具体意见。

（三）经验总结和评估型调查报告

经验总结型调查报告主要是通过深入分析先进典型案例，提炼出成功的经验和有效措施，从而指导和推动某方面工作。评估型调查报告是对某项工作在开展一段时间以后，为检验其工作成效，展开调查研究。这种调查报告和经验总结型调查报告功能相似，但其有评估的内容。

（四）新现象新趋势型调查报告

这种调查报告是针对工作中、社会中出现的新现象、新事物、新趋势开展调查研究，通过理论研究，揭示其规律性，或以资借鉴，或如何更好地抓住机遇、迎接挑战，或如何进行规范管理。

四、调查报告的写作

（一）调查报告格式

调查报告的格式一般包括标题、主送、正文、署名和日期等。

1. 标题

调查报告的标题写法灵活，有多种形式可供参考。

公文式标题：发文机关＋事由＋文种或事由＋文种，如《甘肃省人大常委会调研组关于我省教育扶贫工作情况的调研报告》《关于食品安全的调查报告》等。

文章式标题：即直接揭示调查报告内容的题目，如《本市老年人各有所好》。

提问式标题：通过提问，引发思考，引起阅读的兴趣，如《人情债何时了》。

正副式标题：正标题揭示报告的主题，副标题说明调查的事由，如《耐心、细心、恒心——××关于加强学生政治思想工作的调查报告》

2. 主送

如果调查报告在本单位内部使用，直接送交领导人或上级部门，则需要写明主送对象。如果调查报告要发出本单位，不论上行还是平行，都不可以直接发出，而必须找载体，因此，就不需要写主送机关。

3. 正文

调查报告的正文一般包括开头、主体、结尾三部分，后文加以详述。

4. 署名和日期

署名要署调查人姓名或调查组名称，并在署名下方注明发文日期。

（二）调查报告的正文

调查报告正文的写作采用分层分段式。

1. 开头

调查报告的开头和报告的开头相比，写法要更加多样灵活。下面介绍几种调查报告开头部分的写法。

概述式开头。这种开头让读者对调查基本情况有所了解，概括叙述调查的背景、意义、目的、时间、地点、调查对象、调查范围、调查人员、调查方式等，从而引出调查的主要内容。如《民办学校、民办幼儿园的调查报告》一文开头："近几年来，民办学校、民办幼儿园蓬勃发展，逐渐形成了公办教育、民办教育共同发展格局，较好地满足了人民群众多层次、多样化教育需要。为深入了解××市民办中小学校、民办幼儿园现状，有效促进民办学校健康和谐发展，根据市政协的统一安排，7月中旬，副主席蔡万高带领提案委员会组成人员及部分政协委员对我市民办学校、民办幼儿园进行了视察。现将情况报告如下。"

提问式开头。这种开头和提问式标题的功能相同，即引发思考和阅读的兴趣。如《物业管理学校办学情况调查》一文的开头："2002年秋季，××物业管理学校招生空前火爆，入学人数很快达到500名，已超过学校容量的极限，只好停招，使得众多学生及家长望校兴叹，为迟到一步懊悔不已。在中等专业学校办学普遍不够景气的情况下，这所学校却异军突起，这究竟是什么原因呢？"

对比式开头。这种开头，通过今昔对比，既能揭示主题，又能激发读者的兴趣。如《穷山沟飞出了金凤凰——夏刘寨村科学发展调查》的开头："夏刘寨村，地处安徽北部平原，距宿州市区30公里，三面环山，交通不便。这里，既无市郊优势，又无产业基础，全村600余口人，人均只有4亩耕地、16亩荒山，1999年人均收入才600元，是一个典型的贫困村。如今，夏刘寨村已成为科技农业示范园、绿色食品生产示范基础，成为环境优美、规划科学的新型集镇。2006年，全村人均收入超过4000元。"

2. **主体**

不同类型的调查报告，其正文的行文思路有所不同。

基本情况型调查报告的主体。前言一般是介绍调查的缘由、目的、时间、地点、范围和方式等。由于这类调查报告的内容涉及面一般都比较宽，因此，主体或可采用横向结构，如综合反映一个地区的情况，可从经济建设、政治建设、文化建设、社会建设、组织领导等若干方面来撰写。或可采用纵向结构，如反映某一方面的情况，则可分为基本概况、主要成绩、突出问题等若干层次。

问题研究型调查报告的主体。这种调查报告的标题往往多采用揭露式的，有的标题甚至还带有一定的感情色彩，如《主城区违法建筑触目惊心》这一标题，不仅表明了调查报告的主旨，而且也表明了作者对这一问题的态度，能够起到强烈的警示与提示作用，吸引读者的注意。主体部分的写作如前所述，行文思路基本是：查明事实、判断性质、确定影响、剖析成因、分清责任、提出解决和处理的具体意见。

经验总结型和评估型调查报告的主体。主要包括基本情况、主要做法、成效影响、经验体会、存在问题、下步建议等。其中，写具体做法要突出特点、亮点，体现出"人无我有，人有我优，人优我精”；写影响成效不能以自我评价为依据，要有领导、媒体、群众的评价，注意分寸，不要溢美。写经验体会要作理论提升，要着眼本质和规律，调查报告的高度主要在这部分体现；下步建议可体现推广应注意的问题等。

新现象新趋势型调查报告的主体。这类调查报告在于一个“新”字，要写引人注目的新现象，指出新现象产生的背景，也就是说要指出它是在什么样的环境和条件下产生的，经历了什么样的发展过程，遇到了那些矛盾、困难和问题。要判明新现象新趋势的性质和特点，指明其作用和意义，面临的机遇和挑战，以及如何抓住机遇迎接挑战（提出思路或具体的建议）。

3. **结尾**

调查报告的结尾可概括总结，可提出希望，也可指明发展趋势；如果主体已经写充分，也可无结尾。

五、调查报告的写作要求

（一）必须掌握科学的调查方法

真实的、丰富的材料是调查报告的生命。掌握科学的调查方法是秘书人员写作调查报告的基本功。秘书人员要熟练掌握调查工作的理论和方法，了解调查的主要类型，通过文献法、观察法、访问法、问卷法等各种方法来收集材料。材料越多，越了解情况，越能写好调查报告。

（二）必须进行科学的研究

调查报告不是材料的堆积、情况的汇总，而是进行科学分析后得出正确的结论，形成观点，找出规律。写作报告之前的研究是对获得的材料进行去粗取精、去伪存真、由此及彼、由表及里的分析研究。具体说，就是把材料进行梳理，把零散的东西系统化，把感性的东西理论化，把表面的东西实质化，弄清事物的内在联系，探求事物的本质和发展规律。

（三）必须突出重点、特点、亮点

文章写得平铺直叙，一二三四，面面俱到，似乎什么都涉及了，但又什么也没有说清楚。这是调查报告写作初学者的尴尬。因此，一定要根据调研事项和意图，合理有效地强调重点、突出特点和亮点，不要面面俱到、事无巨细。要围绕领导关心的事项开展调查研究写作，要围绕本地区、本单位年度重点及中心工作开展调查研究写作，要选择群众关心的热点难点问题开展调查研究工作。

【例文 5-11】

关于我省农村劳动力技能培训转移就业工作存在问题及整改情况的调研报告

2010 年 11 月,省人力资源社会保障厅就我省农村劳动力技能培训转移就业工作组织有关专家开展了专项调研。调研组认为,当前,我省农村劳动力培训转移就业工作在助推产业转移升级上取得一定成效。同时,面临的形势和环境正在发生深刻变化,受人口红利减少、企业转型升级步伐加快、劳动关系复杂多变等因素综合影响,各地也存在一些须引起重视和改进的问题。

一、存在的主要问题及原因分析

普遍存在 10 个方面的问题:农民工综合服务中心功能不健全;农村劳动力转移就业职业技能培训示范基地建设缺乏地方财政资金支持;农村劳动力资源普查工作不深入;职业技能鉴定及考评员管理不够规范;农村劳动力培训台账不健全;未严格按规定审核申领农村劳动力培训转移就业专项补助资金;未落实鼓励企业招用本省或本地农村劳动力办法和奖励制度;未很好落实优秀农民工入户政策;全社会非农就业比重较低;农村劳动力转移就业不够稳定。

造成上述问题的主要原因:

(一) 重视程度不够。部分市没有把农村劳动力技能培训转移就业工作摆在突出位置,没有把这项工作当作推动产业转型升级和转变经济发展方式的内在需要来对待,工作的主动性不够,责任感不强,组织领导水平不高,没有充分发挥政府引导农村劳动力有序转移的作用,在一定程度上影响了工作效果。

(二) 基础能力欠缺。大部分市农村劳动力资源普查工作未能深入开展,农村劳动力可转移数、在岗农民工数以及农村劳动力培训转移就业需求数不清。农村劳动力培训基地建设滞后,粤东西北欠发达地区普遍存在培训基地建设投入不足、设备陈旧,培训层次不高等问题较为突出。基层人力资源社会保障机构不健全,设备简陋、事务繁杂(工作人员大多身兼计生、社区管理等工作),影响了基层工作人员工作效率。

(三) 政策导向不足。一是培训补贴偏紧。2009 年,大部分市按照人均 1 400 元的标准拨付补助资金,除去职业介绍、职业技能鉴定等补贴后,培训补贴大约只有 1 000 元。二是补贴范围过窄。现行政策规定农村劳动力必须考取职业资格证书才能获得补贴,同时只能享受一次培训补贴,将很多急需提升技能的在岗农民工排除在外,导致符合申领条件的学员比例偏低,而培训机构的培训成本偏高,影响了培训的积极性。一些培训机构只开展计算机录入、餐厅服务员等低成本培训项目。农村劳动力培训转移就业组织实施经费不足,影响了基层工作人员积极性。三是农村劳动力转移就业不够稳定,个别劳动密集型企业员工年流失率高达 40%,制约了全社会非农就业比重的提高。四是优秀农民工入户城镇政策推进力度不大,全省 2009 年仅有 6490 名优秀农民工入户城镇,其中汕尾、肇庆不足 10 人、清远无人入户，导致有关考核指标扣分较多。

（四）指导监督力度不足。部分市未按要求对行政区域内工作人员开展农村劳动力培训转移就业政策培训和日常业务指导，导致基层工作人员对政策理解不够到位，对业务知识不够熟悉，未能严格按规定开展工作。对农村劳动力培训、职业技能鉴定等关键环节的监管不够有力，没有很好落实培训、职业技能鉴定机构的退出机制，导致培训质量不高，没有很好发挥资金的使用效益，一些地方出现不按制度规定核实申领补贴资金的问题。

二、整改情况

针对以上问题，各市认真研究和落实工作改进措施。2010 年 11 月，省人力资源社会保障厅在对 21 个地级以上市书面调研的基础上，重点对 2009 年已达标但排名靠后的市进行了实地调研。从调研情况看，各市整改工作取得了良好效果。

（一）组织领导水平有提升。针对 2009 年考评中发现的问题，各市高度重视，认真研究制订整改方案。清远市组成了以市领导为组长的专责领导小组，全面负责农村劳动力培训转移就业专项补助资金检查与整改措施落实工作。肇庆市将落实农村劳动力培训转移就业工作的相关整改措施列为市政协重要提案进行督办。汕尾市人大五届三次会议决定，将农村劳动力培训转移就业工作列入"砍尾"行动纲要，明确该市劳动和社会保障局每个班子成员挂驻一个县（市、区），负责督促检查指导该地农村劳动力培训转移就业等工作。

（二）工作基础有所夯实。各市更加注重加大财政投入，提高培训能力和转移就业服务能力，调动农村劳动力参加培训的积极性。清远市无偿划拨 19.1 公顷土地，加大资金投入，建设农村劳动力技能培训转移就业基地；开展全市农村劳动力资源普查，信息网络联通至村（居）劳动保障服务站，实现数据的动态管理。肇庆市加强乡镇级农村劳动力培训基地建设，建立广宁县古水等乡镇农村劳动力培训转移示范基地，促进农村劳动力转移就业。汕尾市投入 700 多万元为市级职业技能鉴定机构购置职业技能鉴定设备、设施，提高职业技能鉴定能力。

（三）监督管理有所加强。2010 年 7 月 20 日，省人力资源社会保障厅、财政厅出台了《关于进一步明确农村劳动力培训转移就业有关问题的通知》（粤人社函〔2010〕2503 号），实施培训分类补助办法，提高适应产业发展需求的职业（工种）的补贴额度，鼓励培训机构开展高端培训，同时对农村劳动力培训、鉴定、信息录入、资金申领等关键环节的监管问题进一步明确和细化，要求各地切实加强监管，确保资金安全。各市根据省的政策文件精神，及时出台配套政策，制定落实培训分类补助办法，提高培训层次和质量。各级财政、人力资源社会保障、审计等部门加大农村劳动力培训转移就业监督力度，不定期开展专项监督检查，通过改造升级信息系统、完善考核验收办法等措施，防止弄虚作假、违规违法行为。

（四）农民工入户城镇步伐有所加快。各市认真贯彻落实省政府《关于开展农民工积分制入户城镇工作的指导意见》（粤府办〔2010〕32 号）精神，出台本地农民工积分制入户城镇实施意见和具体操作办法，加大政策宣传力度，引导农民工有序落户城镇、融入城镇。清远市在《广东省农民工积分指导指标分值表》的基础上增加居住、就业、投资、纳税的自定指标，放宽条件，降低入户的门槛，吸引农民工申请积分制入户。肇庆市完善农民工积分制入户城镇有关配套政策，对农民工子女实行"保入学"、"保免费义务教育"；将农民工住房问题纳入城镇住房保障建设规划，明确符合条件的外来务工人员家庭，可以申请购买经济适用房，农民工在城镇购建房的，可优先入户城镇。汕尾市及时分解下达农民工积分制入户城镇指标，广泛宣传政策，取得积极效果。2010年，清远、肇庆、汕尾市农民工积分制入户城镇分别达3049人、7579人和5349人，均超额完成计划目标任务。

【简析】 这是一篇问题研究型调查报告。其标题采用公文式标题，事由概括了文书的主要内容。就正文写作来看，全文包括开头和主体两个大层次。开头说明发文的背景和概述基本情况。主体部分包含问题及原因分析和整改情况等二级层次。从标题可见，该调查报告主要谈问题和整改，因此，虽然开头部分有谈到"我省农村劳动力培训转移就业工作在助推产业转移升级上取得一定成效"，但主体部分未涉及，而是将问题和原因分析、整改成效作为重点来写。

【例文 5－12】

二〇一八年小麦拔节期考察报告

为及时准确地掌握小麦生长状况，为小麦中后期管理提供依据，4月5日至8日技术站组织本站及基层区域站技术人员对全市麦田苗情、墒情进行了拔节期考察，现将考察结果分析总结如下：

一、考察结果

1. 苗情

小麦拔节期苗情统计表（略）

2. 墒情

小麦拔节期墒情统计表（略）

全市小麦播种面积38万亩。其中一类麦田10.6万亩，占麦田总面积的27.9%，比去年减少23.2%；二类麦田18.3万亩，占麦田总面积的48.2%，比去年增加10.6%，三类麦田9.1万亩，占麦田总面积的23.9%，比去年增加12.6%。

总体来说，苗情较去年差。1. 全市麦田长势较差，一类苗面积减少，二三类面积扩大，群个体差距较大。2. 小麦进入拔节期，气温波动较大，不利于小麦的生长发育。加之部分农户对麦田采取"一刀切"管理，导致弱麦疏于管理，因此群个体发育差。3. 墒情较去年同期稍差，据气象局记载，我市从小麦返青至今降水仅有5.2毫米，个别未浇春一水的麦田，墒情差。

二、形成今年小麦苗情、墒情的主要原因

1. 播期分散，晚播麦面积大，出现“土里捂”，不利于小麦生长。

小麦播种期内 10 月 7—10 日连续降水 93.4 毫米，田间土壤湿度大，影响秋收秋种进度，致使我市小麦播期分散，播期普遍推迟。播期偏晚，土壤湿度偏大，是今年小麦苗情较差的主要原因之一。

2. 冬前积温少，单株分蘖少，不利于小麦生长。

据气象局记载：十月份平均气温 13.4℃，比去年同期(14.4℃)偏低 1℃，较历年平均值(13.8℃)低 0.4℃。冬前积温(9 月 28 日至 11 月 17 日)为 604.2℃，比去年同期(642.6℃)减少 38.4℃，比历年(606℃)少 1.8℃。10 月 17 日至 11 月 17 日，积温为 411.7℃。按气象条件分析，小麦进入越冬期时间较去年早两天，11 月 18 日基本停止生长。因此，冬前积温少，单株分蘖少，小麦苗情较差。越冬期间无极冷天气，大部分带绿越冬，无冻害发生。

3. 春季气温波动幅度较大，不利于小麦的生长发育。

据气象局记载：4 月 5—7 日，小麦陆续进入拔节期，气温持续降低至 2℃以下，最低温度达到零下，部分地段出现晚霜冻害，小麦苗情比去年差。

4. 未浇春水麦田墒情较差，不利于小麦生长。

由于播种较晚，总体苗情较弱，加之进入越冬期至今降水量 8.5 毫米，个别未浇水麦田墒情差，不利于小麦生长。

三、麦田管理意见

小麦中后期管理要以保根护叶，延长植株功能为中心，以防病虫、防干热风为重点，以科学运筹肥水、叶面补充营养为手段，以达到“稳穗增粒，提高产量”的目标。

针对今年小麦当前的苗情、墒情及天气特点，提出当前麦田管理意见如下：

1. 科学运筹中后期肥水。对于未浇春水的麦田应及早浇好拔节水，随水亩施尿素 15—20 公斤，磷肥不足地块，可补施磷酸二铵 5 公斤。孕穗期是需水临界期，4 月底 5 月初浇好孕穗—开花水。高产麦田提倡分次施肥，第一次浇水追施 80%左右，第二次浇水追 20%左右，注意第二次追肥应在开花前进行，开花后不再追肥，以防贪青晚熟。灌浆期是需水最多时期，要酌情浇好灌浆水，在浇过挑旗水或开花水的基础上，一般不用再浇水。如麦田墒情较差可浇小水。一般要避免浇麦黄水。

2. 及时中耕、促控结合，防止倒伏。未封垄的麦田要及时中耕锄划、保墒；已封垄的麦田需控制水肥，后期浇水，注意大风天不浇水，施肥以叶面喷施 P、K 肥为主，防止后期倒伏。

3. 加强病虫草害监测，适时防治。拔节后各种病虫害会相继发生，近期我市随着气温和地温快速回升，吸浆虫即将进入化蛹盛期，吸浆虫为害期有可能比去年提前。预计中蛹期防治适期为 4 月 21—25 日前后。另外对麦蜘蛛、麦蚜、白粉病和锈病等病虫害也要密切关注，达到防治指标的麦田要及时用药防治。同时及时拔除田间杂草，带出田外销毁。

4. 搞好“一喷综防”。小麦生长后期，为预防脱肥早衰，延长灌浆时间，稳定小麦粒重，搞好“一喷三防”技术。在开花至灌浆期使用杀虫、杀菌、植物生长调节剂、微肥等混合喷打，达到防病虫、防干热风，防早衰，增粒重的目的。

【简析】 这篇报告开头部分简要说明了写作报告的缘由，即过渡到主体部分。主体包含三个部分内容，考察结果、主要原因和麦田管理意见呈现了提出问题、分析问题和解决问题的思路。主体部分的二级层次下又有三级层次。整篇文章数据详实、内容鲜明、层次清晰，值得学习。建议将四个原因改写成段旨句，同时将重复的“不利于小麦生长”等语句删除，如改为：“1. 播期分散，晚播面积大，出现‘土里捂’。小麦播种期内 10 月 7—10 日连续降水 93. 4 毫米，……”

第四节 函

一、函的性质和适用

函是法定公文。《条例》规定，函“适用于不相隶属机关之间商洽工作、询问和答复问题、请求批准和答复审批事项”。

函适用于不相隶属机关之间行文，是典型的平行文，所以函的使用频率很高。函的发文机关不受级别高低、单位大小的限制。上至最高国家机关，下至基层组织、企事业单位、社会团体均可发函。不相隶属机关（包括不在一个组织系统没有隶属关系的机关和同一系统的平级机关）之间，需要商洽、询问事情或请求批准，都要考虑使用文种函。

在法定公文中，除了函可以平行，通知和通报也可以平行。但通知作为平行文，其适用事项和函的适用事项是没有交叉的。通知适用于“发布、传达……有关单位周知的事项”，所以需要不相隶属机关知晓或执行的应该用通知，而函则是商洽、询问或请批。通报用作平行文的时候，其适用事项是非常明确的，即表扬批评、传达精神和重要情况。

二、函的种类

从不同的角度，可以对函进行不同的分类。

（一）按格式可以将函分为公函和便函

1. 公函

用于机关单位正式的公务活动往来，发文机关必须具有发文主体资格。平行文有特定的信函格式，公函必须按照国标的要求，有规范的格式。

2. 便函

作者资格要求与法定正式公文相比不很严格，内设机构、临时机构甚至个人也可以因需要制发便函。格式要求宽松，机关专门的便函条、没有红头格式的白纸均可使用。便函只有询问答复、解释说明、联系沟通某具体事项等特定效用。

(二) 按行文目的可以将函分为商洽函、询问函、请批函和答复函

1. **商洽函**

商洽函是不相隶属的机关之间商洽工作、联系有关事宜的函。这种函的使用频率最高，如商调函、邀请函等。

2. **询问函**

询问函是向不相隶属的机关询问有关政策、工作情况或某一问题的函。

3. **请批函**

请批函是指向具有审批权力的无隶属关系的有关主管部门请求批准开展某项工作或请求某种支持的文书。如某企业要建房，就需要用函请求政府主管部门的同意。

4. **答复函**

答复函是对商洽函、询问函和请批函答复的函。这种函是复函，那么前三种就都是去函。

三、请批函和请示的辨析

1. **行文对象有别**

请示是下级机关向上级机关行文，是典型的上行文；而请批函是不相隶属机关之间行文，是典型的平行文。

2. **作用功能不同**

请示通常是下级机关在工作中遇到困难，无力解决时，请求上级机关的帮助时行文。请示既可用于请求批准，又可用于请求指示。而请批函则是根据国家的法律法规或相关的规定，必须经相关主管部门审批同意方能开展某项工作时行文。

3. **内涵不尽一致**

请示中需要体现下级机关工作的主动性，所以提倡摆出多种方案，请上级机关定夺。而请批函则是根据相关的规定，提出自己的要求即可。

4. **复文文种不同**

请示必然有批复，而且在批复中，为了使下级机关更好地开展工作，上级机关可对请示事项的重要性或紧迫性进行阐释，或如何开展工作提出要求。请批函的复文仍然是函，复函往往也会就受文方如何更好地开展提出一些方法和要求。

四、函的写作

（一）函格式

1. 标题

规范的法定公文式写法，发文机关+事由+文种。

2. 主送机关

函的受文对象一般明确、单一，所以多数函的主送机关只有一个。但有时涉及多部门，会出现多个主送单位的情况，这就要求主送机关一定要明确、具体，切忌使用不明确的概括性语言。

3. 正文

函的正文一般包含开头、主体、结尾三个部分，后文加以详述。

4. 署名和成文日期

在正文右下方署上发文单位名称、发文日期，并加盖印章。

（二）函正文

通常采用分层分段式。但如果有的函内容非常简单，可以采用篇段合一式。

开头：开头部分主要说明发文的背景、缘由等，即为什么去函商洽、询问、请求批准，要写明理由、依据等，特别是请批函的理由要充分。复函的开头写法同批复开头写法，需引述对方来文的标题、发文字号或主要内容，然后用过渡语“经研究，答复如下”“现就有关问题函复如下”等过渡。

主体：主体部分需说明商洽、询问或请求批准的具体内容。如果是答复函，要写明回复的内容。请批函的回复要把批准与否写清楚。总之，这部分要明白、具体，以便受文者准确了解意图。

结尾：结尾部分一般用上固定结语，如“特此函商”“特此函询”“盼复”“望函复”“请即复函”“请批准”“特此函复”“此复”“诚请大力支持并函复为盼”等。

写作函时，要注意语气应礼貌、诚恳，要掌握用语分寸，体现出诚恳合作、平等待人的态度，切忌使用生硬、命令性的语言。如是复函，则态度要明朗，语言要准确，切忌模棱两可、含糊笼统。

【例文 5-13】

关于借用贵馆场地举办春季运动会的函

某市体育馆：

为响应国家积极开展全民健身运动号召，增强小学生身体素质，我校定于 2019 年 3 月 5

日至3月6日举行春季运动会。由于我校场地较小，无法保证运动会各个项目顺利开展，特向贵馆借用场地。借用场地时间为2019年3月5日至3月6日。

此外，由于我校体育教师较少，运动会比赛涉及裁判员的项目可否为我校安排部分裁判员？

请大力支持并函复为盼。

向阳小学

2019年2月29日

【简析】 这篇商洽函的开头十分简洁地写明发文缘由，直陈其事，没有讲过多的道理，更没有转弯抹角。主旨也非常鲜明，即借用场地，“借用场地时间为2019年3月5日至3月6日”。另有请求安排部分裁判员一事。虽然是两件事，但两件事紧密关联，不违反一文一事的原则。结尾部分“请大力支持并函复为盼”，用语恳切，措词得体，使得收文单位乐于接受其请求。

【例文5-14】

卫生部办公厅关于食品添加剂可溶性大豆多糖执行标准有关问题的复函

卫办监督函〔2012〕675号

质检总局办公厅：

你局《关于请明确食品添加剂可溶性大豆多糖执行标准有关问题的函》(质检办食监函〔2012〕263号)收悉。经研究，现回复如下：

我部于2008年公布了食品添加剂可溶性大豆多糖的质量规格要求(2008年第13号公告)。《可溶性大豆多糖》(LS/T3301—2005)规定了可溶性大豆多糖的质量规格要求和检验方法，其质量规格要求与我部公告内容相同。因此，在食品安全国家标准《食品添加剂可溶性大豆多糖》公布前，《可溶性大豆多糖》(LS/T3301—2005)可作为食品添加剂可溶性大豆多糖的执行标准。

专此函复。

卫生部办公厅

2012年7月26日

【简析】 这是一篇答复函，和批复的写法几乎一样。开头的引据部分很规范，“你局《关于请明确食品添加剂可溶性大豆多糖执行标准有关问题的函》(质检办食监函〔2012〕263号)收悉”。然后过渡到主体。主体部分的意见非常明确。最后加上一个“专此函复”的结语，整篇答复函结构完整，语言简练。

【例文 5-15】

市安委办关于安全生产专项整治督导发现隐患问题的督办函

盐田区人民政府，市交通运输委、住房建设局，市轨道办，市地铁集团：

4月12日上午，庆生副市长带队，市规划国土委、公安局、住房建设局、城管局、市场和质量监管委、安监局、公安交警局、公安消防监管局和地防办相关负责同志及安全生产技术专家参加，对盐田区安全生产专项整治工作进行督导，先后检查了盐田国际集装箱码头公司危化品堆场、中青路边坡整治工程和地铁八号线海山站建设工地。现就检查中发现的隐患问题督办如下：

一、盐田国际集装箱码头危化品堆场

《起重机械安全规程》(GB6067—2010)4.1.1规定："吊运熔融金属或其他危险物品的起升机构，每套独立驱动装置应装有两个支持制动器。"建议盐田国际集装箱码头有限公司明确界定具体从事危险货物吊运的起重机械，并按照国家强制标准要求，配置双制动器，定期检查和更换传动齿轮。请市交通运输委和盐田区督促企业落实安全生产主体责任，认真整改安全隐患，并举一反三，及时排查类似问题，确保港口安全。

二、中青路提升完善边坡工程

该边坡治理项目主体建设基本完成，建议在雨季来临前完工，并在治理完成后设置边坡警示标识，确保标识明显可见。

三、地铁八号线海山施工站

地铁八号线相关施工报建手续不全，目前市住房建设局仍未介入监管，施工工地缺乏来自政府层面的工程质量监督和安全监管。请市轨道办、市地铁集团加紧完善八号线及其他轨道交通工程报批报建手续，尽快报送相关部门审批；对于已开工的建设项目，请市地铁集团高度重视，督促施工方严格把控安全质量关，建议市住房建设局提前介入监管，确保地铁工程施工安全可控。

相关隐患整治情况，请于4月30日前报我办。

根据市领导指示精神，在落实以上督办事项的同时，对下一步安全生产专项整治工作提出以下建议：

（一）全面系统评估排查风险。要按照全市安全生产专项整治行动的总体要求，进一步加强风险动态评估，全面系统地评估排查辖区各类事故风险，进一步查找风险管理治理的空白和短板，及时发现和消除新增风险。

（二）突出重点，精准发力，分层级治理。要结合辖区和部门实际，在全面排查基础上，重点治理较高等级风险尤其是容易引起群死群伤、危害程度大、影响面广的风险。要摸清风险源、风险点，找准关键原因，采取果断措施，发现问题立行立改，举一反三，精准施策、精准发力，分类分级治理，确保整治工作取得实效。对安全隐患不明显、未纳入专项整治行动计划

的生产经营单位和场所,要加强巡查管控,避免“想不到”的情况发生

（三）建立完善风险隐患治理台账。对每一处风险源点,要列明隐患的种类、地点、危害程度、风险等级、整改责任单位、措施、时限、资金及应急处置预案等,建立完善台账,实施项目化管理,做到发现一个、消除一个、销号一个,实现闭环管理和全过程监控。

（四）进一步加大执法力度。要运用法治思维和法治方式推进专项整治工作深入开展,进一步加大对非法违法行为的惩处力度,更加注重对非法违法企业责任人的行政、刑事等责任追究,提高其违法成本,切实增强安全生产行政执法工作的惩治力和震慑力。

（五）全面加强专项整治督导工作。加强对专项整治工作的宣传引导,对好的典型要及时总结并加以推广,对差的典型要予以曝光,营造有利于整治工作的良好氛围;加强对整治工作中共性问题的发现提炼和研究解决,及时发掘推广整治工作亮点经验,加大科技创新的推广力度,推动整治工作深入开展;加强制度建设,更加注重从源头治本角度推进整治工作,有效控制新增风险,推动整治工作规范化;加强对本辖区整治工作的督促指导,采取飞行检查、交叉检查、暗访暗查和”回头看”等方式,确保整治工作落到实处。

此函。

深圳市安全管理委员会办公室

2016 年 4 月 18 日

【简析】 这是一篇深圳市安全管理委员会办公室发往不相隶属机关,要求对方排除隐患的函。建议标题中的发文机关与落款保持一致,即以深圳市安全管理委员会办公室的名义发文,同时建议标题中的“督办”二字调到事由,可改为《深圳市安全管理委员会办公室关于督办安全生产专项整治督导发现隐患问题的函》。这篇函的行文思路很清晰。第一自然段即开头部分说明发文的背景,然后是“现就检查中发现的隐患问题督办如下”过渡到主体部分。主体部分包括两部分内容:一是存在的三处安全隐患,然后使用一个小的过渡段引入主体的第二部分;二是对下一步安全生产专项整治工作提出的建议。特别是主体部分的分条分项写法,使得这篇函结构分明、有条理,很值得学习。建议将文中“相关隐患整治情况,请于 4 月 30 日前报我办”一句调整为文章的结尾句。

【思考题】

1. 请谈谈请示和报告的异同点。
2. 请谈谈如何把请示的理由写得充分。
3. 请辨析请示和申请书。
4. 请辨析请示和请批函。
5. 请辨析报告和调查报告、汇报材料。

第六章

知照性文书写作

第六章 知照性文书写作

本章概述

文书是信息的载体，虽然所有的文书在组织的管理活动中都发挥着传递信息的作用，但有些文书在组织内信息传播和组织外信息传播中，其沟通交流信息的作用特别突出，如法定公文中的公告、通告、公报、通知、通报、报告等，非法定的宣传稿、倡议书、公开信、启事、海报、消息、简报等，其突出特点是晓谕性，以宣传、告知各类信息为主要目的，有时也要求遵照执行。信息是管理的灵魂，在管理工作中，这几种文书的使用频率很高。

在组织内纵向（上下级）或横向（平级或不相隶属）传达信息的文书，告晓性质突出的文书有通报（下行或平行）、报告（上行）、消息和简报（组织内传达信息时使用）等。向组织外发出信息，以求得社会相关群体的知晓、协同、配合和执行等的文书可称为大众传播类文书。宣传稿（宣传材料）、倡议书、公开信、启事、海报等和通告、公告、公报的功能相似，但语体色彩有异。启事、宣传稿（宣传材料）、倡议书、公开信的语体更多体现出宣扬、倡导鼓励的性质，更易于社会公众的理解、接受和配合，而通告、公告等法定文书的语体色彩则比较严肃、强硬。故而要想取得更好地传达效果和管理效果，对于国家机关来说，可将通告和启事、宣传稿（宣传材料）、倡议书、公开信等结合起来用，共同发挥不同的作用。简报是组织内沟通情况、交流信息的重要文书。随着网络普及，组织的网站上也会发布与本组织有关的消息等，这些也是秘书人员要掌握的文书。

学习目标

1. 有效辨析公报、公告与通告三个文种，掌握通告的写作。
2. 理解公报、公告、通告和宣传稿、倡议书、公开信的异同，掌握宣传稿、倡议书、公开信的写作。
3. 掌握启事、海报的适用，掌握启事、海报的写作。
4. 掌握通报的分类及不同种类通报的写作。有效辨析通报、通告和通知三个文种。
5. 理解消息的特点、分类，掌握消息的写作。
6. 理解掌握简报的性质、分类、格式，掌握编者按的分类，掌握简报稿和编者按的写作。

重点难点

重点：

1. 实践中为达到有效的管理目的，要能正确地选择传播类文书的文种。
2. 掌握通告、宣传稿、倡议书和公开信的写作。
3. 掌握通报和简报的写作。

难点：

宣传稿、倡议书、公开信、启事、海报等和通告、公告、公报的功能相似，写作时的难点在于不同文种的语言表达，以使其体现出不同的语体风格。

第一节　公报　公告　通告

一、公告、公报、通告的性质及适用

公告、公报和通告是法定公文。《条例》规定党政机关用这三个文种向全社会甚至全世界传达消息。其适用事项规定如下：

公告“适用于向国内外宣布重要事项或者法定事项”。

公报“适用于公布重要决定或者重大事项”。

通告“适用于公布社会各有关方面应当遵守或周知的事项”。

二、公告、公报、通告的辨析

三个文种名称非常相似，功能相似，都是泛行文，具有周知性和公开性的特点。内容均庄重严肃，具有权威性、严肃性特点。发布形式也基本相同，都在媒体上发布。因此，三个文种在实践使用中，区分界限模糊，选用困难，故而编者以为，根据选用文种简便的原则，三个文种保留一个，足以满足向社会告知所需。但是，条例既有规定，必须要在法定前提下，选对文种。

（一）公报与公告的区别

一是告知事项的重要程度有所不同。公报告知的事项比公告告知的事项更加重要。实践中，公报常用于党和国家的重要活动、重要事件、重要决定，以及国际谈判的进展、国际协议的签订、军事行动的进行、经济形势的回顾等信息在全世界范围内发出，以便各方了解势态，获取信息。公告宣布的重要事项，有的虽也是需要国内外关注，但不像公报的事项涉及国家大政方针，如《海关总署关于禁止特殊物品过境相关事宜的公告》《文化和旅游部关于许可旅行经营出境游业务的公告》等。此外，公告还可用作依法必须向社会公布的法定事项，公报无此功用。

二是告知对象范围略有不同。公告“适用于向国内外宣布重要事项或者法定事项”，虽说告知范围是“国内外”，但因为告知的事项不如公报重大，所以有的公告是向国内外告知，更多公告则是在全国范围内告知，如《文化和旅游部关于发布全国旅游市场黑名单的公告》《市场监管总局关于调整完善强制性产品认证目录和实施要求的公告》等。公报虽然没有明确“向国内外”告知的规定，但因其事情的重要性——“公布重要决定或者重大事项”，其告知范围通常是国内外，即全世界范围。

三是发挥的效用不尽相同。虽然二者都是告知性文书，但公报具有新闻性，具有宣布消息的效用。而有些公告除了告晓，还有遵守的要求。如《海关总署关于禁止特殊物品过境相关事宜的公告》，如不遵守则带来不良后果。

（二）公告与通告的区别

一是发文范围不同。公告是向国内外宣布重要事项。通告则是向“社会各有关方面”告知事项，告知范围限在国内，大到全国范围内，小到针对某一特定群体。

二是重要程度不同。因为公布的范围不同，所以公告告知的事项的重要程度要高于通告的事项。通告所涉及的事项虽然也很重要，但一般没有公告那么重要，多属事务性内容，如《市场监管总局关于5批次食品不合格情况的通告》。

三是发文机关不同。公告的发文机关通常级别很高，而通告的发文机关上至最高国家机关，下至最低国家机关。当然，如果是公布法定事项的公告，其发文机关未必级别很高，只要法律规定，低级别的机关就需要使用公告。

四是作用性能不同。大多数的公告是宣布事项，使周知，少数公告有遵守的要求。但绝大多数的通告不仅要相关人员周知，而且必须遵守，如果不遵守就要受到相应的处罚，因此通告带有很强的权威性和约束性，如《国家烟草专卖局国家市场监督管理总局关于进一步保护未成年人免受电子烟侵害的通告》。

五是发布方式不同。公告一般不以红头文件的方式下发，也不公开张贴，而是通过网络、手机客户端、报纸、广播、电视等新闻媒体予以发布。通告则可根据需要，或通过新闻媒体发布，或以公文的形式下发，或公开张贴。

三、公告、公报和通告的写作

1. **标题**

发文机关＋文种，如《中华人民共和国全国人民代表大会公告》。这种写法省略了事由，只由发文机关和文种组成，使标题显得简短、庄重、严肃。

发文机关＋事由＋文种，如《徐州市关于加强新冠肺炎疫情防控工作的通告》。

2. **主送机关**

三个泛行文告知广泛，一般通过广播、电视、报纸等新闻媒体发布，或公开张贴。因此，通常不写主送机关。

3. **正文**

公报、公告和通告的正文通常采用分层分段式。

开头：发文的缘由、目的或依据等。

主体：要宣布的具体事项。最好分条分项地写清楚。

结尾：提要求或使用“特此公报”“特此公告”“特此通告”“本通告自发布之日起执行”等固定结语。

4. 发文机关署名、成文日期和印章

在正文右下方写上发文机关名称并注明日期，然后加盖印章。

四、公告、公报和通告的写作要求

（一）公报和公告的写作要求

1. 要准确把握文种

公报和公告所宣布的事项必须是重大的、公开的，需要全国乃至全世界知晓的。目前工作、生活中常常见到的“搬迁公告”“公告声明”“悬赏公告”等，还是尽量不用，这种用法会削弱国家机关的公报和公告的严肃性，可以选择启事、海报等非法定文种向社会告知事项。

2. 行文要庄重严肃，言简意赅

公报、公告的制发机关级别较高，所以行文一定要庄重严肃，以体现发文机关的权威性，语言要简练概括，庄重得体。

（二）通告的写作要求

通告正文的主体部分即要遵守的规定、要求等，尽量分条分项写，且要注意各项内容之间的先后关系，每项内容的排列要合乎逻辑，以便读者能够迅速、正确地把握其内容。

写作通告时要仔细慎重，内容上不能与现行法律规章相抵触。作为强制色彩深厚，对大众有约束力的文书，通告本身不能违法。

通告的受众是广大人民群众，通告要让大家理解，才能遵守。因此，语言要通俗易懂，少用专业术语、行话，多用大众语言，使得各种文化层次的受众都能接受、明白，以达到周知和遵守的目的。

【例文 6－1】

2020 年度人力资源和社会保障事业发展统计公报

中华人民共和国人力资源和社会保障部

2020 年是新中国历史上极不平凡的一年，面对突如其来的新冠肺炎疫情、世界经济深度衰退等多重严重冲击，在以习近平同志为核心的党中央坚强领导下，各级人力资源社会保障部门坚决贯彻落实党中央、国务院关于统筹推进疫情防控和经济社会发展决策部署，主动作为、攻坚克难，扎实做好“六稳”工作，全面落实“六保”任务，推动人力资源和社会保障事业高质量发展取得新进展。

一、劳动就业

年末全国就业人员75064万人，其中城镇就业人员46271万人。全国就业人员中，第一产业就业人员占23.6%；第二产业就业人员占28.7%；第三产业就业人员占47.7%。

2020年全国农民工总量28560万人，比上年减少517万人，下降1.8%。其中，本地农民工11601万人，下降0.4%；外出农民工16959万人，下降2.7%。

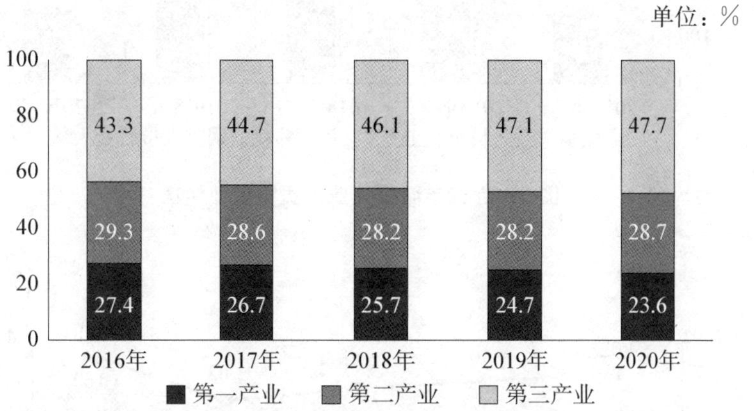

图1　近五年全国就业人员产业构成情况

全年城镇新增就业1186万人，有511万城镇失业人员实现再就业，就业困难人员就业167万人。年末城镇登记失业人员1160万人，城镇登记失业率为4.24%。年末全国城镇调查失业率为5.2%。全年全国共帮助4.9万户零就业家庭实现每户至少一人就业。选派3.9万名高校毕业生到基层从事"三支一扶"服务。为应对新冠肺炎疫情影响，人力资源社会保障部会同有关部门开展农民工返岗复工"点对点"服务保障工作。疫情期间，通过组织专车、专列、包机运输服务，全国累计运送606.8万农民工返岗复工，其中贫困劳动力152万人，有力助推复工复产和经济社会平稳运行。

2020年第四季度，岗位空缺与求职人数的比率约为1.52，全国人力资源市场用工需求大于劳动力供给，供求总体保持平衡。

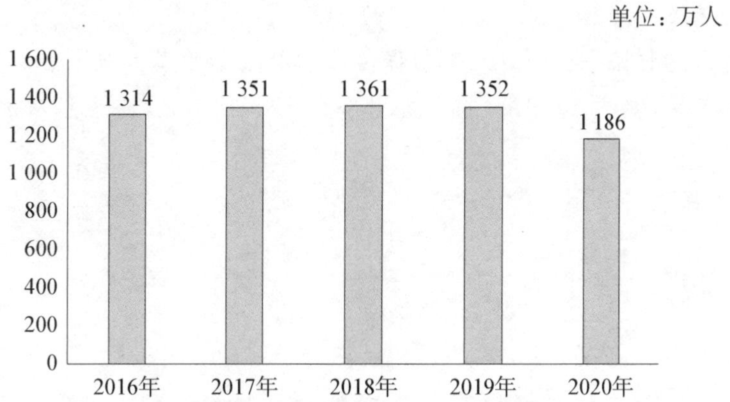

图2　近五年城镇新增就业人数

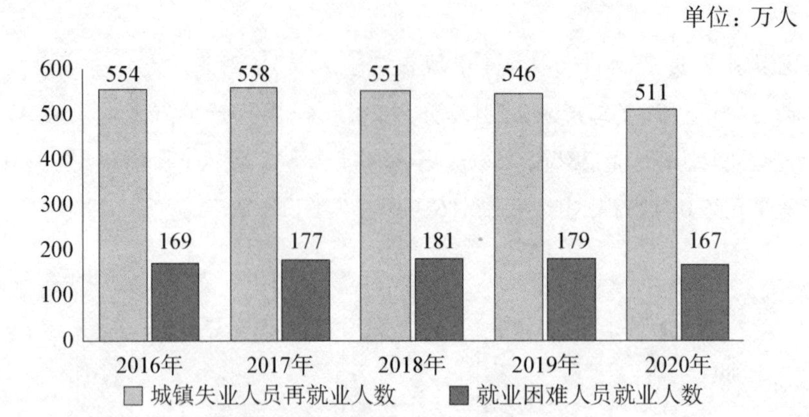

图 3　近五年城镇失业人员再就业情况

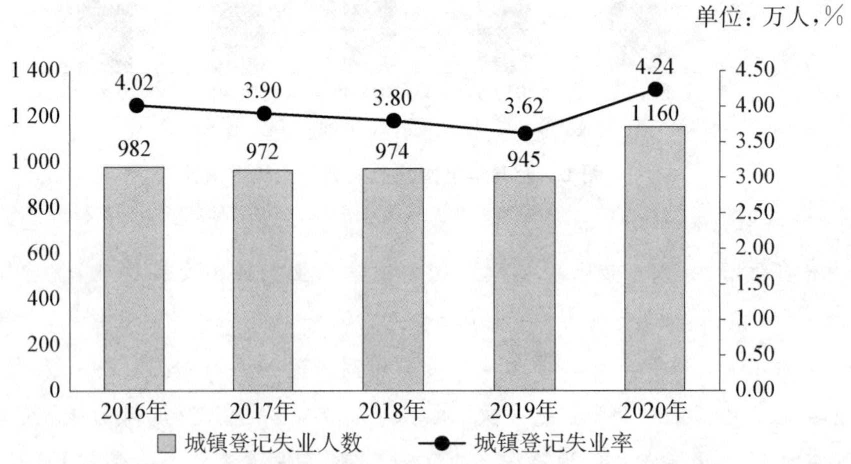

图 4　近五年城镇登记失业情况

年末，人力资源服务机构 4.58 万家，人力资源服务业从业人员 84.33 万人。全年共为 4983 万家次用人单位提供人力资源服务，帮助 2.90 亿人次劳动者实现就业、择业和流动。

二、社会保险

全年基本养老保险、失业保险、工伤保险三项社会保险基金收入合计 50 666 亿元，比上年减少 8 463 亿元，减少 14.3%；基金支出合计 57 580 亿元，比上年增加 3 087 亿元，增长 5.7%。

（一）养老保险

……

（二）失业保险

……

（三）工伤保险

……

三、人才人事

……

四、劳动关系

……

五、人社扶贫

……

六、行风和基础建设

……

注：

1. 本公报中的各项统计数据均未包括香港特别行政区、澳门特别行政区和台湾省。

2. 本公报中的有关数据为正式年报数据。

3. 全国就业人员及分三次产业人员数据、城镇调查失业率数据、全国农民工数量有关数据来源于国家统计局。2016—2019 年三次产业就业人员构成数据根据第七次全国人口普查数据进行了修订。

4. 本公报中部分数据因四舍五入的原因，存在着分项合计与总计不等的情况；增量及增长率根据四舍五入前数据计算。

【简析】 这篇公报用于在全国甚至全世界范围内告知 2020 年度人力资源和社会保障事业发展情况，以便各方了解，获取信息。文章以概述背景、基本工作内容和成效作为开头引出主体，主体分为劳动就业、社会保险、人才人事、劳动关系、人社扶贫、行风和基础建设等六个部分详细说明情况。非常值得学习的是全文通过大量翔实的数据和直观清晰的统计图来说明情况，使得事实非常清楚。内容鲜明充实，数据图表充分，结构分明有条理，语言准确质朴，是一篇非常优秀的文书。

【例文 6-2】

财政部关于 2019 年彩票市场休市安排的公告

根据《彩票管理条例实施细则》和《国务院办公厅关于 2019 年部分节假日安排的通知》(国办发明电〔2018〕15 号)的有关规定，现将 2019 年彩票市场休市安排公告如下：

一、休市时间。春节 7 天，休市时间为 2019 年 2 月 4 日 0:00 至 2 月 10 日 24:00。国庆节 7 天，休市时间为 2019 年 10 月 1 日 0:00 至 10 月 7 日 24:00。

二、休市期间，除即开型彩票外，停止全国其他各类彩票游戏的销售、开奖和兑奖。具体彩票游戏的开奖、兑奖等时间调整安排，由彩票发行机构、彩票销售机构提前向社会公告。

三、休市期间，即开型彩票的销售活动由彩票销售机构根据彩票发行机构的要求和本地实际情况决定。彩票销售机构要制定全面细致的销售工作方案，切实加强安全管理；要充分尊重彩票代销者的意愿，不得强行要求销售。

四、彩票发行机构、彩票销售机构要妥善保管休市前形成的销售数据，确保数据安全；要充分利用休市间隙对彩票销售系统及设备进行调整和维护，为休市结束后的彩票销售活动做好准备。

特此公告。

财　政　部

2018年12月24日

【简析】 这是一篇在全国范围内发布的公告，内容是关于2019年全国范围内彩票市场的休市安排。由于事情较重要，且告知的范围广，使用的文种是公告。编者以为，这篇文书选择通告行文更恰当。在全国范围内告知重要事项，最好选用通告行文。

这篇公告的结构非常分明和典型。开头第一自然段说明了发文的法规和政策依据，然后过渡到主体部分。主体采用条款写法，分别说明了休市时间和休市期间的其他事项。结尾部分用了特定结语“特此公告”。整篇文章结构完整，层次分明，语言明确。

【例文6-3】

国家移民管理局公告

为支持海南进一步对外开放，加快推进国际旅游岛建设步伐，不断提升海南旅游业发展和国际化水平，经国务院批准，国家移民管理局决定在海南省实施59国人员入境旅游免办签证政策。现将有关事项公告如下：

一、适用政策国家名单

俄罗斯、英国、法国、德国、挪威、乌克兰、意大利、奥地利、芬兰、荷兰、丹麦、瑞士、瑞典、西班牙、比利时、捷克、爱沙尼亚、希腊、匈牙利、冰岛、拉脱维亚、立陶宛、卢森堡、马耳他、波兰、葡萄牙、斯洛伐克、斯洛文尼亚、爱尔兰、塞浦路斯、保加利亚、罗马尼亚、塞尔维亚、克罗地亚、波黑、黑山、马其顿、阿尔巴尼亚、美国、加拿大、巴西、墨西哥、阿根廷、智利、澳大利亚、新西兰、韩国、日本、新加坡、马来西亚、泰国、哈萨克斯坦、菲律宾、印度尼西亚、文莱、阿联酋、卡塔尔、摩纳哥、白俄罗斯。

二、政策内容

上述国家人员持普通护照赴海南旅游，由在海南设立的旅行社接待，可从海南对外开放口岸免办签证入境，在海南省行政区域内停留30天。

三、注意事项

外国人免签入境在海南停留期间，应当遵守中国法律规定，不得超出准许停留区域范围或者停留时限。在旅馆住宿的由旅馆为其办理住宿登记，在旅馆以外的其他住所居住或者住宿的，应当在入住后二十四小时内由本人或者留宿人，向居住地的公安机关派出所或者外国人服务站等办理登记。

对超出停留区域范围或者时限，以及未依法办理住宿登记的，县级以上公安机关或者出入境边防检查机关将依据《中华人民共和国出境入境管理法》予以处理。

本公告政策内容自 2018 年 5 月 1 日起实施。

国家移民管理局

2018 年 4 月 18 日

【简析】 这是一篇在全世界范围内发布的公告。内容是关于在海南省实施 59 国人员入境旅游免办签证政策。标题“国家移民管理局公告”采用了“发文机关 + 事由”的写法，紧凑且严肃。无主送机关。正文采用分层分段式写法。第一自然段是开头部分，既充分又精炼地说明了发文的目的——“为支持海南进一步对外开放，加快推进国际旅游岛建设步伐，不断提升海南旅游业发展和国际化水平”，发文依据——“经国务院批准”，行文主旨——“国家移民管理局决定在海南省实施 59 国人员入境旅游免办签证政策”，以及过渡句“现将有关事项公告如下”。主体部分由“适用政策国家名单”“政策内容”和“注意事项”三项内容构成，条理非常清楚。结尾部分的“本公告政策内容自 2018 年 5 月 1 日起实施”，说明了该篇公告实施的时间，这是文书定时生效的写法。

【例文 6－4】

南京市人民政府关于实施生活垃圾分类的通告

实行生活垃圾分类，是实现生活垃圾减量化、资源化、无害化处理的重要举措，是践行人人参与环境保护，共建共享美丽家园的重要内容。根据《国务院办公厅关于转发国家发展改革委住房城乡建设部生活垃圾分类制度实施方案的通知》（国办发〔2017〕26 号）和《南京市生活垃圾分类管理办法》（南京市人民政府令第 292 号）有关规定，决定在全市范围内实施生活垃圾分类。现将有关事项通告如下。

一、本市范围内的单位（机关、部队、企业事业单位、社会团体等）和个人应该进行生活垃圾分类。

二、日常生活垃圾分为有害垃圾、可回收物、其他垃圾三类。

三、单位应该做好下列生活垃圾强制分类工作：

（一）设置生活垃圾分类投放点、垃圾分类归集点和引导标志。生活垃圾分类投放点设置有害垃圾、可回收物、其他垃圾收集容器。收集容器应标明分类种类，并保持完好、整洁。垃圾分类归集点设置垃圾分类收集容器，用于集中暂存有害垃圾、可回收物等。引导标志设置在主要通道等处，标明垃圾分类投放点位置。

（二）机场、码头、车站、港口、公园、商场等公共设施、场所，应设置可回收物、其他垃圾收集容器。

（三）单位应明确垃圾分类工作负责人，在责任范围内开展相关知识宣传，指导、监督单位和个人进行生活垃圾分类投放，明确不同种类生活垃圾投放时间、地点，及时制止翻拣、混合已分类生活垃圾的行为。

（四）将生活垃圾交由经生活垃圾主管部门允许的单位收集、运输；在垃圾分类归集点标明各类垃圾的去向、收运人或收运企业、收运方式及联系方式等内容；建立生活垃圾台账，记录生活垃圾种类、数量和去向等情况；

四、任何单位和个人发现违反生活垃圾分类规定的行为，有权通过12319热线等途径向城市管理部门进行举报和投诉。

五、单位违反本通告，城市管理行政执法部门将依据《南京市生活垃圾分类管理办法》的有关规定进行处罚。

六、本通告自发布之日起施行。

南京市人民政府

2018年7月13日

【简析】 这篇通告的开头部分简要说明了实施生活垃圾分类的重要性这一发文背景，接着说明了发文的依据即依据国家的相关政策和法规，紧接着鲜明地提出了通告主旨“决定在全市范围内实施生活垃圾分类”，然后过渡到主体部分。主体部分内容逻辑性很强，很有条理。第一条是通告施行的范围，第二条是说明日常生活垃圾的分类，第三条内容多且详细，对各单位开展此项工作的具体要求，第四、五条则说明对违反行为采取的举措。这篇通告的结尾部分即最后一条，写明本通告的施行日期。总之，这篇通告结构分明，层次清晰。但就内容来讲，编者以为，文中的“日常生活垃圾分为有害垃圾、可回收物、其他垃圾三类”的表述过于含糊。究竟何为有害垃圾，哪些是可回收物等，都没有详细明白地说清楚。所以在实施上必须同时“开展相关知识宣传”，才可真正地落实。此外，将垃圾分类的具体内容直接写入通告中，也未尝不可。

【例文 6－5】

南京市人民政府关于加强 2019 年清明祭扫管理的通告

为做好 2019 年清明祭扫期间我市市民祭扫服务和安全保障工作，维护祭扫正常秩序，促进生态文明建设，过一个安全、生态、文明的清明节，现就有关事项通告如下：

一、各级政府要从保障民生、提高政府公共服务能力的高度出发，根据各自实际，安排好本地区群众安全文明祭扫活动；要建立完善清明祭扫工作指挥协调机制，健全值班制度，制定突发事件应急预案，全力保障清明祭扫各项工作部署落实到位。

二、公安部门要做好交通疏导和安全保障工作。对主要墓区和群众祭扫比较集中的区域、道路口，要指派交警现场指挥，制定合理的疏导路线，防止交通堵塞，预防事故发生；对容易发生拥堵的宁丹路、大周路等路段，要提前做好分流预案，保证重点路段、施工地段、特殊时段的交通顺畅有序。同时，要加强治安检查和治安巡逻，防止在祭扫期间发生治安事件，杜绝在祭扫场所燃放爆竹等违法行为发生。

三、市场监管、城管等部门要加强对殡葬用品市场的监管，对辖区内从事封建迷信祭品生产、批发、销售等行为进行专项治理，取缔不法商贩；要清理祭扫点周边环境，整治祭扫点内及门前占道摆放摊点，以及祭扫车辆沿途抛撒纸钱等违规行为。

四、绿化园林部门要切实做好清明祭扫期间森林防火工作，明确防控责任，加强火险预警；要加大巡查密度，及时发布森林火险和火灾信息，严格野外火源管理，杜绝在护林防火区使用明火，确保不发生火灾，保障人民群众生命财产和森林资源安全。

五、民政部门要加强对殡仪馆、公墓等殡葬服务单位的管理和指导，做好生态殡葬和文明祭扫的宣传工作；要加强文明定点治丧的管理和引导，组织开展鲜花换纸钱、社区公祭、集体江祭、家庭追思会等文明祭扫活动。加强对红白理事会的工作指导，提高其政策把握能力和服务水平。

六、宣传部门要通过电视、广播、报纸、网络等平台，安排重要时段、重要版面，加大对移风易俗和文明殡葬理念的宣传推广，报道各区、各部门推行殡葬改革的新举措、新成效，形成正面舆论导向，弘扬正能量，充分展示我市市民的文明素养，提升城市整体形象。

七、公交客运部门要引导祭扫市民选择公共交通工具出行，并根据清明祭扫期间的客流特点，组织落实好车辆运力调度；要调整增加通往祭扫点的公交车辆，对客流集中的线路调整班次密度，增设加班车辆，为市民祭扫提供便利。

八、殡葬服务单位要强化责任意识和服务意识，规范祭扫管理，加强行风建设，丰富服务内容，创新服务形式，提高服务质量；要严格执行价格管理规定、服务标准和操作规范，为市民提供更多人性化、亲情化的祭祀服务保障。

九、党员干部要带头文明低碳祭扫，主动采用敬献鲜花、植树绿化、踏青遥祭、经典诵读等方式缅怀故人，弘扬慎终追远等优秀传统文化；要积极主动宣传殡葬改革，加强对亲属、朋友和周围群众的教育引导，带领群众逐步从注重实地实物祭扫转移到以精神传承为主上来。

十、广大市民应尽量选择公共交通，少驾或不驾私车前往祭扫点，并合理安排祭扫时间，避开祭扫高峰，避免交通堵塞，影响出行安全；市民在祭扫时应服从相关管理部门的指挥与管理，切实遵守祭扫有关规定。

本通告自发布之日起施行。

南京市人民政府

2019 年 3 月 13 日

【简析】 这是一篇在南京市范围内施行的需要各类组织和群众周知和遵守的通告。该篇文书采用分层分段式，结构非常分明。第一自然段为开头部分，简要说明发文的目的即过渡到主体部分。主体分条写作，针对南京市各级政府及其部门、企事业及党员和群众个人等不同的主体，提出具体的要求。不同主体的执行要求非常具有针对性和务实性。结尾“本通告自发布之日起施行”一句话说明了生效日期。总之，这是一篇内容丰富、务实，结构清晰，语言准确、畅达的优秀文书。

第二节　宣传稿　倡议书　公开信

一、宣传稿、倡议书和公开信的性质和适用

宣传稿、倡议书、吁请性公开信都是面向社会公众的告知性、号召性的文书，是组织或个人为开展或推动某项活动或事业，向社会或有关方面公开提出，带有号召、建议的一种文书。宣传稿、倡议书和公开信的发送范围广泛，通常是对一个部门、一个地区、一个系统，甚至向全国开展宣传、发出倡议和吁请，具有很强的现实针对性和鼓动性。

这三个文种内容都具有普遍的思想意义和教育意义，功能性质相似，都具有宣传、宣扬、倡议的性质，有正面引导的作用。它们可以引导人们了解情况，树立和做出正确的、积极的看法和做法，不给人一种强硬、强制的感觉，是各级各类组织向社会公众传递信息的重要渠道。在轻松的氛围中宣传政策，在较大范围内调动群众的积极性，齐心协力共同做好一些有益于社会的事务和开展某些公益活动。

宣传稿（宣传材料、宣传单、宣传页），是指按照国家有关政策文件或相关精神，以宣传某项政策、某项工作、某项活动等为目的，为获得社会公众理解、支持的文书。宣传稿除了进行政策解读、知识的宣传，还会在宣传之后号召公众做或不做某些事情。发出倡议书是开展精神文明建设的一个有效的方法，倡议书的内容一般是与人们日常生活相关的一些事项，如倡议文明上网、保护生态环境等。公开信一般是在开展某项工作、发生了某件事情或节日来临、纪念活动时，国家机关或群众团体发给有关地区、有关单位的文书。在即将开展某项工

作前所发的公开信与宣传稿、倡议书的功能相似，这种公开信具有宣扬、鼓动的作用。

二、宣传稿、倡议书和公开信的写作

宣传稿、倡议书和公开信三个文种是非法定公文，其格式是约定俗成的。大致包括标题、称呼、正文、署名日期等要素等。

1. 标题

可以是事由＋文种，如《××区居民安全文化教育宣传稿》《“植树造林，绿化祖国”倡议书》；可以是发送对象＋文种，如《致全国基层党组织和党务工作者倡议书》等；可以是发文单位＋事由＋文种这种法定公文式标题，如《共青团中央关于提倡婚事新办给全国共青团员、青年朋友们的一封信》等。

2. 称呼

称呼要根据受文对象，确定合适的、恰当的称呼，如广大青年朋友们、各位居民们等。

3. 正文

三个文种功能相似，正文写法相似，通常都采用分层分段式的篇章类型。

开头：发出宣传、倡议和吁请的原因、意义和所要达到的目的，使人们了解行文的缘由和必要性，明确行动的方向和目标。这三个文书贵在引发广泛的社会响应，因此，只有交代当时的背景事实，讲明原因和意义，人们才会理解和信服，才会自觉地行动。这些因素交代不清就会使人不明所以，难以响应。

主体：翔实地写明宣传、倡议和吁请的具体内容，如宣传的知识、提倡做或不能做的具体事项等。主体部分的写作一定要具体、实在，具有针对性和可操作性。形式上通常是分条分段地写，使内容更加清楚明确，一目了然。

结尾：或表明决心，或提出希望，或提出建议。

总体来讲，三种文书的写作思路基本上是相同的。在语言方面，也都要体现准确性、号召性和鼓动性，以使受众欣悦地理解、接受，继而行动起来。

公开信这一文书，除了有上述的吁请性公开信外，实践中还有问题性公开信和纪念性公开信。

问题性公开信通常用于工作中出现了某个问题，相关方面就问题向广大受众进行解释或说明。正文的写作思路通常是叙述问题、分析问题、表明态度。具体来说，叙述问题部分，如果是事件，则叙述什么时间、什么地点、什么人，由于什么原因做了什么事，结果如何。如果是某一现象，要说明这是什么现象，具体表现等。接下来是分析问题，或者是查找原因，或者是分析危害、后果等，或者既分析危害又查找原因。最后是表明态度，要阐明发文者对这一问题的处理态度和具体做法，是提倡赞扬，还是批评反对？或是提出某种看法、主张、建议，或是具体做法等，都要清清楚楚地表达出来。

纪念性公开信是领导机关、群众团体在某个人物或某个事件的纪念日以及传统节日时给有关单位、集体或群众发出的公开信。如果是纪念人物或事件的公开信，其行文思路通常首先表达对人物或事件的纪念之情，然后概述人物的事迹或事件的情况，对人物和事件进行评析，指明其性质、意义等。最后是结合当前的形势，对受文者提出勉励、要求和希望。这种公开信的写作思路跟奖惩性文书的写作思路相似，只是使用的场合、行文的方式不同。如果是节日性的公开信，其行文思路通常首先要表达节日的良好祝福，然后是回顾过去一段时间开展的工作、取得的成绩，接着可以分析外部的形势，分析内在优劣势等，最后是对未来提出希望、要求等。这种节日性公开信和节日性慰问信的发文目的相同，文书功用相同，只是文种不同而已。

【例文 6 - 6】

节约用水　从我做起

我国淡水资源贫乏，我市水资源紧缺尤为严重，人均占有水资源量很小，且分配严重不均。随着生活水平的提高，及我市人口数量与日俱增，导致我市水资源供需更加紧张。即使如此，我市浪费水资源现象普遍存在。

究其原因：一是部分居民的水资源忧患意识和节约用水意识淡薄，长期养成的不良用水习惯，二是水价偏低，水费支出占可分配收入的比例很少，大量用水也不心疼，三是大部分居民没有实现一水多用，城市非节水型用水器具大量存在，用水效率低。这严重影响了我市水资源的可持续利用，且与中央推行的建设资源节约型社会理念违背。

因此，我们应该大力倡导节约用水和高效用水的理念，一方面，我们要加强节水意识，自觉改变不良的用水习惯，积极推广和使用节水器具；另一方面，我们要实行水资源循环利用，广泛开展雨水收存、污水再生和中水利用，力争实现一水多用，提高用水效率。

【简析】 这是一篇宣传节约用水的宣传稿。从格式上来说，没有发文对象，因为是通过张贴或媒体，向某地区的所有人发出的，所以省略了发文对象。标题非常准确地概括了主旨，即"节约用水，从我做起"。开头"我国淡水资源贫乏，我市水资源紧缺尤为严重，人均占有水资源量很小，且分配严重不均。随着生活水平的提高，及我市人口数量与日俱增，导致我市水资源供需更加紧张。即使如此，我市浪费水资源现象普遍存在。"这一自然段简要说明了为什么要节约用水，主要说明了当前该市存在水资源紧张的状况。但"即使如此"这一转折用的不对，前后两句应该是并列关系，可以改为"而且，我市浪费水资源现象普遍存在"。第二自然段分析了该市水资源浪费的原因，并且指出了严重影响。但以"水价偏低，水费支出占可分配收入的比例很少，大量用水也不心疼"作为原因，不甚明智。在前两段的基础上，第三自然段提出要节约用水并给出一些做法，但这些做法并不具体可行，如"中水利用"，如何利用并未说清。所以该篇宣传稿还有进一步修改的余地。

【例文 6－7】

消防安全宣传稿

广大员工、商户和顾客朋友们：

你们好，春节是我们中国的传统节日，春节临近也是人们一年中最放松的一段短暂时间，大家会热热闹闹地准备过春节，当然热闹就少不了燃放烟花炮竹等易燃物品，烟花炮竹是市场内火灾发生的主要源头，希望广大商户和顾客朋友不要在市场内燃放烟花炮竹，当然火灾还有其他源头，下面我就和大家讲讲关于消防的知识。

火灾一般是由以下几种原因引起的：

第一用火不慎：指人们思想麻痹大意，或者用火安全制度不健全、不落实以及不良生活习惯等造成火灾的行为。

第二电气火灾：指违反电器安装使用安全规定，或电线老化，或超负荷用电造成的火灾。

第三违章操作：指违反安全操作规定等造成火灾的行为，如焊接等。

第四放火：指蓄意造成火灾的行为。

第五吸烟：指乱扔烟头，或卧床吸烟引发火灾的行为。

第六玩火：指儿童、老年痴呆或智障者玩火柴、打火机而引发火灾的行为。

第七自然原因：如雷击、地震、自燃、静电等。

所以大家在日常生活、工作中要有针对性地提高警惕，避免火灾的发生。

发生火灾后该怎么办？

第一，发生火灾先报警还是先救火？

一般情况下，发生火灾后应当报警和救火同时进行。因为，救火是分秒必争的事情，早一分钟报警，消防车早到一分钟，就能把火灾扑救在初起阶段。耽误了时间，小火就可能变成大火。

第二，当发生火灾时，现场只有一个人时怎么办？

这时，应该一边呼救一边处理。如果认为有能力，有把握将初起火灾扑灭，而且相应的灭火器就地可取并懂得使用，那就应该立即把火扑灭。如果认为无能力扑灭这起火灾，就应赶快报警并在报警的路上边喊边跑，以便取得群众的帮助。

第三，怎样报警？

报警时可以拨火警电话“119”，接通以后，应沉着、准确地讲清楚起火点，所在位置的地区、街道、门牌号码、起火部位、燃烧物是什么、火势大小、报警人姓名及所使用电话的号码。报警后，应派出人员在路口接应和指导消防车进入火场。

朝阳市果菜批发市场是重点防火单位，市场内人员多、用电量大、经营的商户多数为临时搭建的垛和棚子，火灾隐患非常多，为确保市场商户和顾客的人身安全，每位工作人员、每一位顾客朋友，都有责任自觉做好消防工作。希望大家做到：

1. 遵守消防法规及市场有关防火制度。

2. 制止在商场内一切消防违纪行为。

3. 熟练掌握报警程序及灭火技能。

4. 爱护公共消防设施,不得遮挡阻碍其使用。

5. 离开前自觉检查本店内是否存在隐患,并及时予以解决。

广大员工、商户和顾客朋友们,“隐患险于明火、防范胜于救灾、责任重于泰山”,只要我们提高防火意识,加强防范,我们就会在一个绝对安全的环境下工作、经营,我们的事业也将蓬勃发展。

谢谢大家!

朝阳市果菜批发市场

2013 年 1 月 25 日

【简析】 这一篇宣传稿格式完整、规范,就稿件的内容来讲,也是非常清楚明确且具有宣传鼓动性。开头简要概述了发文的背景和主旨,即马上要过春节了,要注意消防安全。主体部分,先是详细地介绍了安全消防的知识,包括火灾形成有哪几种原因,发生火灾以后该怎么办?然后在说明该单位消防现状,即“朝阳市果菜批发市场是重点防火单位,市场内人员多、用电量大、经营的商户多数为临时搭建的垛和棚子,火灾隐患非常多”的基础上,有针对性向具体的发文对象提出具体的做法。结尾也很具有鼓动性和亲和力。这是一篇非常不错的宣传稿。

【例文 6-8】

“树新风　我践行”移风易俗倡议书

广大网民朋友们:

勤俭节约,艰苦奋斗,是中华民族的传统美德。然而,随着经济社会的快速发展和物质生活的逐渐富裕,婚丧嫁娶大操大办。讲排场、慕虚荣、比阔气的现象愈演愈烈,不仅致使人情消费持续攀升,而且影响了正常的人际关系,破坏了社会风气。

为推进移风易俗,树立文明新风,培育健康文明的生活方式,我们倡议:

一要尊老爱老,丧事简办。百善孝为先,要传承尊老、孝老、爱老的传统美德,自觉树立厚养薄葬观念。积极倡导以节俭方式寄托哀思、以低碳方式表达缅怀之情,坚决反对厚葬祭祀大操大办的做法,做社会新风的建设者。

二要崇尚节俭,婚事新办。提倡适度办婚礼、节俭过日子,摒弃搞攀比、讲排场的不良风气。自觉抵制高额彩礼、攀比成风,力戒恶俗闹婚,力求婚礼仪式简朴、氛围温馨,倡树婚事新办新风尚,做勤俭节约的倡导者。

三要倡树新风，喜事慎办。提倡在办理生育、升学、入伍、生日、乔迁等事宜时，在亲朋好友间通过一束鲜花、一条短信、一杯清茶、一句问候等文明方式，表达贺意，增进感情。杜绝滥发请柬、收受礼金、大摆筵席、铺张浪费，做净化风俗的推动者。

四要移风易俗，传播文明。倡导移风易俗，培育文明新风，是时代赋予我们的重任，让我们行动起来，从自己做起，从现在做起，积极投入移风易俗、弘扬社会文明新风活动中来，争做移风易俗的践行者、引领者、宣传者，为建设美丽×××营造良好社会环境。

×××××

2018 年 5 月 28 日

【简析】 这是一篇优秀的倡议书，格式规范完整，标题采用"事由 + 文种"的写法。正文开头包含两个自然段。第一自然段首先肯定了勤俭节约、艰苦奋斗是中华民族的传统美德，紧接着指出当前随着经济社会的快速发展和物质生活的逐渐富裕，社会风俗出现了诸多问题。第二自然段顺势提出"为推进移风易俗，树立文明新风，培育健康文明的生活方式"这一发文目的，然后过渡到主体部分。主体部分分别从丧事、婚事、喜事等方面发出了具体的倡议，即应该怎么做。每个部分均采用段旨句的形式，且篇幅大致相当，内容针对强，建议合理可操作，是作者精心拟就的佳作。美中不足的是最后一个自然段，"四要移风易俗，传播文明"与主体部分前三段不是并列关系，而是对前面所述内容的总结。这一自然段实质上是结尾部分，归纳并提出要求和展望。如果修改的话，建议把"四要移风易俗，传播文明"这句删掉。

【例文 6－9】

致广大广场舞爱好者的一封信

亲爱的爱跳广场舞的朋友们：

你们好！

每当清晨和傍晚，伴随着欢快的音乐旋律，广场上、公园里广场舞爱好者们翩翩起舞，成为城市一道亮丽的风景。但同时广场舞噪音扰民问题也是我们广场舞爱好者需要共同关注的。为积极倡导我区广大群众文明健身、科学健身、和谐健身，也给我们的家人提供一个良好的生活环境，我局向全体广场舞爱好者发出如下倡议：

1. 广场舞的活动场地选择远离住宅的公园、广场。在公共场所活动时，不占用公共道路，不影响交通，不妨碍他人正常通行。

2. 进行广场舞锻炼时，兼顾他人的正常生活和休息时间。一般应在每日上午 7:00 之后，晚间 8:30 之前开展。现正值高考迎考阶段，为给广大考生创造一个良好的复习环境，请暂停广场舞活动。

3. 遵守国家环境噪声污染防治法规，爱护自身听力健康，避免干扰他人作息，音乐声源（扬声器、音响等）音量尽量做好控制，不超过 60 分贝。

4. 文明锻炼、科学健身，在陶冶情操、丰富生活的同时，不影响和妨碍他人的工作生活，不以任何借口组织和参加封建迷信等活动。

亲爱的朋友们，让我们携起手来，从我做起、从现在做起，用我们的舞姿扮靓城市，为创建和谐、幸福、美丽的镜湖贡献自己的一份力量。

谢谢大家！

2018 年 10 月 10 日

【简析】 这是一篇非常优秀的公开信。文章格式规范完整，内容明确具体，语言亲切有感染力。美中不足的是主体部分的第二点，“现正值高考迎考阶段，为给广大考生创造一个良好的复习环境，请暂停广场舞活动”。这一内容会淹没在其他内容之中，不利于读者准确地接受信息，建议可以单独将其作为一条。也可以单独行文，能更好地达到目的。

【例文 6－10】

关于保护重庆地标、精神之门——朝天门历史文化的公开信

中共重庆市委、重庆市人民政府：

朝天门是重庆从古至今的历史之门，也是重庆走向世界的开放之门，它象征着重庆深厚的历史文化，也是重庆呈现给全国乃至全世界的一张精美名片。2015 年，重庆市人民政府通过《重庆市历史文化名城保护规划》。《规划》提出：“作为中国历史文化名城，重庆是山地城市典范，是推动历史进程改变世界格局的见证之地，是近现代长江上游规模最大的工商重镇，是中西部地域文化交融的通道平台。”然而，经过详细调查我们发现，朝天门的历史文化保护现状每况愈下，十分令人担忧，见证两江汇流、重庆开埠的“朝天门”正在被人们一点点遗忘。

2017 年 10 月，重庆市规划局发布了《渝中区朝天门片区品质提升城市设计方案》。方案对朝天门区域的发展做出了如下描述：“朝天门片区将打造成集码头文化、商贸文化、抗战文化、巴渝文化于一体，具有丰富历史底蕴的现代都市商贸区。”该方案将朝天门片区分为“山城特色风貌区”“现代都市风貌区”“来福士广场风貌区”和“打铜街历史风貌区”四个风貌区，并在片区内规划了“重庆魅力游廊”“山城特色巷道”“都市新貌走廊”和“渝州商贸通廊”四廊。在整个发展蓝图中，我们既没有找到“古朝天门”的规划改造方案，也没有看到发掘保护朝天门传统文化遗产的丁点规划说明。对此，我们无不忧心如焚，深表忧虑。

从目前朝天门地区的建设来看，“来福士广场”雄踞朝天门广场之后，成为新的朝天门地标式建筑。从工程现状来看，来福士广场工程阻断了朝天门地区原有的地理、自然、交通路

径——从朝千路、信义街、陕西路、朝东路、长滨路五条公路，均不能再直接通往原有的“朝天门广场”和“古朝天门”。原本市民和游客可以光明正大地进入朝天门(广场)，而现在由于来福士广场的屏拒，则必须穿越来福士广场(或车库)才可小心接近。这已经严重破坏了“朝天门”地区的原有地理、旅游和文化生态，大大削弱了朝天门历史传统文化在该区域的权重和文化影响力。

著名作家冯骥才说过：“地名是一个地域文化的载体，一种特定的文化象征，一种牵动乡土情怀的称谓。”但是，尽管朝天门的名字在来福士广场的巨大阴影下仍可保留，但历史传承下的地名，如果缺少了古迹、文化和实物，其内涵终将被所荒弃。试举一例，重庆的年轻人都知道“大都会”，但还有多少人知道曾经的“大阳沟”“依仁巷”？前车之鉴，不可不询。我们不得不担忧，在来福士广场的巨大商业影响力下，“朝天门”不论从物理、口头上还是精神上，都将像那些地名一样，被重庆人和全世界所加速淡忘！

为了提升朝天门在母城文化中的地位，丰富重庆直辖市的文化内涵，延续重庆人世世代代的乡土情结，我们特针对朝天门的历史文化保护提出以下十条建议：

一、修通一条路，建议利用现成长滨路下河道与嘉陵江滨江路(朝千路)相接，让朝天门自然有链接通道，成为旅游观光带和带活朝天门广场。

二、“零”公里地标，建一个文化地标塑像，重庆公里数的依据从这里出发，很有纪念意义。

三、公共空间规划，在朝天门综合治理区域，特别是朝天门广场下建重庆朝天门城墙历史博物馆，内容为重庆城墙、母城文化。

四、重建两江制式古城墙，把朝天门广场现有的仿古建筑，如门洞、栏杆、城墙改贴仿古砖，使其风格统一。

五、在朝天门广场四周设置具有重大历史文化内涵的标志性雕塑(巴将军头像、彭大雅、戴鼎、余玠、秦良玉、三峡神女像、英雄之城，供游人参观和后世缅怀)。

六、设立文化纪念性主题活动(传统节日划龙舟、直辖日、建市周年庆、夜游节、新年零公里跑)等重大市民开放性参与活动。

七、朝天门辖区所有的交通枢纽地名、站名均为朝天门站；重庆的城市导航、地理位置、地图标记均为朝天门，甚至从上清寺、两路口、较场口、解放碑方向都有朝天门的指路标志。

八、街区恢复，在朝千路和长滨路下河道，联通后，分为大河顺城街和小河顺城街。走廊石柱组成宋明清风格，沿线文化走廊为城市展示区(包括城墙文化)。

九、对重庆文物立志建章，政府、个人、社会组织在法律的框架下进行城市建设，对沿江建筑限高，保护重庆城市天际线。

十、对在城市管理过程中造成损失的政府要进行行政赔偿，并追究责任，像保护母亲河那样划段保护。

2017 年 12 月，重庆市发布了《重庆市历史文化名城保护条例(征求意见稿)》，这充分体现了全社会对重庆历史文化的关注和保护。习近平总书记曾经说过:“看得见山,望得见水,留得住乡愁。”我辈有责任做好朝天门区域的历史文化保护,让海外的重庆游子都能在这片历史的土壤上“留住乡愁”。

重庆市文物保护志愿者服务总队、重庆老街历史文化总群

重庆故人旧事编辑部群

重庆市南岸区巴渝公益发展中心

2018年1月25日

【简析】 这是一篇问题型公开信,写得情深、事明、理显。情深体现在对朝天门在重庆历史文化中的重要地位的阐述,体现在“详细调查”所看到的“令人担忧”的情况,体现在“忧心如焚,深表忧虑”心情的表达,体现在“担忧,在来福士广场的巨大商业影响力下”朝天门“不论从物理、口头上还是精神上,都将像那些地名一样,被重庆人和全世界所加速淡忘”。事明体现在对重庆市规划局发布了《渝中区朝天门片区品质提升城市设计方案》的认真研究,体现在实地考察在建的来福士广场工程阻断了朝天门地区原有的地理、自然、交通路径情况。理显体现在分析事实带来的严重后果,即破坏了“朝天门”地区的原有地理、旅游和文化生态,并通过引用和反例论证了保护“朝天门”的必要性! 文章后半部分,“为了提升朝天门在母城文化中的地位,丰富重庆直辖市的文化内涵,延续重庆人世世代代的乡土情节”,对朝天门的历史文化保护提出了十条措施可行、内容具体的建议。

第三节 启事 海报

一、启事

(一)启事的性质和适用

启事是非法定文书。“启”是陈述、说明,“事”是事情,启事就是说明事情。启事是组织或个人需要向社会告知某事项或需要社会公众协助工作开展时所用的文书。“启事”非“启示”,后者不是应用文种。

启事或张贴在公共场所,或登在报纸杂志上,或通过其他新闻媒介广为传播,以使广大公众周知。与通告不同的是,启事没有约束力和强制性。社会公众可以参与启事中的事项,也可以仅仅是了解而不采取任何行动。实践中,非党政机关在向社会告知事项时较多使用启事。

(二)启事的种类

一是征招类,包括招聘、招工、招领、征文、征婚、换房、对调等启事。

二是告知类，包括遗失、作废、辨伪、迁移、更名、更正、开业、停业、竞赛等启事。

三是寻找类，包括寻人启事、寻物启事等。

（三）启事的写作

1. 标题

因为是非法定公文，启事标题的写作相对灵活，但作为应用文书，标题应尽可能地体现文章的主要内容，要醒目、简短、达意，才能引人注目，取得理想效果，甚至还要讲究文面设计的艺术性，以吸引更多的读者。所以，仅仅以“启事”作为标题，是不妥当的。可以事由作为标题，如《更正》《招聘》等；可以启事单位名称和文种构成标题，如《××公司启事》等；最佳标题应该是“发文机关+事由+文种”，如《××公司关于招聘工程师的启事》。

2. 正文

启事正文采用分层表达式。

开头：一般包含启事的原因、目的、依据等。

主体：启事主要是说明什么时间，要办什么事情，有什么具体要求等，是启事的具体事项，内容要周全、具体，表达要清楚。无论哪种启事，要以把事情说清楚、说明白为基本原则。如果内容较多，可分条列项，逐一交代明白。

结尾：提要求或采用“特此启事”等结语。

3. 发文机关、印章、日期

在正文右下方写明发布启事的单位名称，附上发布时间，并加盖印章。

【病文】

“书香亭湖·悦读生活”征文启事

与书为友，悦读相伴。为深入开展全民阅读活动，大力推进书香亭湖建设，根据区第二届全民阅读季活动安排，决定以“书香亭湖·悦读生活”为主题，面向广大读者开展读书征文活动。

一、组织机构

指导单位：亭湖区全民阅读活动领导小组

主办单位：亭湖区委宣传部

亭湖区委区级机关工委

亭湖区文广新局

亭湖区总工会

承办单位：《亭湖报》编辑部

亭湖区图书馆

二、内容要求

1. 征文时间：即日起至8月30日。

2. 内容要求：征文须围绕“书香”“悦读”主题，可讲述自己的读书故事，分享独特的读书体验，亦可推介感人的读书典型，点评流行的读书现象。要求主题明确、健康向上，文笔流畅，富有真情实感，有一定的思想深度、独到的见解和感受。征文文体不限，字数请控制在2000字（诗歌50行）以内。

3. 投稿方式：可以采取邮寄（地址：盐城市亭湖区图书馆办公室“读书征文组”，邮编224000）或电子文档（电子邮箱：27848××××@qq.com）投稿。邮件名为“读书征文＋文章标题”。请在文末附注真实全面的个人信息（姓名、性别、年龄、单位、联系电话等）。请同时添加“亭湖区图书馆读者群”（QQ：42719××××）发送共享文件。联系人：×××，电话：6993××××。

三、奖项设置

读书征文将在《亭湖报》“读书”版择优刊登，截稿后邀请专家评选出一等奖2名、二等奖5名、三等奖10名、优秀奖若干名，给予精神和物质奖励。评选结果揭晓后，获奖名单将在媒体公布，并以书面或电话方式通知作者本人。

四、参赛规则

1. 不得剽窃或抄袭他人作品，如有发现将取消评选资格，所引起的后果由投稿人自行承担。

2. 主办方有权将征文作品用于公益性网站和相关展览展示，不再另付稿酬；如结集出版，按规定支付稿酬。

3. 投稿参赛即视为阅读并同意遵守本次征文相关规则。

4. 本次征文不收参赛费用，所有作品均不退稿。

5. 大赛主办方拥有大赛的最终解释权。

亭湖区委宣传部
亭湖区委区级机关工委
亭湖区文广新局
亭湖区总工会
2015年5月25日

【简析】 这则启事开头简要说明发文目的和主旨，主体部分的内容完整、具体。但“一、组织机构”放在主体最开始会冲淡征稿的主旨。“内容要求”包含征文时间、内容要求、投稿方式等明显不妥，可以将主体部分的内容改为“一、内容要求”“二、征文时间”“三、参赛规则”“四、奖项设置”“五、投稿方式”“六、组织机构”等。

【例文 6－11】

漯河市互联网信息办公室关于征集漯河好网民规范的启事

为推动争做漯河好网民活动深入开展，增强全市新时代好网民意识，市网信办决定面向全市公开征集漯河好网民规范内容，欢迎网民朋友和社会各界参与。

一、征集时间

即日起至 5 月 30 日。

二、征集要求

针对网民网络行为中存在的突出问题，提出社会共同倡导，网民共同遵守的行为规范。内容上要结合新时代中国好网民意识，融入社会主义核心价值观要求。文字上使用规范、易记易懂、简洁明了、朗朗上口，便于记忆和传播。

三、征集方式

广大网民可通过微信公众号留言和发送电子邮件参与活动。届时，市网信办将对大家的建议进行汇总归类、总结提炼，确定漯河市好网民规范若干条。

1. 微信：关注“漯河网信”微信公众号，点击“好网民规范征集”栏目，采取留言方式提出建议。

2. 邮件：lhwl××××@163. com。采取发送电子文档的形式提出建议。

漯河市互联网信息办公室

2018 年 5 月 10 日

【简析】 这是一篇从内容到形式都很不错的启事。总体来说，这篇文书主旨明确，做法务实，结构分明，层次清晰，语言畅达。但对文中“好网民”这一说法，编者认为有待讨论。既然征集网民规范，就是网民们应该做到的正面的、好的要求，难道还有“坏网民规范”？所以，直接表达为征集“网民规范”即可，无需加个“好”字。

二、海报

（一）海报的性质和适用

海报是非法定公文，是用来向广大群众报道或介绍某一活动时使用的一种文体。

海报的使用范围很广，如举办图片展览、学术报告、文娱演出、体育比赛等活动，都可借助它，以扩大影响。

（二）海报的写作

海报一般由标题、正文、落款三部分组成。

1. **标题**

海报标题常见的三种写法：一种是在海报的上方，用醒目的字体写上“海报”二字；另一种是直接写海报的内容，如“影讯”“象棋比赛”等；还有一种是用正、副标题的形式，写明主办单位和具体内容，如第一行写“中国社会科学院外国文学研究所主办”，第二行写“‘百花’外国文艺讲座”。

2. **正文**

海报的正文，一般应分项、分行交代清楚活动时间、地点、内容，参加或参观办法以及其他应注意的事项，如是否凭票入场，票价及售票地点、时间等。有时也可写明活动的意义、目的等，或写上一两句鼓动性的话，如以“欢迎参观”“欢迎指导”等作结语。

3. **发文机关和发文日期**

在正文右下方写明发文机关和发文日期。

（三）海报的写作要求

首先，海报内容必须写得明白、具体、准确、真实，不可渲染夸张。其次，文字力求简洁明了，干净利落，行文直截了当，突出主旨，切忌啰嗦。再次，色彩要讲究，根据内容的需要，可加些象征内容的，或与内容有关的图案或图画，但必须与海报的内容相一致，色彩和构图都要给人以美感。

（四）海报和启事辨析

海报和启事都具有告启性，都不具有约束力，都可以在公共场所张贴。但两者也有明显的区别：其一，使用范围不同。海报以报道文化、娱乐、体育等为主，而启事可以反映政治、经济和生活等多方面的内容。其二，制作形式不同。启事以文字说明为主，而海报除文字说明外，可作美术加工，配备图片、图画、图案，运用美术装饰材料等。

【例文 6－12】

×××××大学××××学院

第四届心理健康节系列活动之心理电影欣赏周

精彩不断　有你好看

活动时间：2010 年 5 月 22—29 日

活动地点：××××宾馆多功能报告厅

主办单位：×××××大学××××学院

承办单位：×××××大学××××学院心理健康中心

【简析】

这则海报短小精悍，标题即明确地交代了主办单位“×××××大学××××学院”和活动的主要内容“第四届心理健康节系列活动之心理电影欣赏周”，接着以鼓动性语言“精彩不断有你好看”来激发公众对这一活动的兴趣，最后写明具体活动时间、地点及主办和承办单位名称。行文直截了当，内容清楚明了，语言简练而有吸引力。

第四节　通　报

一、通报的性质和适用

通报是法定公文，《条例》规定，通报“适用于表彰先进、批评错误、传达重要精神和告知重要情况”。

作为一种普遍告知性的公文，通报的行文目的是使受文单位了解某些情况和重要精神，发挥教育、告诫、沟通的作用，从而有效地开展工作。通报可用作下行文和平行文，工作中，需要将重要精神和情况告知给下级机关或不相隶属机关，都可以使用通报这个法定公文来行文。

目前实践中，在电视、网络等媒体上，通报也经常作为国家机关向社会告知情况时的载体，如公安机关关于某事件的情况通报，用以说明事实、表达态度。

二、通报的分类

（一）表彰性通报

“表彰先进”的表彰性通报用于表彰先进人物或先进集体，介绍先进事迹，推广典型经验，号召人们向先进学习。

（二）批评性通报

“批评错误”的批评性通报用于对工作中发生的错误或重大事故以及违法违纪案件等进行批评、揭露、处理，告诫相关人群从中吸取教训，以避免类似错误的再次发生。

（三）情况性通报

“传达重要精神和告知重要情况”的情况性通报，又称传达性通报，用于在一定范围内传达上级的重要精神、发布重要信息、沟通重要情况，以达到上情下达、左右沟通、统一认识、协调推动工作的目的。

以上三种类型的通报，还可以再进一步归类为表扬批评性通报和情况性通报。

三、通报的特点

（一）告知广泛

表彰通报行文的目的是告晓有关单位和人员，有谁因何事受到了表彰，以表扬激励先进，号召学习先进；批评通报的目的则是让人们知道错误，认识错误，吸取教训，改正错误，引以为戒；情况通报的目的是让人们了解重要精神或重要情况。不管是哪种通报，其行文目的都是将事项或情况广泛告知出去。需要注意的是通报已不仅仅是组织内行文，即发文对象不仅是本组织系统内的下级机关或平级机关。实践中，通报也会被用来向社会告知。

（二）真实典型

通报的内容一般都是在工作中具有典型性的事件，不管是先进或错误，还是重要情况，都是具有典型性的事件或情况，这些事件又是普遍存在的，具有广泛的代表性，往往能够反映、揭示事物的本质规律，从个性中体现出共性，所以通报对工作具有很强的指导作用。

（三）行文及时

通报都是针对当前工作中存在的情况制发的，具有极强的时效性。通报要真正发挥作用，达到宣传、教育的沟通目的，必须抓住时机、及时行文。因为随着客观情况的变化，一件在当时看来具有典型意义的事件，时过境迁，未必仍然具有典型性和代表性，也必然不能很好地指导工作。

（四）正面引导

无论是表彰先进，还是批评错误，或是传达重要精神、告知重要情况，其目的不仅仅是让人们知晓其内容，而且还要从典型事件中受到启发，得到教益。或学习经验，弘扬正气；或警戒错误，吸取教训；或了解情况，引起重视，这是通报教育性的体现。

四、通报的写作

（一）通报格式

1. 标题

发文机关 + 事由 + 文种，如《国务院办公厅关于少数地方和单位违反国家规定集资问题的通报》。

2. 主送机关

除普发性的通报外，其他通报都应标明主送机关。

3. 正文

不同种类的通报正文写法有所不同，后文加以详述。

4. **发文机关署名、发文日期和印章**

在正文(或附件说明)右下方写明发文机关名称及发文日期,并加盖印章。

(二) 通报正文

1. **表彰批评性通报**

表彰批评性通报的正文采用分层分段式,其写作思路和奖惩性决定的写作思路相同,都包含四个模块的内容,即叙述事实、分析评价、处理决定和提出要求。

开头:包括叙述事实和分析评价。大多数公文的开头是为主体的展开做铺垫,主体是行文的主要部分。但通报要求受文机关充分了解情况,然后或学习或引以为鉴。所以开头叙述先进事迹或所犯错误的实际情况时,必须把事情的来龙去脉(如人物、时间、地点、原因、经过、结果等)交代清楚。而且要紧扣事件的实质,进行斟酌、取舍,注意详略得当,重点突出。不可眉毛胡子一把抓,搞得主次不分。接着,在叙述事实的基础上,要进行必要且恰当的分析评价,以使受文者更好地理解和接受。如果是表彰性通报,就要对先进人物、先进事迹进行分析、评价,阐明其典型意义,或概括其主要经验,指出其值得发扬和学习之处;如果是批评性通报,则要分析造成错误的主客观原因,指出事件的性质及其危害,说明应吸取的教训。无论哪一种通报,对事件的分析一定要准确,评价要中肯,做到不夸大、不缩小,使人们能从中受到教育与启迪。这部分的写作一般都带有比较鲜明、浓重的感情色彩,所以要掌握好分寸,避免过分的渲染和不切实际的褒贬。

主体:通报决定。这一部分反而着墨不多,但要写清楚对有关单位或人员进行表彰或批评的决定,通常包括精神方面和物质方面的表彰或批评。在实际写作中,如果遇到决定事项或处理意见内容较多的情况,可采用分条列项的写法,做到眉目清晰、条理清楚。

结尾:希望和要求。这是表彰性通报和批评性通报不可或缺的一项内容。事实上,用通报的形式表彰或批评某人某事,其真正目的是让人们从中受到启迪,得到教益。提出希望或要求应注意结合前文内容,有的放矢,体现出表彰或批评的针对性,并揭示出通报事件所蕴含的社会意义。切忌脱离实际,空喊口号。

【例文 6 - 13】

某省建筑工程有限公司关于表扬刘君同志拒收红包行为的通报

公司工程部副经理刘君同志,长期奋战在一线施工现场,对工作认认真真、兢兢业业。近日,某分包单位负责人向刘君同志私授红包以求关照。刘君同志在两三推辞不掉的情况下,主动将红包上缴到公司项目部。

刘君同志这种拒收红包的行为,充分体现了一位优秀管理者洁身自好、严格自律的优良品德和恪守职责、不为金钱所动的职业道德。

公司高度赞扬刘君同志这种行为，决定在全公司予以通报表扬。公司全体员工要向刘君同志学习。在工程管理中，特别是面对某些供货商或分包商的拉拢行为，要保持清醒头脑，自觉履行职责，严格遵守施工和验收规范，坚决维护公司利益。全公司上下形成“我视公司为家庭，公司视我为家人”的良好氛围，发扬主人翁精神，众志成城、共创辉煌，推动企业发展，体现自我价值。

某省建筑工程有限公司

2012 年 8 月 6 日

【简析】 这是一篇表彰性通报。第一自然段叙述为什么表扬，先以刘君的平时表现作铺垫，再叙述刘君拒收红包行为。第二自然段是对刘君行为的评价，以使收文者深刻认识到刘君拒收红包的积极意义。在此基础上，第三自然段首先明确态度，“公司高度赞扬刘君同志这种行为，决定在全公司予以通报表扬”，然后是收文单位提出学习的要求，且要求非常具体。整篇通报行文顺畅，层次清楚，语言明确。

2. **情况性通报**

情况性通报的正文也是采用分层分段式。需要明白的是，情况性通报不仅仅是通报情况，在通报情况后，还应找到问题，分析问题，以及解决问题。其底层思维是应用文书的提出问题、分析问题、解决问题的思维。如果只是通报情况，而没有分析问题和提出对策（建议），对写作人员来说，这是失职。

开头：可以说明发文缘由、依据、目的。如《国务院办公厅关于全国互联网政务服务平台检查情况的通报》一文的开头：“为摸清全国互联网政务服务平台现状，推动提升政务服务质量和实效，切实便利企业群众办事创业，经国务院同意，国务院办公厅近期对全国互联网政务服务平台进行了检查。现将有关情况通报如下”，就是简述了发文的目的、依据、缘由，再加上过渡句转到主体部分。还可以在开头部分概述总体情况，具体情况在主体部分详细说明。

主体：传达情况 + 分析情况 + 提出建议（意见）。传达情况不能简单，要能准确完整地把掌握的情况写清楚。分析情况这部分写作角度多样：可以肯定取得的成绩，可以（以及）指出存在的问题，可以（以及）分析原因，可以（以及）指出影响。要注意梳理归类，合理安排结构。主体第三部分是提出切实可行的对策，根据收发文机关之间的关系，或对今后的工作作出部署，或提出改进工作的建议、要求等（这一内容可作为通报的结尾）。

除了表彰批评性通报和情况性通报，在实际工作中，通报作为传达信息、交流情况、指导工作的载体，还经常出现表扬批评性通报和情况性通报合为一体的通报。工作中某地某部门取得的一定成绩或出现的某一问题，不论是正面的典型还是反面的典型，管理者要抓好典型示范，促进和推动面上工作发展。这种通报发挥着举一反三、以点带面、由点及面的作用，这是实施领导、开展管理的具体工作方法和工作思路在文书当中的体现。

【例文 6－14】

国务院办公厅关于全国互联网政务服务平台检查情况的通报

国办函〔2017〕115 号

各省、自治区、直辖市人民政府，国务院各部委、各直属机构：

为摸清全国互联网政务服务平台现状，推动提升政务服务质量和实效，切实便利企业群众办事创业，经国务院同意，国务院办公厅近期对全国互联网政务服务平台进行了检查。现将有关情况通报如下：

一、基本情况

本次对 31 个省（区、市）及新疆生产建设兵团的互联网政务服务平台进行了检查，共随机抽查平台 201 个，其中省级平台 30 个、地市级平台 42 个、区县级平台 129 个。除核查各平台功能是否可用外，还抽查了企业设立登记、教师资格认定、排污许可证核发等与企业群众生产生活密切相关的高频服务事项，共计 865 个。

截至 2017 年 8 月底，已有 29 个省（区、市）及新疆生产建设兵团建成一体化互联网政务服务平台，其中 16 个平台实现了省、市、县三级全覆盖。平台功能方面，北京、天津、上海、浙江、山东、广东、海南等地区平台搜索、注册、咨询等功能有效可用的比例在 80%以上；服务事项方面，江苏、浙江、山东、广东、贵州、宁夏等地区平台 80%以上的服务事项规范性、实用性、准确性较好。此外，浙江提出“最多跑一次”、江苏提出“不见面审批”等，对互联网政务服务平台服务实效提出了更高要求。

二、主要问题

各地区互联网政务服务平台加快建设的同时，在信息共享、平台功能、服务信息等方面也出现了一些问题，影响了平台作用的发挥，有的平台甚至办不成事。

（一）办事入口不统一。统一办事入口是方便群众找到和使用互联网政务服务平台的首要条件。但一些地方互联网政务服务平台与政府门户网站“两张皮”，甚至出现同一事项内容不同、标准各异的现象，导致办事平台不好找、企业群众不愿用。抽查发现，26%的互联网政务服务平台未与本级政府门户网站前端整合，不能提供统一服务入口。

（二）政务信息不共享。政务信息共享是多平台多系统联动、简化优化办事流程的必要条件。但抽查发现，部分互联网政务服务平台未能与部门办事系统实现统一身份认证、一号登录，办事系统间数据不能共享复用，导致企业群众办事需要在多个平台和系统间重复注册登录，网上办事变得繁琐复杂，降低了办事体验。

（三）事项上网不同步。各级政务服务平台为方便群众办事，均按照部门或个人、企业等主题对政务服务事项分类设置。抽查发现，由于服务事项梳理上网跟不上平台建设步伐，68%的平台存在部分栏目下无内容的问题，导致“有路无车”、平台不能用。

（四）平台功能不完善。畅通咨询渠道和提供精准的站内搜索是互联网政务服务平台能办事、好办事的重要保障。抽查发现，87%的平台咨询投诉渠道真实有效，但回复不及时的情况比较突出，38%的平台对用户咨询问题超过5个工作日未作答复。22%的平台搜索功能不可用，市、县级平台尤为突出。一些平台无搜索功能，一些平台无法搜索到已有服务事项，搜索功能成摆设。

（五）服务信息不准确。办事服务信息清晰准确是实现"群众少跑腿"的必要条件。被抽查的政务服务事项中，有25%只提供了申请、受理、审查等办事环节名称，未对各环节要求进行具体清晰描述；33%未明确办理时限、收费标准、联系方式等要素；13%对办理材料表述不清晰，存在"根据有关法律法规规定应提交的其他材料"等类似表述或兜底性条款；41%未提供办事表格下载，48%未提供表格填写说明或示范文本；55%未明确办理材料格式要求，比如原件/复印件、纸质版/电子版、份数等。办事指南不实用已经成为受企业群众诟病的痛点。

三、下一步工作要求

各地区、各部门要按照《国务院关于加快推进"互联网＋政务服务"工作的指导意见》（国发〔2016〕55号）要求，针对目前互联网政务服务平台存在的问题，认真清理整改，不断加强平台建设，提高服务能力，切实让企业群众办事更方便、更快捷。

（一）进一步完善平台功能。从方便企业群众办事角度出发，着力提升平台的实用性。各地区、各有关部门要依托政府门户网站构建权威、便捷的一体化互联网政务服务平台，已经单独建设的平台要尽快实现与政府门户网站的整合，统一办事入口。加快推进信息共享，实现单点登录、一网通办。科学合理设置服务分类，避免出现"有栏目无内容、空架子不实用"等问题。完善平台搜索、咨询等功能，确保公众能够"找得到、问得清"。

（二）准确细致公开办事服务信息。进一步规范和完善办事指南，详细列明依据条件、流程时限、收费标准、注意事项、联系方式等；明确提交材料的名称、依据、格式、份数、签名签章等要求，并提供规范表格、填写说明和示范文本。除办事指南明确的条件外，不得自行增加办事要求，不得存在模糊不清的表述。办事条件发生变化时，要动态更新相关信息。

（三）开展全面自查整改。各省（区、市）人民政府办公厅、国务院各有关部门办公厅（室）要对本地区、本部门的互联网政务服务平台进行梳理，通过全国政府网站信息报送系统填报相关信息。互联网政务服务平台已实现省、市、县三级以上行政层级全面覆盖的省（区、市），全省只需填报一个统一平台。要对照检查指标（见附件）组织开展对本地区、本部门互联网政务服务平台的全面自查整改。各地区、各有关部门要于2017年12月31日前完成信息填报和检查整改工作，并将整改情况报送国务院办公厅政府信息与政务公开办公室。国务院办公厅将对各地区、各部门的检查整改情况开展抽查核查，并向社会公开核查结果。

附件：全国互联网政务服务平台检查指标

国务院办公厅

2017年10月6日

【简析】 这是一篇形式上平行、实质上下行的通报。第一自然段的"经国务院同意"表明是国务院办公厅接受授权的行文。这篇通报内容丰富、结构明晰。就行文思路来看，全文总共两个部分。第一自然段即开头部分，依次说明了发文的目的、依据、背影，然后过渡到主体部分。第二部分即主体部分，包括基本情况、主要问题、下一步工作要求。其中，主要问题和下一步工作要求采用序号加段前撮要的写法，又包括更多次级层次更丰富的内容。整个文章的思路为提出问题（基本情况）、分析问题（主要问题）和解决问题（下一步工作要求），逻辑清楚，层次分明，是一篇非常值得学习的通报。

【例文 6－15】

教育部办公厅关于个别高校主办的期刊违规出版增刊的通报

教社政厅〔2005〕5 号

各省、自治区、直辖市教育厅（教委），新疆生产建设兵团教育局，部属各高等学校，有关直属单位：

最近，我部接到关于东北师范大学主办的《现代中小学教育》存在违规问题的举报。经我部调查，该刊确实存在违反《期刊管理暂行规定》、拆本出版增刊的行为。在此，特予以通报批评。

近一时期，个别高校主办的期刊，受经济利益驱使，出现了一些违反出版管理规定的问题，主要表现在：①个别期刊不按照期刊出版管理规定出版增刊，没有在封面注明“增刊”字样；②个别期刊将出版增刊作为创收手段，以出版增刊或出版专辑、论文集等形式，向作者收取“版面费”，牟取钱财；③个别期刊一号多刊，将一次性获得批准出版的一期增刊，拆分出版两期甚至多期增刊，以达到多发表文章，多向作者收取费用的目的。这种不正之风，致使一些内容平庸甚至质量低劣的文章得以发表，浪费了出版资源，助长了学术腐败，也使一些不明真相的人上当受骗，严重损害了高校期刊界的形象，腐蚀了编辑队伍，破坏了出版工作秩序，在社会上造成了不良的影响。出现上述问题，尽管是个别的，但是各高校及其主管部门必须引起高度重视，引以为戒，举一反三，进一步规范高校期刊的管理。为此，提出以下意见：

一、坚持正确的办刊方向和宗旨。各高校期刊要珍惜国家赋予的办刊权利，把社会效益放在首位，杜绝将出版期刊作为单纯的创收手段，特别要制止以创收为目的的收费现象；自觉遵守学术规范，抵制学术腐败，坚持质量第一，努力为教育、教学和教师更好地服务，全力办好刊物。

二、认真执行《出版管理条例》、《期刊管理暂行规定》和有关期刊出版管理规定。各高校期刊要进一步规范期刊的出版行为，坚决制止一号多刊的违规做法，注意严格执行增刊、扩版等期刊出版管理规定。期刊出版增刊，其宗旨、开本和发行范围应当与正刊一致；出版增刊，除需刊印国内统一刊号外，还需同时刊印一次性增刊许可证编号，并在封面刊印正刊名称和注明“增刊”。

三、加强队伍建设。各高校期刊要进一步提高编辑出版人员的政治水平和政策水平，加强职业道德教育，树立政治意识、大局意识和责任意识，不断提高刊物的学术品位和出版质量。

四、落实领导责任制，进一步加强对高校期刊的管理。高校期刊的主管和主办单位，应根据《关于出版单位的主办单位和主管部门职责的暂行规定》要求，切实加强对期刊的领导和管理，对期刊所载文章的社会效果负责。各期刊主办高校要切实履行起主办单位职责，监管、指导所主办的期刊严格遵守国家的出版法规和规定。各主管部门，应协同中央、国务院有关部门，进一步加强对所主管期刊的宏观指导和管理，监督期刊出版单位及其主办高校加强管理，履行职责。一旦发现问题，要严肃查处，绝不姑息。

请各高校及其主管部门按照国家有关规定，加强对本单位、本部门期刊的管理，杜绝期刊出版中出现的违规问题。

教育部办公厅

2005 年 10 月 20 日

【简析】 从本通报内容看，这是代表教育部意志的文书，发文机关是教育部办公厅，而文中并没有写明“经教育部同意”，没有体现出受权行文。办公厅作为开展辅助管理工作的秘书机构，如果没有授权，是没有权限发出这篇通报的。实际上，教育部办公厅的这篇发文肯定是经过教育部授权的，但问题在于文中没有写明“经教育部同意”。所以，从这一点（发文程序）来说，这篇通报的权威性是值得讨论的。

撇开是否写明授权，我们来看看本通报的具体内容。这是一篇批评性和传达性相结合的通报，很鲜明地体现出了实践中举一反三、由点及面的工作方法。第一自然段对东北师范大学主办的《现代中小学教育》存在违规问题提出通报批评。紧接着，第二自然段首先列出近一时期一些违反出版管理规定的三种主要表现。然后指出危害，“致使……，浪费了……，助长了……，也使……，严重损害了……，腐蚀了……，破坏了……，在社会上造成了不良的影响”。第二自然段的最后是明确提出，“各高校及其主管部门必须引起高度重视，引以为戒，举一反三，进一步规范高校期刊的管理”，然后过渡到具体“意见”，即今后规范高校期刊管理的具体四个要求，即接下来的四个自然段。本通报的最后一个自然段是结尾部分，是对收文的各高校及其主管部门提出“加强对本单位、本部门期刊的管理，杜绝期刊出版中出现的违规问题”的要求。从行文的目的和工作方法来说，这是一篇值得我们学习的文书。但也有些地方可以做修改，如“①”“②”“③”的使用不太妥当，建议改成“一是”“二是”“三是”。

【病文】

2007年上半年全国导游IC卡检查情况通报

旅管理函〔2007〕70号

各省、自治区、直辖市旅游局行管处、质监所(执法大队)：

经国家旅游局“导游网络管理系统”网上数据显示，今年以来，截至7月11日，全国共有26个省(区、市)开展了导游IC卡的检查，吉林、上海、广东、海南和宁夏的检查记录为零，青海省首次实现了导游IC卡检查数据零的突破。全国具体的检查情况如下：

一、总体情况

在全国2309名检查员中，有255名检查员对17948名导游实施了29569人次的IC卡检查，并对其中653人次的违规导游进行了扣分处理。检查员的检查率和检查员人均检查次数分别为11.04%和12.81次。与去年同期相比，检查员实际开展检查的人数减少25.9%，检查员的检查率下降20.4%，检查员的人均检查次数增加27.6%。导游的被检查率是8.53%，导游的被检查率和导游IC卡的检查次数分别增加4.5%和18.8%。

二、检查情况

上半年，全国检查员检查率(实际开展检查的检查员人数与全国检查员总数的百分比)是11.04%。大于此平均数的省(区、市)分别是：天津(56%)、西藏(50%)、陕西(47.89%)、重庆(31.71%)、北京(30.56%)、湖南(27.78%)、辽宁(23.44%)、江苏(18.55%)、江西(18.07%)、浙江(16%)、四川(15.15%)、福建(14.16%)、安徽(14.04%)、贵州(12.20%)。

全国人均检查人次(全国检查员检查总人次与全国检查员总人数之比)是12.81次，检查人次排在前10位的省(区、市)是：福建(6997次)、陕西(4739次)、新疆(2662次)、四川(2490次)、山西(1666次)、重庆(1618次)、湖南(1340次)、山东(1310次)、江西(1152次)、浙江(914次)。

全国导游员被检查率(全国被检查导游员总次(人)数与全国导游总数的百分比)是8.53%，大于此平均数的省(区、市)分别是：福建(66.35%)、重庆(33.65%)、陕西(33.59%)、新疆(26.30%)、山西(16.20%)、四川(14.71%)和甘肃(9.38%)。

三、扣分情况

在653名被扣分的导游中，被扣2分的有183人，被扣4分的有392人，被扣6分的有14人，被扣8分的有29人，被扣10分的有35人，分别占被扣分导游总数的28%、60%、2.1%、4.4%和5.4%。

北京、四川、浙江、福建和湖南5省市的检查员严格对违规导游实施扣分处理，其扣分总人数均超过了50人次，分别是北京(143人次，占扣分总数的21.9%)、四川(78人次，占扣分总数的11.9%)、浙江(74人次，占扣分总数的11.3%)、福建(62人次，占扣分总数的9.5%)

和湖南(58 人次,占扣分总数的 8.9%)。

四、存在问题

1. 检查员检查率大幅下降

由于检查员流动性强、分工不明确等原因,形成有卡不检查,检查没有卡的状态,是上半年的检查员检查率大幅下降的主要原因。

2. 城市的检查率不高

全国现有 292 个城市,目前已有 245 个城市配有检查员卡,检查卡已经覆盖全国 84% 的城市,但现只有 53 个城市开展检查,城市的检查率只有 22%。

3. 数据上传不畅

因各地机器及网络传输速度不同,有一部分数据无法及时上传进网,导致一些省市的检查数据上传不及时或丢失,以至不能完全体现各地的检查工作量。

4. 操作不规范

因部分检查员缺乏必要的培训,在检查规程中,没有按照规范的要求进行操作,致使检查成为无效检查。

以上问题是导游检查率无法提高的主要原因。

特此通报。

【简析】 这是一篇情况性通报。这篇通报从内容到形式都有修改的必要。首先,通报作为法定公文,其标题格式必须规范,该标题应改写为“×××关于 2007 年上半年全国导游 IC 卡检查情况的通报”。其次,就行文思路来看,全文主要包括两部分内容,即检查情况和存在问题。我们知道,工作中交流信息沟通情况并不仅仅只是告知对方事实,还要对事实进行分析,最重要的是提出对策。也就是说,一篇好的通报要有事实、有分析、有对策。而该篇通报在陈述了事实、找到问题之后,戛然而止,缺少了最重要的解决问题部分(建议或意见)。我们经常说,文风即政风,文风体现了工作作风。工作中,既然已经查找出存在的问题,那么,就应该提出下一步工作意见或建议,方能体现出工作的积极主动,方能真正促进问题的解决和管理工作的稳步推进。再次,就检查情况部分的内容来说,“一、总体情况”“二、检查情况”“三、扣分情况”这三个小标题并列的逻辑关系是不太恰当的。什么是“总体情况”?什么叫“检查情况”?从具体内容可见,总体情况是全国检查情况,检查情况是各省的检查情况。如果将主体框架改成“一、检查情况……(一)全国检查情况……(二)各省检查情况……(三)扣分情况……二、存在问题……三、下一步工作要求……”,就比较恰当了。

此外,这篇文书的写作有一点很值得称赞,就是数据非常详实,说明写作前期的工作,即材料的收集工作,做得踏实、充分。文章以数据来说明情况,客观、直观、鲜明,是一个非常值得学习的写作方法。

五、通报的写作要求

（一）内容要准确无误

所通报的事项或情况一定要认真核实清楚，确保事实符合实际情况。明确交代事情的来龙去脉，使人对所通报的事实形成一个完整的印象。

（二）事实具有典型性和代表性

选材时要选择那些能反映问题本质，具有普遍性和代表性的事件来写。只有普遍性没有代表性的材料，不能给读者以深刻的印象；只有代表性而没有普遍性的材料，缺乏广泛的指导意义和教育意义，最终都不能达到通报的目的。

（三）措词谨慎，讲究分寸

分析和评价要实事求是，合情入理，恰如其分。不能空发议论，借题发挥；不能做任意夸大或缩小，特别是对事件的定性要准确，掌握好分寸。

六、通报与相似文种的辨析

（一）表彰批评性通报与奖惩性决定

相同点：都可以用来表扬先进、批评错误，正文的写作思路都是叙述事实、分析评价、处理决定和提出要求。

不同点：表彰批评性通报与奖惩性决定的使用在于出发点与侧重点不同。奖惩性决定重在处置，它的着眼点在于奖惩有关单位或个人，它代表领导层的权威意志，奖功罚过是其首要目的；而表彰批评性通报则是使受文单位了解要表彰或批评的典型事件，从而受到鼓舞教育或鞭策警示，重在宣传与教育，或先进示范，或以儆效尤。比如某人在值夜班的时候睡觉，被纠查人员抓到，值班睡觉这一事件具有典型性，所以需要用通报行文，知晓大家要引以为戒。而如果这人不仅在值夜班时睡觉，还因为他睡觉造成严重的生产事故，这时候就需要用决定来表达领导的态度了。

（二）通报与通知

相同点：都是告知情况、传达信息的文种。

不同点：

一是行文目的不同。通知的行文目的是发布或传达下级或不相隶属机关周知或执行的事项；通报是传达信息，交流情况，进而给各方面工作以一定的指导、教育的作用。特别是通报承负着“表彰先进，批评错误”的任务，因而具有奖励与告诫性质，这一点不同于通知。

二是行文时间不同。通知本质上是计划，所以通知是事前行文，告之收文者如何开展工作。而通报则是事后行文，不管是表扬批评，还是传达重要精神和情况，都是事情发生之后，选取典型的情况告知出去。

三是写作内容有所不同。通知的开头部分（背景、目的、依据等）较简单概括，主体部分则要写清楚应该如何开展工作。而不管是表彰批评性通报的四个模块，还是传达情况通报的情况、分析、对策等，都需要充分地表达清楚。

第五节　消　息

一、消息的性质

消息就是最简要、迅速地报道最近发生事件的一种新闻宣传文体。它通常被人们称作新闻或狭义的新闻（广义的新闻是消息、通讯、特写、调查报告等新闻体裁的总称），是我们使用最广泛的一种新闻体裁。消息作为新闻体裁的重要形式，是报纸和广播电视新闻的主角，其他新闻报道如通讯、广播稿、新闻评论等是它的发展和补充。随着网络的普及，很多单位内部也会在网站或其他媒体上发布与本组织有关的消息等，所以消息也是秘书人员必须掌握的文书。

二、消息的特点

（一）“真”——真实性

新闻要讲真事，说真话，宣传真理。真实性是新闻的本质特征，是新闻的生命所在，是新闻价值的尺度。所谓真实性就是报道真人真事，内容真实可靠。时间、地点、人物、事件、数字、引语、细节都准确无误，作者对事实的分析符合客观事物的本来面目。新闻不是文学创作，不允许臆想虚构。虚假的新闻不仅无益，而且有害。

（二）“新”——题材新颖

就是报道新鲜事、新人物、新动态、新风尚、新知识、新问题等。它要求尽可能迅速地报道最新出现的新人、新事、新现象。

新闻事实就是“新近”发生的事实，这个“新”包含有三个方面的意思：

一是最新发生的事实。不是最新发生的事实不能成为新闻事实，新闻不是记录已经成为历史的事实，新闻和历史的区别正在于时间。

二是具有新意的事实。不是所有最新发生的事实都能成为新闻。新闻报道要不断提供具有新意的东西供人们读后有所得。因此既要强调时效性，又要在新意上下功夫。

三是新近发现的事实。有些事实虽然不是新近发生的，即已经成为历史的事实，但它是新近被人们发现的，读者或听众还闻所未闻，所以也具有新闻价值。

（三）“快”——迅速及时

新闻是稍纵即逝的客观现象的及时记录，最讲究报道迅速、及时，如果迟写慢发，新闻就会贬值或失去意义。有记者说：“当天的新闻是金子，隔天的新闻是银子。”新闻的主要任务是写今天，它的特点就是迅速及时。

（四）“简”——篇幅较小

就是用简洁、概括的文字，把事物要点表达出来，叙事直截了当，语言简洁明快，篇幅短小。短是新闻的鲜明特色，也是社会生活的需要。稿件短，传播媒介才能大量报道，读者才能了解到更多的信息。

三、消息的种类

（一）按篇幅长短分

1. 简讯

即用三言两语简要报道新发生或新发现的具有新闻价值的事实。这类报道的内容要求单一。一般不分段，既没导语又不必交代背景，只求简单明了地告诉读者某地、某时发生了某件事就可以。通常字数在 100 字以下。

2. 短消息

即用简洁文字把最新、最重要而又有意义的事实报道出来。一般的短消息，由导语和主体两部分组成。有的短消息，也没导语，一气写下去，但是它比简讯要写得具体。通常字数要求 100 字左右。

3. 长消息

即用较多的笔墨深细地报道新闻价值较高的重大事实。此类消息的写作有导语，还要交代必要的背景，主要是报道重要会议、重大事件或成就及介绍先进经验等。篇幅较长，通常在 500 字以上。

（二）按内容分类

1. 动态消息

动态消息就是准确、迅速地报道新近发生的或正在发生的国内外重大事件、新鲜事实的一种消息形式。它是最能鲜明、直接体现新闻定义，及时传递信息、沟通情况的一种报道形式。其特点是短、快、新。

2. 经验消息

所谓经验消息，即是反映事物发展变化的阶段性、概况性、经验性或典型性的报道。它不是以一个独立的事件为中心，而是由许多事实，或者说，由一件以上的事实，经过综合、归纳、概括、提炼而成。它不是突发性的，事情的发生、发展有比较长的过程。它所选择的事实有典型意义，能在不同程度上反映某一个时期、某一项工作的全貌，能揭示事物的本质，对读者有启发性、指导性。

3. 述评消息

又称"评述性消息""记者述评""新闻分析"。这是一种以夹叙夹议，边述边评的方式写成的消息报道。它以国内国际的重大事例和各行各业的成就、做法、经验、教训为题材，除了有事实之外，还要有评论。也就是说，除了介绍情况，分析形势，总结经验外，一般还要研究动向，指明发展，表明作者的原则立场，以帮助读者提高思想觉悟，加深对事物的理解。

四、消息的写作

一般而言，一篇消息可以分成五个部分，即标题、导语、主体、结尾、背景。

（一）标题

"题好文一半"，标题的基本功能是传达信息、吸引读者和表明态度，好的标题对一则消息具有举足轻重的意义。

标题必须简明、准确地概括消息内容，向读者提供报道的根本内容。消息标题有单行、双行、三行三种。

单行标题指正题，概括与说明主要事实和思想内容。

如：

北京理工大学现代远程教育学院在我校成立校外学习中心

再如：

市教育局、卫生局领导检查督导我校食堂工作

双行采用引题与正题或正题与副题的形式。引题用来揭示消息的思想意义或交待背景，说明原因，烘托气氛等，副题用来提示报道的事实结果，或作内容提要。

如：

清正廉洁　秉公办案　（引题）

反贪局长陈来敏被追记二等功　（主题）

再如：

天津查获一批放射性进口废物　（主题）

现已入库封存等候处理　（副题）

三行标题指同时使用引题、正题和副题的形式。

如：

现代科学研究揭开千古学术悬案　（引题）

《夏商周年表》正式公布　（主题）

我国历史纪元向前延伸了 1 200 多年　（副题）

（二）导语

导语是新闻消息的开头语，从形式上表现为报道的第一个自然段或第一句话。它是用简洁的文字，扼要叙述新闻的主要事实，揭示全文主题，引起读者的兴趣和注意的开头语。

1. 叙述式导语

以叙述的方式，简明扼要地报道消息中最主要、最新鲜的事实。它要求准确、生动地概括新闻事件。大多数的消息采用叙述式导语。

如：天津南开大学将从明年起在全国招收具有中国象棋特长的高中毕业生，培养中国象棋大学生。

积压在仙居县百货公司两年半的两千双女鞋，和农民见面后，竟变成了畅销货。

2. 描写式导语

抓住新闻中的主要事实，或事件发展的高潮，或事物的某一有意义的侧面，或是某个特定的场景，作简洁传神的形象描写，通过描写，造成现场实感，以吸引读者。

如：美国地质学家报告说，圣海伦斯山的火山昨晚由于“日潮的吸引”，把阵阵灰烬喷向五万英尺的高度。

3. 提问式导语

是以设置疑问开头的导语。它以疑问提挈全篇，吸引读者的注意。所设的问题，应紧扣新闻主题，应该是读者欲知而未知的问题。设疑的问题应难易适当，不要无疑而问。

如：8 点上班的钟声响过之后，中央国家机关有多少人迟到？

4. 评论式导语

往往采用夹叙夹议的方式，通过极有节制、极有分寸的评论，引出新闻事实，揭示新闻本质，以唤起读者的注意。

如：乡镇企业家的进取意识再次暴露了城里人的迟钝——珠江三角洲的乡镇企业家们，已抢在那些吃惯了“大锅饭”的国营企业之前，占领了广东的技术市场。

5. 引用式导语

引用要人、权威或群众的话来开篇。采用引语式导语通常有两种情况：一是所引的话，本身就是重要新闻；二是借他人之口，来评价、引带新闻事实。

如：“路上跑的是吉普，四个书记一个屋，没有一个搞特殊，经济年年迈大步。”这是湖北省五峰土家族自治县群众对县委一班人廉洁务实、率民求富的赞誉。五峰县委一班人保持公仆本色，被中共湖北省委树为“党风建设先进集体”。

6. **对比式导语**

在叙述主要新闻事实时,引入与之相关的内容,通过对比、衬托,突出主要新闻事实。

如:解放前没有一公里公路,在狭窄险道上全靠牦牛、毛驴驮运或人背的西藏,今天已有一万五千八百公里的公路通车。

(三) 主体

主体是新闻的主要组成部分,有了它,新闻才显得完美和充实。主体在消息中具有双重功能:一是注释导语,使导语中的事实更加清楚,更加详细,以满足读者深入了解新闻事件的要求。二是补充导语,使主体中没有提到的其他有关新闻主题的事实得以补充,以保证新闻的完备性。

主体部分常见的结构有:

倒金字塔式。把高潮或结局放在开头,然后再介绍其余内容。便于阅读,使读者一下子抓住要点,满足读者的好奇心。

金字塔式。特点是一段比一段具体,事件的高潮和结尾要到最后一段才显示出,能吸引读者看完全篇。

时间顺序结构。根据事件发生的先后安排结构,其优点是可以使读者对某一事件的全过程有一个鲜明的印象。

提要式结构。这种结构适于比较系统介绍某一事件的综合消息。

写作主体部分特别要注意三个问题:

一是,要注意变换角度,不重复导语。因为主体是对导语中所涉及的事实加以具体化,为避免与导语重复,要不断变换角度,从不同的要素、不同的侧面去注释导语,使导语所披露的新闻事实更详细,更清楚。

二是,要注意扣紧主题,不要离题。注释导语,实际上就是从何时、何地、何事、何人、如何、为何等几个方面,对消息导语作进一步的说明。补充导语,实际上就是补充交代与主要新闻事实紧密相关的细节。

三是,要内容充实。消息必须用事实说话,不能空发议论。主体的写作,也必须内容具体,不能把空泛的议论、抒情塞进消息。

(四) 结尾

紧扣消息主题和新闻事实,顺势而成,既不要画蛇添足,重复啰嗦,也不要随意简省,损害主题。通常有以下几种形式的结尾:

归纳式。对于内容广、头绪多的新闻,为了给读者一个整体印象,常用归纳式结尾。

点题式。在结尾处点题。

反问式。这种结尾往往可以加深人们对新闻所述事物的思索,进一步悟出其中奥妙。

评论式。结尾通过对之前消息内容的评论，或揭示事件本质，或引人思考。

引语式。这种结尾常选用消息报道的主人公所说的有概括性、典型性的话作为结尾，表示态度。

也可无尾。

（五）背景材料

背景材料，是指新闻事实发生的历史条件、现实环境以及与周围事物的联系。它可以对新闻事实进行补充、点染和阐明。并不是所有的消息都需要新闻背景，一些事实简单明了的短消息，可以不要背景材料。

背景材料一般分为三类：一是说明性背景材料，是用来说明新闻事实产生的原因、条件、环境、历史演变以及新闻人物出身、经历、身份、特点的材料；二是注释性背景材料，是注释、解说有关科学技术、名词术语和物品性能特点方面的材料；三是对比性背景材料，是能与新闻事实形成某种对比的材料，以突出事件的重要性。

背景材料是辅助性材料，一般情况下，不宜过多过长，否则喧宾夺主，冲淡了消息主题。要精心整理背景材料，不要把背景材料写得繁琐杂乱。背景在消息中没有固定位置，要合理安排背景材料的位置。

五、消息的写作要求

1. 层次分明

结构是为内容服务的，只有结构合理、严谨，层次分明、有条理，才能把新闻事实写得全面、准确、吸引人。

2. 内容充实

消息的主体部分要有足够有说服力的事实材料。内容充实的标志，就是看这一部分是否充分有力地诠释了导语中提出的各个要素。

3. 用词准确

要用确切恰当的词汇正确反映客观事物的情况，充分得体地表达主题。语言的运用上要防止套话、废话、大话或滥加形容。

【例文 6－16】

我省倾力打造稳定透明公平可预期的营商环境

法治是最好的营商环境。高质量发展离不开法治化营商环境的支撑与服务。在简政放权、放管结合、优化服务改革的背景下，我省直面问题困难，聚力打造稳定透明公平、可预期的法治化营商环境，助力市场经济健康有序运行，在优化营商环境上迈出坚实脚步。

立法紧扣改革前沿

11月26日,《江苏省促进政务服务便利化条例(草案)》提交省十三届人大常委会第十二次会议审议。突出"不见面审批"经验、体现最新改革成果、强化便利化保障监督,成为草案的三大亮点。

一个地方的营商环境好不好,首先看政务环境是否高效透明。省司法厅审核认为,这部今年增列的立法,总结提炼我省"不见面审批"的经验做法,以行政许可便利化为基础,推及其他政务服务事项及关联业务的便利化,重在建设"让党放心、让人民满意模范机关"的法治政府和服务型政府,多方位构建良好的政务环境。

立法是长久之策。我省正推进优化营商环境方面立法,从市场主体保护以及政务环境、市场环境、法治环境优化等方面进一步完善制度设计。

"我们强调公平竞争、区域开放、政策普惠,在立法之初就要'一碗水端平'。"省司法厅立法二处负责人汪立生说,将各地区各部门在优化营商环境方面大量行之有效的政策、经验、做法上升为法规制度,使其进一步系统化、规范化,增强权威性、确定性和法律约束力,从制度层面为优化营商环境提供更加有力的保障和支撑。

加强市场的开放性,是江苏立法一大特色。省发改委起草的《江苏省电力条例》、省交通运输厅起草的《江苏省农村公路条例》、省粮食局起草的《江苏省粮食流通条例》等,都进一步开放电力、农村公路养护以及粮食流通市场,为所有市场主体平等进入相关市场领域提供制度保障和政策支持。

随着长三角区域一体化发展上升为国家战略,营商环境不再局限于一省一市。省司法厅厅长柳玉祥表示,构建法治化营商环境,首先要打造规范统一的法治化制度环境。江苏将与兄弟省市共同推进高质量立法,构建内外协调、运行高效的长三角区域营商环境制度体系,保障市场经济良性运行、健康发展。

健全机制倾听市场声音

营商环境相关立法质量优不优,由谁说了算?省司法厅日前邀请7家省内企业负责人和法务负责人召开恳谈会,充分听取企业和商会的意见建议。

恳谈会开了两小时,大家畅所欲言。有人说,人才引进时能否考虑在户口、子女教育方面统一政策,打破区域政策标准的不一致;有人提出,社会信用管理上,违法行为能不能分轻重、主客观;还有人认为,政府的扶持政策应该对企业有所区别,突出精准服务、精准培养倾向。

"我在现场提出建议,希望发挥商会对行业进行自律管理的作用,这也是顺应社会治理现代化的需求。"江苏中源工程管理股份有限公司执行总裁丁先喜认为,立法部门与企业面对面,企业把问题和建议摊开来说,让立法者能更直观地了解企业需求,制度设计更加具有全面性、代表性、开放性。

扩大企业话语权,充分尊重市场主体的建议。10月底,省政府立法基层联系点名单中,增列五星控股集团、红豆集团、亨通集团、南通三圣石墨设备科技股份有限公司等多家民营企业。“企业联系点达到联系点总数的五分之一，立法听取市场主体意见已成为常态。”省司法厅立法一处处长滕天云说。

拓宽社会力量参与面，立法工作的开放性和民主性不断加强。今年，我省在全国首创立法项目主办制度。立法部门成立工作小组，确定政治过硬、业务能力强的立法工作小组成员担任主办人，特别是吸纳公职律师、政府法律顾问、基层立法工作者、行业领域专家等人员，全程负责立法项目审查工作。特别是对社会关注度高、涉及重大制度创新以及与安全生产、生态环境等关系密切的项目，立法工作小组将指导、督促实施部门跟踪掌握项目实施情况和社会反应，防范制度风险。

大幅削减证明事项

今年初，省政府取消省地方性法规、省政府规章、省政府规范性文件设定的57项证明事项。取消的证明事项不仅包括“奇葩”证明、循环证明、重复证明等各类证明，还包括用作证明的法定证照，比如营业执照、法定代表人身份证等。

“证明事项大幅削减，就是要构建服务型、便利化的政务环境。”滕天云说，证明事项取消后，索要单位和开具单位间可通过主动核验、实地调查、网络核验、部门间核查等方式办理，不再需要申办人多跑腿。

省司法厅党委书记高建新说，证明事项清理不是简单地取消某个事项，而是要通过部门内部和部门之间点对点协查、调取资料等方式履行核验义务。

“今年5月至8月，我们对182件规章、行政规范性文件进行实质性审查，发现内容存在违法或不当的文件27件，已经全部予以纠正。”省司法厅备案审查处处长韩震龙说。

统计显示，省司法厅组织开展涉及民营经济发展的规章、规范性文件清理工作，对有悖于平等保护原则、不利于民营经济发展的内容进行修改和废止，共废止规章5件、规范性文件232件，修改规范性文件36件。

“着眼激发市场主体活力，江苏司法行政机关打好服务营商环境主动战，努力营造更加稳定公平透明、可预期的法治化营商环境的信念如磐。”柳玉祥表示，全省司法行政系统将以钉钉子精神加快相关法规规章和规范性文件的“立改废”工作，真正把法治在优化营商环境中的功能作用发挥到位，用实际行动为我省经济高质量发展和社会大局稳定提供有力服务和保障。

【简析】 这则新闻消息的标题是《我省倾力打造稳定透明公平可预期的营商环境》，从消息正文内容来看，标题概括得不甚准确。因为内容主要是关于打造法治化营商环境，所以建议标题改为《我省倾力打造稳定透明公平可预期的法治化营商环境》，以使文题相符。整篇文章包括开头和主体两大部分。开头部分是总述，先讲法治化营商环境的重要性，再概括“我省”打造法治化营商环境作出的努力。主体部分详细地叙述和说明了如何打造，三个小标题即三方面具体的举措，包括立法紧扣改革前沿、健全机制倾听市场声音和大幅削减证明事项等，小标题的写作使主体部分结构非常分明。本消息无尾。

第六节　简　　报

一、简报的性质和适用

简报是非法定公文，是党政机关、企事业单位用于交流信息、指导工作的事务性文书。在管理工作中使用非常频繁，是交流信息、沟通情况的重要载体。简报既可在组织内部各单位阅读，也可在同一组织系统内上报或下发。简报可以将组织各部门的实际工作进展情况以及工作中出现的新情况、新问题，新经验或教训，及时反映给各级决策机关，使决策机关了解下情，为决策机关制定政策、实施管理提供丰富的典型的信息。简报也是向下级传达领导意图的重要工具。领导机关通过简报给下级机关或其他机关提供情况、借鉴经验、吸取教训，甚至还可通过"按语"直接传达领导的意图，这样对工作有指导和推动作用。

本质上，简报是一个载体，是一种专业性的简短的内部小报。它是简要的情况报道、简要的调查报告、简要的工作报道、简要的消息报道。常见的简报类文书有简讯、快讯、快报、要报、要情、动态、信息、工作通讯、情况通报、情况反映、内部参考、摘报等。

二、简报的种类

工作简报：反映工作动态、经验或问题。工作简报或以某个时间段编写一期简报，反映本组织的工作情况，这种简报综合性强，也称综合性简报；或以某项活动比如重点工作、中心工作，或出现的某个问题为主题编写简报，这种简报也称专题性简报。

会议简报：有分组交流或分会场的大会通常需要编写简报来沟通信息，反映会议的进展情况。每半天或一天编写一份，这种简报时效性要求强，编写人员从信息采集，到整理、加工完成一份简报，要快速、准确。

三、简报的写作

(一) 简报格式

简报的基本格式一般由报头、报身和报尾三部分组成。

内部资料
注意保存

××简报

第×期(总第××期)

××××编　　　　　　　　　　　　　　　　2007年×月×日

按语：…………

标题

（简报正文）…………

报：

发：

送：

共印××份

按语又称编者按，是编制机关对简报作出说明、评论，如说明材料来源、转引目的、转发范围，表明对简报内容的倾向性意见及表示对所提问题引起讨论研究的希望等。按语的位置在报头之下，标题之前。

按语可分三种类型：

一是题解性按语。它类似前言，主要对文稿产生过程、作者情况、主体内容作简要介绍。这是一种说明性质的按语，用准确的语言简要地说明清楚即可。

二是提示性按语。它侧重于对简报内容的理解揭示或是针对当前实践应注意事项的提醒。这是一种评论性质的按语，需要对简报反映的事实进行深刻精辟地议论，即分析问题，帮助读者充分认识和理解，并在此基础上，对读者提出期望性的建议。

三是批示性按语。它往往援引领导人原话或上级机关指示结合简报内容对实际工作提出批示性意见。

（二）简报稿的写作

简报稿的写法类似新闻消息的写法。

1. 标题

作为非法定公文，简报稿标题必须要揭示主题，新颖、简短、醒目，有吸引力。可以是单标题，即将报道的事实或其主要意义概括为一句话作为标题，如“八项规定：遏制腐败的利器”。可以是双标题，正题概括作用或意义，副题说明报道的事实，如“保护母亲河，美丽中国梦——2013年保护母亲河行动掀起春季热潮”。

2. 正文

开头：简报稿正文开头类似新闻消息开头中导语的写作，写法多种多样。可以是提问式开头，即就简报所要反映的主要问题进行提问；可以是结论式开头，即报道事实的结论，主体部分再交代原因和过程；可以是描写式开头，即描写简报所要反映的主要事实或某个特定的场面；可以是概括式开头，即概括简报所要反映的主要内容或主要事实等。

主体：正文主体是简报的重心部分。由于简报形式多种，内容多样，很难求一。一般主要有以下几种写法。

一是情况介绍类简报主体部分的写法。即把某一事物、人物、会议、成绩等简单地介绍出来，这种简报偏重于情况介绍。可以按事件发生的时间顺序来写，使读者对某一事件的全过程有一个鲜明的印象；如介绍某一先进人物的模范事迹、某一事件的发生情况、某一会议的召开经过等；可以按事理分类来写，将材料归纳成几种情况、几项活动等。

二是经验介绍类简报主体部分的写法。把经验做法按类分别加以概括，形成几点经验，一条经验一条经验地写。这是那些“工作研究”“经验交流”“经验介绍”之类简报的普遍写法。

三是问题分析类简报主体部分的写法。这种主体部分的思路安排就是典型的提出问题、分析问题（影响、原因等）、解决问题（对策建议）。

会议简报的主体部分，如一些连续性的会议简报，有的是采用情况介绍的写法，如大会消息、大会动态、领导同志讲话的摘要介绍、综合代表的发言、反映大会讨论后提出的有参考研究价值的问题等；有的是采用经验介绍的写法，如大会上交流介绍的典型经验等。

结尾：或指明事情发展趋势，或提出希望及今后打算。如果主体部分已经把事情说清楚，就不必再加结尾。

四、简报的写作要求

（一）选材要严

简报不能事事皆报，而应反映重要的、典型的、新鲜的，需要引起注意的事情，特别是围绕本组织的中心工作或重点工作所发生的事件或现象。因此，写作简报稿，筛选材料的工作非常重要，要具备敏感性，善于抓住工作中的热点和亮点。

（二）内容要实

简报反映的事情或现象，一定要保证其真实性。因此，得到信息后，还要深入全面地了解情况，调查研究清楚，确保准确无误。需要分析问题时，包括评论性按语的写作，也要有针对性，实事求是地分析，实事求是地提出务实的建议。

（三）表达要简

简报讲求个“简”字。一是内容要简，主旨要集中鲜明，简明扼要，与主题关系不大的，应略写或不写；二是语言要简，语言文字要简洁凝练，篇幅短小精悍。通常情况介绍类简报的篇幅要简短一些，经验介绍类和问题分析类简报的篇幅要稍长一些。

（四）行文要快

简报是简要的消息报道。对于组织中或会议上发生的事情，要及时行文，便于有关单位了解最新的情况。特别是会议简报，过时就起不到交流信息、指导会议的作用，往往是半天或一天制作一份，要求写作者必须快速收集信息、快速拟写文稿。

【例文 6－17】

精神文明建设工作简报

第 4 期

安庆市文明办　　　　2018 年 3 月 7 日

编者按　3 月 5 日是学雷锋纪念日，为深入学习习近平总书记关于志愿者服务系列重要批示精神，积极培育和践行社会主义核心价值观，进一步推动学雷锋志愿服务制度常态化，浓厚“学习雷锋、奉献社会、提升自我”的志愿服务氛围，我市各县（市、区）、各志愿服务队、社工机构纷纷以实际行动践行雷锋精神，积极组织开展各类学雷锋志愿服务活动。

桐城市：弘扬雷锋精神助力全国文明城市创建

3 月 5 日，伴随着“学习雷锋好榜样”的歌声，2018 桐城市“学雷锋志愿服务活动”仪式在市民广场盛大启动。

这次活动的主题是“弘扬雷锋精神，争创全国文明城市”，旨在通过开展各类志愿服务活动，号召广大青年争做志愿服务理念的倡行者、创建文明城市的践行者和弘扬新风的推动者，在全社会形成“人人争向雷锋学习，人人争做雷锋人物”的良好氛围，以实际行动助力桐城创建“全国文明城市”。

活动现场，来自桐城市卫计委、司法局、民政局、供电公司等单位的志愿服务队伍为市民提供法律法规宣传、行业政策咨询等服务。活动结束后，志愿者们深入社区、养老院等地，广泛开展扶贫济困、扶弱助残、助医助学等志愿服务。

市交通运输局：学雷锋志愿服务彰显人文关怀

市交通运输局以“弘扬雷锋精神树立文明新风推动移风易俗打造温馨交通”为主题，在交通运输系统组织广大党员志愿者广泛开展形式多样的学雷锋志愿服务活动。

开展助力春运志愿服务活动。在客运中心站、汽车南站等设置学雷锋志愿服务站点，在春运期间为人们提供出行咨询、运送行李、照顾老幼等志愿服务。在客运中心站大厅搭建宣传台，悬挂宣传条幅，设置咨询台，向过往旅客发放宣传材料《十九大精神简明学习手册》《创建文明城市告知书》《安庆市民文明手册》二百余份。同时提供政策讲解和咨询服务，让旅客更好地了解并支持移风易俗工作。帮助不熟悉手机客户端购票、电脑购票和自动售票机购票的旅客办理购票取票业务，帮助外出务工人员购买长途客运车票。为买票、候车的群众提供热水、便民利民和应急药品及其他相关服务，为文明安全有序出行提供帮助。

开展亲情关爱志愿服务活动。3 月 5 日，道龙车队践行车队文明、关爱、正义、奉献八字精神，倡议全队于当天营运中对现役军人、留守儿童、70 岁以上老人、残障人等特殊人群，实行免费搭乘，弘扬时代新风。3 月 5 日下午，市运管处组织党员志愿者到“金梅老年之家”敬老院开展“春日学雷锋情暖敬老院”主题党日活动，党员志愿者们将大米、水果等送到了老人的手中，并帮她们整理床铺、擦玻璃、扫地、拖地，并嘱咐老人要保重身体，保持心情愉快，用实际行动践行雷锋精神。

大观区：争当雷锋精神传人弘扬社会文明新风

3月以来，在大观区文明办的号召下，辖区各单位和社区、学校广泛组织开展学雷锋志愿服务系列活动，争当雷锋精神传人，让志愿之花处处绽放，文明之风时时吹拂，在辖区营造了崇德向上的新时代文明新风。

学雷锋，重在行动。3月5日上午，由团区委、安徽建筑大学团委、区教育局团委、山口乡团委携手举办的"学雷锋见行动认领微心愿真情暖童心"主题活动在山口中心学校举行，来自合肥、安庆的20多位青年志愿者们为山口乡的31名留守儿童免费送去了书包、书籍、鞋、衣服等各类微心愿礼物，实现了31个留守儿童的微心愿。在大观区滨江苑社区志愿者服务广场，区检察院及社区医疗志愿服务团队为群众开展法律咨询、送医送药等服务活动。

做雷锋，温暖全城。3月5号上午，集贤路街道高花社区的志愿者们走进"星光老年之家"敬老院，与老人们促膝长谈，嘘寒问暖，为他们义务缝补衣物。在菱湖社区，党员志愿者、医疗志愿者、助老志愿者等学雷锋志愿者组成"学雷锋送温暖"志愿服务队走进辖区空巢老人家中开展义务理发、义诊等志愿服务活动。

立榜样，代代流传。学雷锋日当天，滨江苑社区组织辖区志愿者在志愿服务广场开展了"学习雷锋好榜样，志愿精神放光彩"志愿服务活动。活动中，有医疗志愿者为居民测量血压、测视力，法律志愿者为居民解答疑问，社区居民志愿者为居民免费理发、维修电器等。活动现场，越来越多的居民也主动加入到了志愿服务者的行列。而在石化二村生活小区内，有来自石化二小的"小雷锋"志愿者们三五成群，有的打扫人行道的尘土，有的走进绿化带捡垃圾，有的在清理墙壁上的小广告，小小志愿者们个个抢在前、干在先，雷锋精神在他们身上得到了传承。

经开区：让志愿服务成为一种习惯

红色马甲、红色袖章、红色棒球帽现已成为流动在安庆经开区大街小巷、街道社区、车水马龙间的一道靓丽风景。"巾帼志愿服务队""夕阳红服务队""小手牵大手学生服务队""健康诊疗队"……成为温暖你我的中坚力量。

"微心愿认领"爱心涌动。3月5日下午，一场名为"弘扬雷锋精神，点亮微心愿"活动在苏果超市广场爱心开启。活动前期，菱北办事处通过微信群、QQ群征集贫困儿童微心愿19条，当日活动现场，青年志愿者一对一、多对一、一对多等方式对这19条微心愿积极认领，纷纷帮助贫困儿童实现他们的愿望。

"志愿服务"热闹非凡。3月3日上午，盛塘社区党总支联合安庆石化公司团委在社区志愿广场开展"学雷锋"志愿便民服务活动。活动现场，党员和团员志愿者们摆开桌椅设点服务，社保、医保政策宣传，法治卫计宣传、配钥匙、手机贴膜、汽车清洗、爱心交换（旧书置换植物种子和盆栽）、搪瓷器皿修补、磨菜刀刨砧板、家电维修、健康义诊等20多项志愿者服务项目，吸引了不少居民前来参与。

简讯：

怀宁县◇3月2日下午，县文明办、团县委、县总工会、县经济开发区管委会党群工作部、县青年志愿者协会共同举办了首届怀宁县志愿服务先进典型颁奖典礼暨怀宁县青年志愿者艺术团“送欢乐进园区”慰问演出活动。

岳西县◇3月3日，由县文明办、团县委、天堂镇联合开展的“学雷锋、献爱心，倡文明、树新风”学雷锋志愿服务活动举行。

太湖县◇3月2日，县文明办带领首届“感动太湖人物”，紫荆广告有限公司和龙山志愿者协会负责人，到大石乡老年福利托管中心开展“情暖空巢”学雷锋主题志愿服务活动。

迎江区◇3月5日，荷花塘社区“巾帼志愿服务队”、双井社区“小棉袄”志愿服务队、锡麟社区“爱心汇”志愿者们分赴辖区养老机构、孤寡老人家中开展帮困扶弱志愿服务活动；双莲寺社区、光荣社区、皖江社区、永胜社区、程家墩社区组织社区工作人员、志愿者开展环境整治志愿服务活动。

经开区◇3月5日，菱北社区组织辖区志愿者在志愿者广场开展清扫活动；光彩社区开展了主题为“清洁家园”学雷锋志愿服务；尤林社区联合辖区中兴小学开展以“大手牵小手，传承志愿精神”为主题的志愿活动；区城管局看望慰问老峰敬老院老人。

团市委◇3月4日，团市委在吾悦广场举行安庆市“3.5学雷锋日”暨贫困村学生微心愿认领活动。

报：省文明办，市文明委各主任、委员

发：各县(市)区文明办

【简析】 这是一份完整的简报，包括报头、报身和报尾。报身部分除了四篇简报稿，还有编者按。这个编者按是说明性的，说明四篇稿子的背景。四篇简报稿是报道各地区为践行雷锋精神，积极组织开展各类学雷锋志愿服务活动的内容，属于情况性简报。四篇稿子中，第一篇文稿质量较差，总体来说太笼统，内容不充实。这篇简报稿的第一自然段叙述了活动启动，第二自然段说明了活动的目的，第三自然段则是概述了该区这次哪些单位开展了哪些活动，但是太笼统、不具体。整篇简报稿详略不当。而其他三篇都在主体部分分类讲述了开展活动的具体内容。比如第二篇简报稿标题既表明了本篇稿子的主要内容“学雷锋志愿服务”，又体现了活动意义“彰显人文关怀”。这篇简报稿的正文有两个层次。第一层次即第一自然段的开头部分，概括叙述了什么单位开展了什么活动；第二层次是第二、三自然段的主体部分，将学雷锋活动分作两类，采用并列结构分别叙述，并且通过段旨句统领一段，即“开展助力春运志愿服务活动”和“开展亲情关爱志愿服务活动”。总之，这是一篇内容丰富、条理清楚、层次分明的简报稿。此外，简讯部分的写作也值得学习。

【例文 6-18】

全团要讯

第 3 期

共青团中央　　　　2019 年 4 月 16 日

编者按：把农村留守儿童关心好、关爱好，不仅是保护未成年人合法权益的应有之义，也是共青团参与创新基层社会治理、助推乡村振兴的重要任务。近年来，四川共青团深入实施“童伴计划”，创新工作方式和载体，务实推进关爱农村留守儿童工作。现编发团四川省委的经验做法，供全团学习借鉴。

四川共青团深入实施“童伴计划”

“童伴计划”是四川共青团在“留守学生关爱行动”项目十年实践基础上，为实现“从重生活物资给予到重精神心理帮扶”转变、解决常态化关爱工作“最后一公里”问题，于 2016 年联合有关部门和机构启动的关爱农村留守儿童工作项目。项目采取财政资金撬动社会资金、按比例共同投入的公益 PPP 模式，在全省 165 个试点村，每村聘请一名专职“童伴妈妈”、建设一个“童伴之家”、建立一套工作体系，逐步构建了具有当地特色的“机制化、标准化、规范化”留守儿童关爱服务工作格局。总体来看，“童伴计划”在实施过程中体现了“六个注重”。

一、注重“人”的标准。在实施过程中，坚持本土化、专业化原则，把严格“童伴妈妈”标准放在首位。结合当地实际情况，严格选拔一名年龄 19—55 岁、在本地工作和生活、具备初中及以上学历、热爱公益事业、热爱儿童工作、有奉献精神、对项目村（社）未成年人情况熟悉的妇女担任“童伴妈妈”，在村两委指导下排查农村留守儿童基本情况，开展登记建档、定期走访、收集需求并及时回应、指导和督促监护人履行监护责任等工作。

二、注重“家”的规范。按照“标准化配置 + 个性化设计”项目，每个项目村建立一个室内空间不少于 20 平方米、室外空间不小于 80 平方米的“童伴之家”，作为留守儿童实体活动阵地。“童伴之家”在“童伴妈妈”陪护下使用，每周固定开放不低于 16 个小时，每月至少举办 1 次主题活动。现四川全省各阵地已累计开展活动 1.1 万余次，参加过的儿童达 25.9 万人次、家长达 9 万人次。

三、注重“管”的日常。按照活动经常化、管理日常化要求，“童伴计划”搭建了一套纵向贯穿县、乡、村三级，横向涵盖共青团、民政、公安、教育、卫健等部门的联动机制，构建起发现和解决留守儿童困难需求的关爱服务网络。在项目运行过程中，积极引入高校、社工机构等智力资源和专业力量，探索建立包括招募、培训、督导、测评在内的一整套管理体系，支撑项目科学化、规范化运行。

四、注重“效”的推广。首批试点项目实施三年来，累计走访儿童 11 万人次，建档立卡近

4万余份，帮助解决返校协助、大病救助等需要3.3万余例，推动安全防护知识在留守儿童中的普及率从25.1%上升至55.8%。同时，建立可复制的标准化项目管理体系。

五、注重"情"的延伸。坚持个性化、精准化原则，为每一个留守儿童建立个性化基础档案和关爱档案，详细记录其家庭、生活、性格、健康、学习等方面情况。注重常态化陪伴，"童伴妈妈"每月工作时间平均不低于80个小时，每月家访平均不少于20户，96.8%的留守儿童认为"童伴妈妈"对自己很重要。注重督促监护人履行监护义务，300余位家长在"童伴计划"的带动影响下返乡就业，外出务工父母中每天联系子女的父母比例从14.7%上升至30.2%。

六、注重"研"的细化。在项目开展过程中，团四川省委注重及时发现问题、动态掌握情况，三年来先后九次开展基层专题调研，其中包括利用2019年春节期间外出农民工集中返乡契机，开展针对"留守儿童父母"的专题问卷调查和访谈。在此次调研中，发动团市(州)委、驻外团工委、服务"春运"的青年志愿者等各方面力量参与，通过在火车站、汽车站、机场等场所"随机抽样"，共发放问卷2300份(每个市州不少于100份)，回收有效问卷2101份。作为对问卷调查的补充，还对部分返乡农民工进行了个案访谈。通过调研，四川共青团进一步认识到留守儿童是外出农民工最迫切、最现实、最牵挂的"后顾之忧"，掌握了"留守儿童父母"的所思、所想、所愿，明确了推动"童伴计划"后续提档升级、提质扩面的努力方向。

分送：中共中央办公厅，国务院办公厅。

团中央书记处书记，中央有关部委，省级常委分管领导。

团中央机关各部门、直属单位负责人，省级团委书记。

共青团中央办公厅　　　　2019年4月16日印发

【简析】 这是一篇经验总结性质的简报。就报身的写作来看，"编者按"首先阐明了留守儿童工作的重要意义，紧接着谈到四川共青团的"童伴计划"及其成就，最后一句说明发文的目的，即供学习借鉴。标题"四川共青团深入实施'童伴计划'"概括简报稿的主题，简短、醒目。这篇简报稿因为是经验总结性质的，所以整篇文稿分成开头和主体两大部分。开头说明何谓"童伴计划"，"童伴计划"实施的基本情况，然后用"总体来看，'童伴计划'在实施过程中体现了'六个注重'"承上启下，引出主体部分的六个经验。六个经验采用典型的"序号＋中心句＋阐释"的写法，使得这篇简报稿主旨鲜明，内容丰富，结构分明。总体来讲，这一篇非常优秀的经验总结性简报稿。

【思考题】

1. 公报、公告、通告有什么不同？
2. 通知、通告、通报的主要区别是什么？
3. 谈谈宣传稿、倡议书、公开信的共同特点。
4. 谈谈消息与简报的区别。

第七章

记录性文书写作

第七章 记录性文书写作

本章概述

记录性文书的最突出特点是记录性，即对公务的记载，发挥凭证和依据的重要作用。本章的记录性文书主要有会议记录、纪要、总结和大事记等常用文书。会议记录是非法定公文，但使用的频率非常高。会议记录是会议客观进程原始、真实信息的记载。会议记录把会议的基本情况、与会人员的发言和其他的会场情况记录下来，为整理会议纪要、形成会议决定或会议决议、下达与上报会议精神、检查会议决议的贯彻执行情况、分析研究和总结工作提供依据。会议记录还可便于领导及时、全面了解和掌握会议的进展情况和会议的动向。与会议记录一样，纪要也是会议类文书，它是在会议记录以及与该次会议相关材料的基础上整理出来的文书。纪要是一种具有纪实性和指导性的公文，它将“会议主要情况和议定事项”记载下来以后，既可以上呈用以汇报会议情况和结果，也可以平发和下发，用以传达会议情况和议定事项，要求有关单位遵守、执行。总结是对一定时期内的工作加以总结、分析和研究，肯定成绩，找出问题，得出经验教训，摸索事物的发展规律，用于指导下一阶段工作的文书。大事记是党政机关、企事业单位、社会团体简要地记载本组织所发生的大事、要事的一种记录性应用文书。大事记可以为研究工作、总结经验提供重要线索和有价值的材料，掌握工作规律，为组织日常管理工作提供重要的查考依据，从而有助于改进工作，提高管理水平。大事记还具有重要的史料价值，反映记载主体的历史发展过程和重要活动的情况。

学习目标

1. 掌握会议记录的格式和会议记录的内容，掌握会议记录的写作注意事项。

2. 有效辨析会议记录和纪要两个文种，理解掌握纪要的性质、特点、格式，掌握纪要的写作及写作注意事项。

3. 理解总结的作用，理解总结和计划的关系，掌握总结的写作及注意事项。

4. 理解大事记的作用和特点，掌握大事记的写作。

重点难点

重点：

1. 有效辨析会议记录和纪要的同与不同，掌握会议记录和纪要的写作及注意事项。

2. 掌握总结的写作思路。

难点：

会议记录、纪要、总结和大事记的写作注意事项。

第一节　会议记录

一、会议记录的性质和适用

会议记录是非法定公文，但使用的频率非常高。会议记录是会议客观进程原始、真实信息的记载。会议记录把会议的基本情况、与会人员的发言和其他的会场情况记录下来，为整理会议纪要、形成会议决定或会议决议、下达与上报会议精神、检查会议决议的贯彻执行情况、分析研究和总结工作提供依据。会议记录还可便于领导及时、全面了解和掌握会议的进展情况和会议的动向。在一些法定性会议中，会议记录经发言者和会议领导人确认签字后，具有法律效力。

二、会议记录的方法

会议记录要尽可能地原原本本、原汁原味地记录会议的内容。所以，在记录方式上，除了由会议秘书用文字或速记符号进行纸面记录外，还可以借助各种机器设备如照相机、录音机、录像机等进行记录。

1. **详细记录法**

重要会议的记录要求做到有言必录，全面反映会议的全过程。详细记录要求秘书掌握熟练的速记技能。必要时可以由几个秘书同时记录，会后共同核对整理。整理稿必须经每个秘书签字。如领导者同意，也可使用录音的办法，然后根据录音整理。

详细记录要求尽可能记下每个人发言的原话，不管重要与否，最好还能记下发言时的语气、动作表情及与会者的反应。如果发言者是照稿子念的，可以把稿子收作附件，并记下稿子之外的插话、补充解释的部分。

2. **摘要记录法**

摘要记录适用于一般性的会议。做摘要记录时，会议概况部分必须详细全面，但会议进程部分只需记录议题、发言人姓名、发言的要点和会议结果。除特别重要的情况外，一般的会场情况可不做记录。摘要记录记的是要点、重点，指发言人的基本观点和主要事实、结论。但要尽量准确完整体现发言者的发言内容，保持发言者的发言风格。

摘要记录可直接用规范的文字进行记录，使会议记录一次性成文，经领导人审核和发言者确认后直接归卷，省去了会后整理的工作程序。

三、会议记录的格式和内容

（一）标题

标题格式通常为“会议名称或单位名称＋记录”的形式，如“公司行政办公会议记录”。

(二) 首部

会议记录的首部用文字或者表格的形式记载会议概况，包括：

会议的名称。会议记录中的会议名称一定要写全称，以便于日后查考。

会议时间。包括开始时间、结束时间和中间休会时间，时间要具体到分钟。

会议地点。地点应具体到会场名称或房间号码。

主持人。主持人要写明姓名和职务。联席会议、多边会议还应当写明主持人所在的单位名称。

参加人员。参加人员可分为出席人、列席人、旁听人等。不同性质的与会者要分别记录，并写明姓名、单位、职务。如果是群众性大会，只需记参加的对象和总人数，以及出席会议的较重要领导成员。

缺席人员。记载缺席情况既可以了解缺席情况，也可以清楚地反映会议应该出席的范围，这对日后查考和研究会议十分重要。

记录人。记录人常为秘书，也可指定专人负责记录。

(三) 主体

会议记录的主体部分记载会议的进程，具体包括：

会议的议程和议题。议程和议题应当在会议准备中安排好，所以开会做记录时只要按着会议手册安排的议程和议题记录完整即可。没有会议手册的，议题要尽量记录完整，如果是讨论或审议某一项文件，应写明文件的完整标题。

发言情况。发言是会议记录的重点，应记录清楚发言人姓名和发言内容两部分。发言人的姓名要记录全名，发言内容可根据记录的方法确定详略程度。详细记录要求有言必录，并记录插话、争论等情况。摘要记录不须有言必录，而需要记录要点。会议记录应该特别记录的重点有：会议中心议题；会议讨论、争论的焦点及其各方的主要见解；权威人士或代表人士的言论；会议开始时的定调性言论和结束前的总结性言论；会议议决的事项等。

会议结果。会议结果指讨论议题最终形成的意见，包括对议题的通过、缓议、修改、撤销、否决等情况。如果经表决通过或否决了某个议题，要记录表决对象的名称、表决的方式（如口头表决、举手表决、投票表决、表决器表决等）、表决的结果（同意、反对、弃权的情况）。如实行多轮投票，每轮投票的情况都要记录在案。

会场情况。会场情况指会议期间会场内所发生的与会议进程有关并且具有记录价值的情况。记录会场情况可以更加全面体现会议以及与会者的情绪和态度，如与会者的掌声、笑声、情绪、动作、迟到、早退、中途退场以及其他影响会议进程的情况。

(四) 尾部

尾部主要用于各项署名。署名是对记录的真实性郑重负责的体现，一般需要记录人和审核人签名。会议记录人必须在会议记录上签字，以示负责，同时也便于日后核实情况。重要的会议记录应由会议主持人或主要领导人对其进行审核，确认无误后签字。审核人对记录的真实性负领导责任。

除记录人和审核人要签名，召开论证会、鉴定会、听证会以及国际性组织的重要会议时，与会者的发言常常是决策、定案的重要依据，因此可以要求发言人会后对记录进行核对并签名。此外，还有法定的签名人员需要在会议记录上签名。如《中华人民共和国公司法》明确规定，各类公司的股东会、董事会应当对所议事项的决定做会议记录，出席会议的股东、董事应当在会议记录上签名。

会议记录的尾部除了署名，还需要标注此次会议记录的页数。这样既可以表示记录的完整性，同时也可以保证会议记录的真实性，防止有人私自增减会议记录内容。有些会议记录也可以将记录人、审核人置于首部，但必须在结尾处写明“会议结束”的字样。发言人签署应当置于尾部。

××（单位或会议名称）会议记录

<table>
<tr><td>会议名称</td><td colspan="3"></td></tr>
<tr><td>时间</td><td></td><td>地点</td><td></td></tr>
<tr><td>主持</td><td colspan="3"></td></tr>
<tr><td>出席</td><td colspan="3"></td></tr>
<tr><td>列席</td><td colspan="3"></td></tr>
<tr><td>缺席</td><td colspan="3"></td></tr>
<tr><td>记录人</td><td></td><td>审核人</td><td></td></tr>
<tr><td colspan="4">（会议进程记录）</td></tr>
</table>

四、会议记录的写作要求

1. 记录人员的落实

会议记录一般都由秘书来做。重要会议为保证记录全面，可以由几位秘书同时记录，会后共同整理汇总。记录人员应当熟练掌握速记技能，反应敏捷，具有较强的听知能力、书写能力和保密意识。有些重要会议还可请专业的速记人员记录。

2. 记录准备工作要充分

（1）事先了解会议

记录人员对会议的目的、议题、议程、参加人员等要有充分的了解。对一些专业性较强的会议,应当掌握有关的专业知识,熟悉主要的专业术语,开会前阅读会议文件,确保记录时得心应手。应当了解参会人员的姓名、职务、工作范畴、口音特点、说话习惯等,以提高记录的准确性。

(2) 备好必需物品

一是备好纸和笔。会议记录用纸应尽可能统一印制,格式规范。记录所用的笔墨应当符合归档的要求。如有分组会议,要事先将记录纸和笔分发到组。二是备好必要的器材。如果会议允许做录音记录,要事先安装并调试好录音设备,确保录音质量。采用摄像机记录的,要事先选好机位和角度,配好灯光。用计算机记录的,要准备好电脑及电脑桌椅,接好电源。

3. 客观真实,全面准确

记录时注意力高度集中,全神贯注。用心听取每人的发言,仔细观察发言者的表情、手势和口型,做到反应迅速、判断准确,以提高记录的全面性和准确性。就内容来说,要如实记录发言者的讲话,不能以偏概全,产生歧义,不能篡改歪曲,断章取义。会议结束后要及时核对,有的会议记录还应当请发言者本人进行核对和确认。

4. 清楚规范,注意保密

会议记录是立卷归档的重要材料,一般都列为永久保存,因此一定要用钢笔或签字笔记录。录音记录、速记和多人同时记录的,会后要整理、誊清,并签字,以示负责。整理后的记录稿,要做到字迹清楚,文字规范,语法正确。会议记录人员对会议的内容要注意保密,不能把会议内容外传。凡是会议记录都应设有单独记录本,便于保存,重要会议记录本应编写号码。

【例文 7-1】

××市城南开发区管委会办公会议记录

时间:2010 年 4 月 8 日上午

地点:管委会会议室

主持人:李××(管委会主任)

出席者:杨××(管委会副主任)、周××(管委会副主任管城建)、李××(市建委副主任)、肖××(市工商局副局长)、陈××(市建委城建科科长)及建委、工商局有关科室宣传人员、街道居委会负责人。

列席者:管委会全体干部

记录:邹××(管委会办公室秘书)

讨论议题:1. 如何整顿城市市场秩序。2. 如何制止违章建筑、维护市容市貌。

杨主任报告城市现状:我区过去在开发区党委领导下,各职能单位同心协力、齐抓共管,在创建文明卫生城市方面取得了一定成绩，相应的城市市场秩序有一定进步，市容街道也较可观。可近几个月来，市场秩序倒退了，街道上小商贩逐渐多起来，水果、蔬菜、小百货满街乱摆，一些建筑施工单位沿街违章搭棚，乱堆放材料，搬运泥土撒落大街。这些情况严重地破坏了市容市貌，使大街变得又乱又脏，社会各界反应很强烈。因此今天请大家来研究如何整顿市场秩序，如何治理违章建筑、违章作业，维护市容干净整洁。

讨论发言（按发言顺序记录）

肖××（市工商局副局长）：个体商贩不按规定到指定市场经营，管理不得力、处理不坚决，我们有责任。这件事我们坚决抓落实：重新宣传市场有关规定，坐商归店、小贩归市、农民卖蔬菜副食到专门的农贸市场。工商局将全面展开工作，也希望街道居委会配合，具体行动方案正在考虑。

罗××（工商局市管科科长）：市场是到了非整不可的地步了。我们的方针、办法都有了，过去实行过，都是行之有效的，现在的问题是要将有人抓，敢于抓落到实处。只要大家齐心协力问题是能够解决的。

秦××（居委会主任）：整顿市场纪律我们居委会也有责任。我们一定发动群众配合好，制止乱摆摊、乱叫卖的现象。

李××（市建委副主任）：去年上半年创建文明卫生城市时，市上出了个7号文件，其中规定施工单位不能乱摆占场。工棚、工场不得临街设置，更不准侵占人行道。沿街面施工要有安全防护措施……今年有的施工单位不顾市上文件，在人行道上搭工棚、堆器材。这些违章作业严重地影响了街道整齐、美观，也影响了行人安全。基建取出的泥土，拖斗车装得过多，外运时沿街散落，到处有泥沙，破坏了街道整洁。希望管委会召集施工单位开一次会，重申市府7号文件，要求他们限期改正，否则按文件规定惩处。态度要明确、坚决。

陈××（市建委城建科科长）：对犯规者一是教育，二是处理。“不教而杀谓之虐”，我们先宣传教育，如果施工单位仍我行我素不执行，那时按文件从严处理，他们也就无话可说。

周××（管委会副主任管城建）：城市管理我们都有文件、有办法，现在是贵在执行，职能部门是主力军，着重抓，其他部门配合抓。居委会要把居民特别是“执勤老人”（退休职工）都发动起来，按7号文件办事，我们市区就会文明、清洁，面貌改观。

与会人员经过充分讨论、协商，一致决定：

一、由工商局牵头，居委会和其他部门配合，第一周宣传、第二周行动，监督实施，做到坐商归店、摊贩归点、农贸归市，彻底改变市场紊乱状况。

二、由管委会牵头，城建委等单位配合，对全区建筑工地进行一次检查。然后召开一次施工单位会议，对违章建筑、违章工场限期改正。一个月内改变面貌，过时不改者，坚决照章处理。

散会。

主持人（签名）

记录人(签名)

2010年4月8日

【评析】这是一篇××市××开发区管委会办公会议记录。从内容可见,这篇记录采用摘要记录法,但所记内容丰富、周全,也很好地体现了会议的进程和各人的意见。整篇会议记录的格式也很规范。首部对会议召开的时间、地点、参会人及职务、会议议题等交代得很清楚。主体部分既很好地体现议程,又对每个参会人员的发言进行了较为准确的记录,且有效记录了就下一步工作达成的共识。记录者对每人发言都进行了总结概括,保留了原意,是一篇很具典型性的会议记录。对秘书人员来说,听辨能力、理解能力、概括能力、表达能力和书写能力都可以在做会议记录时充分地体现出来。

第二节　纪　　要

一、纪要的性质和适用

纪要是法定公文,《条例》规定,纪要"适用于记载会议主要情况和议定事项"。与会议记录一样,纪要也是会议类文书,它是在会议记录以及与该次会议相关材料的基础上整理出来的文书。纪要是一种具有纪实性和指导性的公文,它将"会议主要情况和议定事项"记载下来以后,既可以上呈用以汇报会议情况和结果,也可以平送和下发,用以传达会议情况和议定事项,要求有关单位知晓、遵守、执行。

二、纪要的特点

(一)纪实性

与会议记录一样,纪要也要忠实地反映会议的内容,但是会议记录重点在"录",要求尽量原汁原味地记录。而纪要则要概括提炼会议的内容,反映会议要点和重点,特别是议定的事项。总之,内容要全面准确,且不得有拔高或深化的情况。

(二)概括性

纪要是在会议记录和其他相关材料的基础上归纳整理出来的。就内容而言,需要概括会议的基本情况和会议的主要内容,特别是议定的事项。写作重点在"要"字,一是内容要选择与会议主题契合的重要部分,二是语言表达要精炼概括。

(三)传播性

纪要不仅有"记载"的功能,还有传播的功能。完稿后,纪要可以作为上行文向上级机关报告会议情况，供领导掌握情况或批转有关单位贯彻执行；可以把会议研讨或商定的各种意见，总结成文后直接下发，或呈报上级批转下发，要求有关单位和人员认真贯彻执行，发挥着指导工作的作用。

三、会议纪要与会议记录的辨析

（一）性质和适用不同

会议记录是会议的实录，是非法定的事务文书。会议记录一般不允许公开，不能传阅，只作资料和凭证，供需要者查阅利用。不管会议规模大小，凡正式的会议都要作会议记录。会议纪要是记载会议要点，是法定公文，必须用正式文件的形式发布。一经发出，对有关单位和人员产生指导作用和约束力。通常大中型会议和比较重要的会议需要制发纪要，特别是形成了会议精神并有决定事项时，有必要制发会议纪要，通常要在一定范围内传达或传阅，要求贯彻执行。

（二）写作程序不同

会议记录是与会议同时开始，同时结束，按会议进程记录会议情况。会后可对会议记录中错别字、标点进行订正，对一些字迹模糊的地方加以整理，达到完整、准确、清晰的要求后，经审核人签字即可入档备查。会议纪要是在会议结束以后，在会议记录以及相关材料的基础上整理而成。会议纪要发出必须遵照公文处理的程序，需要经过签发、复核、用印等环节。

（三）内容侧重点不同

会议记录要原原本本地记录会议情况，完整准确地反映会议的原貌。原则上，事无巨细，一律都要记录下来。会议记录越具体、越全面、越详细，其使用价值就越大。纪要是“记载会议主要情况和议定事项”，因此，纪要是在会议记录的基础上，对会议内容进行整理、提炼和概括。写作的重点是会议作出的决定、得出的结果，少写或不写作出决定和得出结果的过程。

四、纪要的写作

（一）纪要格式

作为法定公文，《党政机关公文格式》(GB/T 9704—2012)规定纪要有特定的格式。

纪要标志由“××××纪要”组成，居中排布，上边缘至版心上边缘为35 mm，推荐使用红色小标宋体字。

标注出席人员名单，一般用3号黑体字，在正文或附件说明下空一行左空二字编排“出席”二字，后标全角冒号，冒号后用3号仿宋体字标注出席人单位、姓名，回行时与冒号后的首字对齐。

标注请假和列席人员名单,除依次另起一行并将“出席”二字改为“请假”或“列席”外,编排方法同出席人员名单。

此外,《党政机关公文格式》还规定,纪要格式还可以根据实际制定。

(二) 纪要的写作

1. **标题**

纪要标题一般有两种写法。一是单标题形式的“会议的全称 + 纪要”,如“慈湖河河长制第二次专题会议纪要”;二是双标题形式。正标题说明会议的主要内容或精神,副标题说明会议名称,如“群策群力,搞好脱贫致富工作——××县脱贫致富座谈会纪要”。

2. **正文**

纪要正文通常采用分层分段式。

开头:会议概况,即简要介绍会议召开的背景或指导思想、目的,会议的名称、时间、地点、主持人、与会人员情况,会议的主要议题和议程,对会议的评价等。开头部分最好采用概述式,即将以上内容以概括叙述的方式写成一个自然段。最好不采用会议记录的条目式开头,否则不像一篇完整的文章。

主体:这是纪要的核心部分,要反映会议的主要内容,对会议讨论研究的事项、提出的任务和要求、制定的措施等作具体阐述。

纪要的主体部分写法主要有两种。

一种是体现会议进程的写法。即主体部分通常包括回顾过去开展工作的情况及当前存在的问题,紧接着或分析问题的成因,或指出影响,论述意义,最后强调下一步工作的任务、政策措施等。这种写法的底层逻辑仍然是提出问题、分析问题、解决问题。

一种是体现议定事项的写法。即主体部分通常概括说明讨论的事项和讨论的结果。如果有多个议题,可以一件一件写明,也可将与会者的发言加以整理,摘录其要点,然后按照会议发言顺序或内容性质,逐一阐述说明。

结尾:结尾的写作视情况而定。或是提出希望,要求与会人员认真贯彻执行会议精神;或是对会议作出简要评价;或是对会议主办、承办方表示感谢;或是正文结束即自然收尾,即无尾。

五、纪要的写作要求

(一) 做好准备工作

通常情况下,举办一次会议,都涉及会议的组织筹备事宜,包括会议主题的确定、议题的收集、议程的安排及相关背景材料的准备等等。有时候负责会议记录或整理纪要者(绝大多数时候都是秘书人员)会全程或部分参与这些工作。这种情况下,要尽可能地在事前多了解掌握相关情况，根据会议确定的议题，备齐有关背景资料，掌握会议将要研究的主要问题，以便记录整理时心中有数。

（二）忠于会议原意

记录是纪要之基，是起草纪要的蓝本和依据，因此完整、准确、清晰是其基本要求。做好会议纪要，首先要必须忠实地记下会议的整个原貌，包括时间、地点、参加对象、会议议题和议程、与会者的讲话内容要点、会议总结或议定的事项等等，尤其是要认真领会并忠实记录好主要领导的讲话，不可随意偏废。有时候参加会议的对象较多、内容较广、议程也较分散，记录时就要注意分门别类地按所定议题予以记录清楚。对一些不明事项，则应在会后即行予以核实，以免产生遗漏。

（三）把握会议要点

会议纪要的精髓在于"要"，准确把握会议的要点是整理会议纪要的关键。要掌握会议的要点，关键在于抓住与会人员达成的共识和议定的事项，也就是要特别注意围绕主题，从与会者的发言中提炼出会议的观点、主张和结论。具体要做到"四要"：一要区分出讨论性意见和表态性、结论性意见的差别；二要抓住主管领导、重点部门或某些权威人士的发言；三要领会把握会议主持人的总结性发言；四要统合大多数与会者形成的共识。可以说，把握了以上四点，就等于把握了会议纪要的基本框架。

【例文 7－2】

慈湖河河长制第二次专题会议纪要

2017 年 12 月 13 日上午，慈湖河河长制第二次专题工作会议在市城管局召开。慈湖河市级河长、市委常委、宣传部部长苏从勇出席会议并对下一步工作作出部署。会议由市城管局局长刘卫宝主持，慈湖河花山区、雨山区、慈湖高新区区级河长，市直有关部门负责同志，市河长办有关负责同志，马钢南山矿、马钢新区能源环保部负责同志参加会议。

会上，各级河长、有关部门负责人关于河长制工作推进的情况作了汇报及对下一步推进慈湖河河长制工作进行了讨论。现纪要如下：

会议强调了推行慈湖河河长制工作势在必行，抓好慈湖河流域水环境治理的重要性。慈湖河流域河道和水环境治理不仅是长江流域环境治理的环节，更是一项势在必行的民生工程，建造良好的水生态环境责无旁贷。各区、各有关部门要统一思想、提高认识，深刻领会推进慈湖河河长制工作的重大意义，增强做好慈湖河综合治理的责任感和使命感。

会议指出，要充分认清慈湖河治理的长期性、艰巨性和复杂性。慈湖河流经雨山区、花山区、慈湖高新区，流域类水系复杂、支流众多，污染源点多面广，流域内有采矿、化工等工业企业污染，畜禽养殖等农业污染，雨污分流不彻底等导致的城乡生活污染，特别是矿山生态治理、土地复垦、河道整治、酸性水处理、雨污分流等整治任务艰巨、治理难度大、周期长。要统筹各方力量，整合资源，协同推进慈湖河河长制工作，要有“功成不必在我，但必须从我做起”的大局意识和担当意识。

会议强调：一、各单位要进一步提高认识，提升工作的主动性和积极性。快速行动，确立科学可行的目标，对慈湖河流域上、中、下游沿途制定分段性、阶段性目标，尽快完成慈湖河“一河一策”方案编制，要明确慈湖河河长制工作目标和整治任务。推进慈湖河河长制是一项复杂的系统工程。二、明确目标。坚持水岸同步，标本兼治，强化源头治理和生态修复。市环保局要对慈湖河水质标准进行充分论证，提出科学、合理、可行的方案和目标。三、细化责任。各区、各相关部门结合慈湖河实际存在问题，对推进慈湖河河长制各项工作任务进行细化、量化，逐项列出任务清单和重点任务，确定责任单位、责任人、完成时间、完成标准，做到职责明确、分工负责、协作配合。四、做好问题排查。坚持问题导向，要摸清存在的各类问题，以区为单位开展污染源全面排查工作，不得漏报、瞒报。市环保局、市农委等部门要协同方案编制单位各区做好工业污染源、农业污染源的排查、核实，列出污染源源头、责任单位，详细措施，完成时限清单。五、加强河道管理。完善河岸公共基础设施，实施植被景观生态恢复，抓紧移交已经完工的工程项目，加大执法监管力度，努力将慈湖河打造成“河畅、水清、岸绿、景美”的景观河。

【简析】 这篇会议纪要的标题是“会议名称＋纪要”，正文包括开头和主体两部分内容。第一、二自然段是开头，概要说明这次会议的基本情况，包括时间、会议名称、开会地点、参会人员、会议议程等。“现纪要如下”过渡到主体部分。但建议开头两个自然段合并为一段，第二段落不至于显得零散，开头更有整体感。主体部分可分两个二级层次，一是认识“抓好慈湖河流域水环境治理的重要性”和“要充分认清慈湖河治理的长期性、艰巨性和复杂性”；二是下一步工作如何开展，即最后一段“会议强调”的五点。建议最后一段的五点内容分段写，以使结构更明晰，重点更突出。本纪要存在一个严重的问题，即内容不全面。根据开头部分的介绍，会议前半程是各级河长、有关部门负责人关于河长制工作推进的情况作汇报，但纪要主体部分并没有这一议程内容，故而使得五点建议像无源之水，针对性不强。

【例文 7－3】

研究加快办公区项目建设工作会议纪要

10 月 17 日上午，在区机关综合办公楼二楼会议室，区委常委、副区长、区办公住宅项目领导小组组长韩东光主持召开琼山区办公住宅项目领导小组成员会议。领导小组副组长何启明、王文信、吴腾越参加会议。经研究，会议议定如下：

一、关于第二办公区项目修规及建筑设计问题会议同意由琼山城投公司邀请近期业绩较佳的 3—5 家设计单位参与办公区项目修建性详细规划的设计,设计单位确定的条件参考设计成果是否经规划部门评审通过。在招投标中中标者,设计费按有关标准给予支付,其他设计单位的设计费用按评审投票得分排名高低给予适当的劳务费,其中给予第二、三名每名劳务费各 3 万元,其余的各 2 万元。

二、讨论《关于琼山第二办公区项目用地问题的请示》(代拟稿)

请琼山国土分局根据会议讨论精神,尽快对该《请示》(代拟稿)进一步修改完善后报领导小组审定,以便及时专题向市里报告。

三、关于招标代理机构问题

会议对琼山重点项目建设投资公司上报的湖南雁城咨询公司、河南宏业管理有限公司,福建安华建设工程咨询管理公司海南分公司、北京佳益工程咨询公司等四家单位进行了研究,同意确定河南宏业建设管理有限公司为第二办公区勘察设计招标代理机构,同时启动勘察设计招标工作。

四、关于拨付滨江新城赵村迁坟用地平整经费和第二办公区地面附属物补偿款问题

为加快推进滨江新城工作,会议同意拨给府城镇 258 930. 17 元,作为滨江新城赵村迁坟用地平整工作经费。该项经费由琼山城投公司垫付,日后根据公司情况可再作调整安排。

五、关于工作分工问题

为便于开展工作,确保各项工作顺利进行,会议确定由领导小组副组长何启明同志具体负责江畔小区、翠竹园小区、"海口庆豪万景峰"小区等 3 个住宅小区项目建设工作;由领导小组副组长吴腾越同志具体负责办公区项目建设工作;领导小组及其办公室的具体职责由王文信同志组织制定后报领导小组定。

【评析】 这是海南省海口市琼山区政府办发布的会议纪要。正文包含两部分内容。开头概述会议基本情况,之后直接写明议定事项,即将多个议题逐一写明。这种写法按照事项或问题逐一展开,使得文章结构非常清晰,内容明确,便于理解与把握。

第三节 总 结

一、总结的性质及作用

总结是认识世界的重要手段,是由感性认识上升到理性认识的必经之路。通过总结,使零星的、肤浅的、表面的感性认识上升到全面的、系统的、本质的理性认识上来,寻找出工作和事物发展的规律,从而掌握并运用这些规律。在管理活动中总结属于控制环节,它是对计划的检验。通过它,可以全面地、系统地了解过去一段时间对计划的执行情况,可以正确认

识以往工作中的优缺点，可以明确下一步工作的方向，少走弯路，少犯错误，提高管理效益。因此，计划就是总结的前提，总结要以计划为依据。将动态的总结活动落实到书面上，形成静态的总结，就是各个单位常用的非法定文书。我们给总结这个文书下个定义，就是，总结是对一定时期内的工作加以概括、分析和研究，肯定成绩，找出问题，得出经验教训，摸索事物的发展规律，用于指导下一阶段工作的文书。与计划一样，总结也是非法定公文。

在实际工作中，总结的作用表现为：一是有助于人们认识客观事物和实际工作的规律性，为制定切实可行的方针政策和工作计划，指导实际工作，提供重要依据。二是有助于明确工作中的成绩和经验，从而鼓舞士气，增强信心。同时可以帮助人们及时吸取教训，改正缺点，弥补不足，明确努力方向。三是有助于为领导机关提供重要情况和信息，便于上级机关及时掌握下级情况，并将典型经验迅速推广和传播，起到以点带面的效用。所以，我们必须要勤于总结、善于总结。

二、总结的类型

从不同的角度，可将总结划分为不同的类别。

按其性质和内容，总结可分为综合性总结和专题性总结。综合性总结是对某一单位、某一部门工作进行全面性总结，既反映工作的概况，取得的成绩，存在的问题、缺点，也要写经验教训和今后如何改进的意见等。虽然综合性总结的内容要求全面，但并非面面俱到，而是要突出主要工作和重要经验。写作时，往往选择成绩最显著、经验最突出或对全局最重要的几个方面去总结，从而说明工作的整体情况。专题性总结是围绕工作中的某一方面或某一问题进行的专门性总结。这类总结往往偏重于总结某一方面的成绩、经验，其他方面可少写或不写，一般按提出问题、分析问题、解决问题这一思路构思。

另外，按时间长短可分为年度总结、季度总结、月总结等。按指导范围可分为地区总结、部门总结、专项总结等。

常用的小结、体会等也是总结，只不过它们所反映的内容较简单，时间较短，范围较小而已。总结不同于报告，它不是一般的情况综合，而是在情况综合，即“总”的基础上，通过分析、概括、提炼，归纳出经验和体会。与一般工作报告相比，总结有更多的理性成分和规律性的东西。

三、总结的写作

其格式一般包括标题、正文、署名和日期。

1. 标题

总结的标题有两种写法。

一种是公文式标题，即“总结者（单位）名称 + 时限 + 事由 + 文种”四要素组成的形式。在这一基本结构形式基础上根据实际情况可省略前面两项。如《工商银行北京市分行 2012

年工作总结》,这是规范的全称标题,而《2012 年工作总结》《工商银行北京市分行工作总结》则都是其简式标题,主要用于基层单位内部作总结时使用。

一种是新闻式标题,由“正标题+副标题”构成,如《营造阳光网络环境,倡导绿色手机文化——绿色手机文化建设工程工作总结》《继往开来,再接再厉——××学院 2012 年学生工作总结》。正标题揭示总结的内容或精神,副标题说明总结的单位、时限、事由。

2. **正文**

总结篇幅较长,正文通常采用分层分段式。

开头:开头部分是工作总结的前言,文字篇幅不宜过长。应以简明扼要的文字写明总结所在期限内的工作背景、工作过程以及对工作成绩的评价等内容,不展开分析、评议。

主体:总结主体部分的写作思路可以按照“回顾过去、评估得失、指导将来”这个思路展开,即“回顾过去开展工作的基本情况+经验和体会+失误和不足+下一步工作打算”,这是纵式结构。

开展工作的情况要写明做了哪些工作,采取了哪些做法,这是实践总结。很多人习惯边摆明所做的工作边谈谈取得的成绩或成效,这种自然是水到渠成的写法,但需要注意的是,“得”并不仅仅指狭义的成绩或荣誉,“得”更主要的是在工作中得到的经验和体会,我们可以称之为理论总结。一篇总结出彩的地方在理论总结这一部分。但是实际写作中,很多写作者没有认真思考,只是浮于表面,满足于做了什么工作的实践总结,而有意无意地省掉理论总结,这是不符合总结本质的写作。此外,有些写作者也会有意无意地忽略失误、教训和不足部分,使总结出现“报喜不报忧”的弊病。我们知道,任何工作、任何事情不可能十全十美,总有些不足和失误,因此,写作总结时应力避出现“报喜不报忧”。行文至此,如果要使总结更加深刻,内容更加丰富,可以进行原因的分析,即为什么会出现失误和不足;还可以对形势进行分析,以便提出下一步工作任务和大概措施。

主体部分也可以采用并列结构,如综合性总结,可按各项工作逐一来写。但每项工作的内容应该还是纵式的“基本情况+经验和体会+失误和不足+下步打算”的思路。

结尾:总结的结尾部分一般用简短、坚定的语言,表明工作信心和努力方向,也可提出希望或号召来收束全文。

3. **署名和日期**

在正文右下方署名,并注明成文日期。

四、总结的写作注意事项

(一)抓住重点,揭示规律

寻找与把握实践中带有规律性的东西,是写总结的重点和难点。如果只是把所收集的材料堆积起来，或者只是回顾事实，面面俱到，抓不到要领，就形成了一本“流水账”。因此，写作总结要注重“理论总结”，即探索规律。要找到在工作中起决定作用的步骤和方法，具有典型意义的事例，能集中反映事物本质的富有普遍指导意义的经验与教训，能体现事物发展趋势的新东西。

（二）写出特色，体现个性

“年年岁岁花相似”，很多总结年年相同。写总结必须写出特色，体现个性。总结的特色主要是指工作中创新的或者独特的方法、手段、成果、体会等内容。要注意选择独特的总结角度，要抓住最能反映工作情况的特点和亮点，写出与众不同、与过去不同的新经验和新体会，从而给人以新的启示。切忌千篇一律，照抄照搬以往的或他人的总结。

五、总结与报告的辨析

秘书应用写作中的工作总结与报告都是使用频率非常高的两个文种。两者既有联系，又有区别。二者有相似之处，如在内容和写法上都比较接近，其底层思路都是“回顾＋分析＋下一步做法”。区别则有如下三点。

（一）文种性质不同

报告是法定公文，必须有法定的公文格式，遵循法定的行文程序。总结是非法定公文，没有法定的格式，不能直接发出，如果发出必须找载体。

（二）写作目的不同

报告是为了下情上达，让上级了解下级的诸多情况或贯彻执行上级决策的进展情况。总结主要是对计划的检验，对本组织前一时期的工作进行回顾和总结经验教训，分析原因，提出改进措施，以便下一步更好地开展工作，内容比较全面系统。

（三）内容侧重点不同

报告重在反映情况，主要写做了什么，怎么做的，侧重于事实、情况的陈述，回答做什么的问题。总结重在肯定成绩，找出差距，总结经验和教训，侧重在回答为什么的问题。

【例文 7－4】

楚雄市教育局 2018 年上半年工作总结

在市委、市政府的正确领导和州教育局的关心指导帮助下，我市按照“优先发展、育人为本、改革创新、促进公平、提高质量”的总体要求，坚持发展抓公平、改革抓机制、整体抓质量、安全抓责任、保证抓党建，确立了“围绕实现教育现代化这一目标，突出全面实施素质教育和城乡教育均衡发展两大主题，落实立德树人、提高质量、促进公平三大发展任务，完善综合改革、控辍保学制、德育工作、党建工作四项机制，推进学前教育、小学教育、初中教育、高中教育、职业教育五教同心整体发展，实施学前教育、质量提升、教师素质提升、学校建设、职业教育、党建工作六大三年专项行动计划”的“123456”总体发展思路，制定实施楚雄市教育质量提升三年行动计划，着眼破解教育事业发展不平衡不充分问题，不断在幼有所育、学有所教上取得新进展，加快推进教育现代化建设。

一、基本情况

截至2017年底，我市共有市属学校247所，在校学生70 054人，在职教职工5 490人，专任教师4 633人。其中幼儿园100所，在园（班）幼儿14 959人；小学122所，在校学生27 944人；初级中学20所，在校学生16 981人；普通高（完）中3所，在校学生7 544人；职业高中1所，在校学生2 626人；教师进修学校1所。

二、教育工作措施成效

（一）各类教育协调发展。……

（二）重点工程稳步推进。……

（三）固定资产投资向上争资招商引资工作成效明显。……

（四）队伍建设全面加强。……

（五）教学质量全面提高。……

（六）学校管理更加规范。……

（七）惠民政策落到实处。……

（八）学校安全和谐稳定。……

（九）中小学党的建设和党风廉政建设全面加强。……

三、存在困难和2018年工作思路

我市教育工作虽然取得了显著成绩，鼓舞人心，催人奋进。但我们也要清醒地看到，我市教育发展中还存在不少问题和短板。一是教育投入不足的问题仍然突出。教育投入还不能满足教育事业发展的需要。二是教育质量距先进水平仍有差距。三是城市教育资源不足，城乡教育资源不均衡。四是学校建设欠账较多。五是安全形势依然严峻。对于以上存在的问题，我们始终保持清醒的头脑，自我加压，认真解决，确保我市教育发展水平不断提高。

2018年下半年，我们将在市委、市人民政府的坚强领导下，在州教育局的关心指导下，……

1. 实施城乡师资统筹配置及培养计划。……

2. 实施教学质量提升计划。……

3. 实施学校基础设施提升计划。……

4. 实施贫困学生资助全覆盖计划。……

5. 实施学前教育普惠发展计划。……

6. 实施义务教育优质均衡发展计划。……

7. 实施现代职业教育攻坚计划。……

8. 实施普通高中特色发展计划。……

9. 实施消除大班额行动计划。……

10. 落实综合改革机制。……

11. 落实控辍保学机制。……

12. 落实德育工作机制。……

13. 落实风险防范机制。……

14. 落实党建工作机制。……

楚雄市教育局

2018 年 7 月 2 日

【简析】 因为篇幅太长，编者将《楚雄市教育局 2018 年上半年工作总结》的提纲抽取出来。从提纲可见，这篇总结内容很丰富、层次清楚有条理。开头部分概述了工作思路、工作过程和成绩，紧接着进入主体部分。主体部分包括基本情况、教育工作措施成效、存在的困难和 2018 年工作思路等三部分。“教育工作措施成效”实际包含两个内容，即过去采取的措施和取得的成绩。行文思路符合“回顾过去、评估得失、指导将来”的逻辑。同时，多个层次构成全文，结构非常分明。

第四节　大　事　记

一、大事记的性质及适用

大事记是党政机关、企事业单位、社会团体简要地记载本组织所发生的大事、要事的一种记录性应用文书。大事记是非法定公文。

大事记可以为研究工作、总结经验提供重要线索和有价值的材料，为组织掌握工作规律，日常管理工作提供重要的查考依据，从而有助于改进工作，提高管理水平。大事记还具有重要的史料价值，反映记载主体的历史发展过程和重要活动的情况，是开展历史研究的可靠资料和重要线索，可以为编写史志、年鉴，考察历史积累宝贵的史料。根据《国家档案局关于文书档案保管期限的规定》的附件《文书档案保管期限表》，大事记的保管期限是永久保管，所以大事记是本地区、本组织永久性档案的重要组成部分。

二、大事记的特点

（一）纪实性

大事记是客观真实记载史实的文书，要反映事物的本来面目，具有强烈的纪实性质。不允许捕风捉影，信手杜撰。必须对时间、事件进行准确无误的记载，不能有任何随意性。

（二）简洁性

大事记通过简要叙述大事、要事，相当于新闻简讯，也类似消息的导语部分。但着重记录的是事件发生的时间和结果，其他叙述要素如地点、人物，特别是事件经过，可根据情况略写或不写。

（三）时序性

大事记应按照时间的顺序记录历史事实，而不能根据事情的重要程度来记。当然时序性并不是指每天都记，原则是有大事则记，无大事则不记。

（四）全面性

大事记要反映一个地区或组织一段时间工作的内容，因此，记载应力求做到疏而不漏，要而不繁，真实确切，全面完整。

三、大事记的写作

大事记的写作格式是由标题和正文两部分组成。

（一）标题

作为非法定公文，大事记的标题写法多样，主要有以下几种：

由制文机关、事由和文种构成。如《宁夏交通运输工作发展大事记》。

由事由和文种构成。如《全省质量工作大事记》。

由制文机关和文种构成。如《苏州市人民政府大事记》。

由制文机关、时间和文种构成。如《苏州市人民政府 2018 年 7 月大事记》。

（二）正文

大事记的正文，一般由时间和事件两部分组成。

时间：大事记以时间顺序逐条记载，时间应具体，要精确到日。持续时间较长的大事，其时间可以概括写或标明起止日期；如同一事件发生在一年中的不同时期，可跨越时间顺序集中叙述。

事件：事件是大事记的核心部分，指重要工作活动和重大事件。按照党政机关综合性大事记的范围，记录内容主要有：上级机关领导人出席本地区、本单位重大活动，或检查、指导工作并作出重大决策或重要部署、指示等；贯彻党和国家的方针、政策中采取的重大部署、措施，发布的重要文件；本地区、本单位的重要会议和作出的重要决策；本地区、本单位机构设置、变化，体制变动等；本地区、本单位主要领导人调动和任免情况；本地区出现的重大社会动态，严重责任事故和自然灾害情况等。

大事记应一事一个条目，不可在一条之中同时记载两件以上事项。如果同一日中发生几件大事，应分条列明。所以事件的写作应简洁凝练，言简意赅，重点记载事件结果，以客观叙述为主，避免主观评论和空话、套话，做到“只叙不议”。

【例文 7－5】

大事记

1 日

△绍兴市正式实施《绍兴古城保护利用条例》。

△绍兴市正式启动第四次全国经济普查现场登记工作。

△首条从杭州开往绍兴的公交线路(740 路区间公交)开通。

△“绍台·两岸青年双创中心”落户上虞中华孝德园文化旅游风情街。

2 日

△首届“绍兴·阿瓦提文化旅游周文艺联袂展演”在绍兴市文化馆百姓剧场举行。

△绍兴市核发首批网店营业执照。

3 日　绍兴市全面实施定量包装商品生产企业计量保证能力自我声明制度。

5 日　中共绍兴市委召开八届五次全体(扩大)会议。

9 日　“天下同念——2019 年祭祀阳明先生”典礼在兰亭阳明园举行。此后，祭祀活动将每年举办一次。

11 日　陌桑高科股份有限公司冬季蚕蛾育种技术获成功，填补国内冬季育种的技术空白。

13 日　绍兴市举行第八批“绍兴市荣誉市民”颁证仪式，徐扬生、马建荣、高关中、大久保寿夫、内捷洛夫·布里杨·东达科维奇 5 位获荣誉市民称号。

14 日至 17 日　政协绍兴市第八届委员会第三次会议召开。

15 日至 18 日　绍兴市第八届人民代表大会第四次会议召开。

18 日至 20 日　中共绍兴市委书记马卫光率党政代表团赴上海学习考察，展相关推介活动。19 日，中共中央政治局委员、上海市委书记李强，上海市委副书记、市长应勇会见绍兴党政代表团。

20 日　巴贝集团在杭州宣布，巴贝全龄人工饲料工厂化养蚕项目取得成功。此项目还被评为 2019 年全国十大颠覆性创新成果。

20 日至 21 日　绍兴军分区第八次党代会举行。

21 日　绍兴制定数字经济五年倍增计划，全面实施数字经济“号工程”。

25 日　中共绍兴市委书记马卫光会见欧洲中小企业联盟副主席奥里维罗一行。

【简析】 这是一份绍兴市政府 2019 年 1 月的大事记。重在记事，要言不繁，文本的质量非常高。

【病文】

海东市人民政府2018年12月大事记

5日，市委市政府召开2019年工作务虚会，分析研判形势，深度谋划2019年工作，市委副书记、市长王林虎，市委常委、副市长李青川，副市长张栋、刘振华、熊嘉泓、袁波、白万奎、马统邦参加，于6日结束。

7日，市委市政府召开全市民营企业座谈会，市委副书记、市长王林虎，市委常委、副市长李青川参加。

同日，省文化旅游厅厅长张宁一行赴海东市调研旅游“厕所革命”工作进展情况，副市长袁波陪同。

同日，举办2018年第10期省政府党组中心组前沿知识专题讲座，副市长马统邦参加。

11日，召开中共海东市第二届委员会第71次常委会议，市委常委、副市长李青川，副市长张栋、刘振华、熊嘉泓、马杰、袁波、白万奎、马统邦参加。

同日，国务院召开加强非洲猪瘟防控工作电视电话会议，副市长马统邦参加。

12日，召开海东市第二届人民代表大会常务委员会第十七次会议，市委常委、副市长李青川，副市长熊嘉泓参加。任命黄生昊同志为海东市人民政府秘书长，免去白万奎同志的海东市人民政府秘书长职务。

同日，副市长白万奎主持召开市核心区线路迁改工作专题会议，研究市核心区重点片区征地拆迁、线路迁改和土地平整等事宜。

同日，省政府召开全省扶贫产业发展暨贫困劳动力转移就业推进会，副市长马统邦参加。

13日，省政府召开全省农村义务教育学生营养改善计划工作电视电话会议，副市长袁波参加。

同日，召开全市非洲猪瘟防控工作会议，副市长马统邦参加。

14日，召开全市机构改革工作动员部署会，对全市机构改革工作进行安排部署，市委常委、副市长李青川，副市长张栋、刘振华、马杰、袁波、白万奎、马统邦，秘书长黄生昊参加。

同日，省退役军人事务厅厅长李忠一行赴海东市平安区调研退役军人信息采集情况，副市长张栋陪同。

同日，市委、市政府召开海东市质量发展大会，传达全省质量发展大会精神，安排部署下一步工作，副市长刘振华参加。

同日，省民宗委主任开哇赴互助县、循化县调研明年将要召开的“全国扶持人口较少民族脱贫攻坚工作现场观摩会”观摩点打造筹备情况，副市长熊嘉泓陪同。

……

29日，召开市政府第39次常务会议，传达学习中央经济工作会议精神，习近平总书记在庆祝改革开放40周年大会上的讲话精神，王建军书记在青海省庆祝改革开放40周年座谈会上的讲话、在省支援帮扶合作交流工作领导小组扩大会议上的讲话精神以及市委常委扩大会议精神，听取中央环保督察反馈意见整改进展情况的汇报、全市“大棚房”整治工作进展情况的汇报，研究《关于理顺海东工业园区五个县区工业园管理体制的意见》《关于加强耕地保护和改进占补平衡的实施意见的请示》《关于2018年江苏省东西部扶贫协作新增7700万元资金用于乐都区移民安置点“海东·无锡希望学校”建设项目的请示》《关于调整海东市核心区地下综合管廊试点项目实施计划的请示》《关于青海高等职业技术学院教师周转房购置方案的请示》《关于海东市2015年至2017年环保专项结余资金使用计划、2018年大气污染防治项目资金使用计划的请示》，通报市政府2019年节假日值班安排，市委副书记、市长王林虎，市委常委、副市长李青川，副市长熊嘉泓、马杰、袁波、白万奎、马统邦，秘书长黄生昊参加。

【评析】 该篇大事记格式规范，但是事件的记载不精练，尤其是最后一条大事记太繁冗。此外，几乎每条事件都罗列人物。这些都不符合写作要求。

【思考题】

1. 请谈谈会议记录和纪要的异同点。
2. 记录本班的一次会议，并撰写纪要。
3. 如何将总结写出彩？
4. 编写大事记的注意事项有哪些？

第八章

规约性文书写作

第八章
规约性文书写作

本章概述

规约性文书就是起到规范和约束作用的公文,也就是平时所说的规章制度。规章制度是党政机关、企事业单位、社会团体为实施管理的需要,依照国家法律、法令和政策,在自己权限范围内制定的具有强制性、指导性与约束力的事务文书。它是各种规定、章程、制度、公约、条例、细则、守则、办法、规则、规程、准则等的总称,是要求有关人员必须按章办事,共同遵守的行为规范。规约性文书为开展各项管理工作提供了标准和依据。党的二十大报告强调,“要坚持走中国特色社会主义法治道路,建设中国特色社会主义法治体系、建设社会主义法治国家”,“坚持法治国家、法治政府、法治社会一体建设”,这正是规约性文书要承担的重要使命。规约性文书具有作者的限定性、效力的强制性、内容的明确性、严格的程序性和适用的长期性等特点。要使内容发挥有效规范的作用,规约性文书的制定必须有相应的程序保障。通常包括制定计划或立项、成立起草机构、调研论证与起草、广泛征求意见、主管机关审查、签署公布与备案等环节。规约性文书有一条到底和章断条连式两种篇章类型,以“条”为基本单位,根据内容需要,可分编、章、节、条、款、项、目等多个层次。

学习目标

1. 理解规约性文书的特点,掌握规约性文书的制定程序。
2. 掌握规约性文书的格式,掌握规约性文书的表层结构和深层结构的安排,掌握规约性文书的写作及写作注意事项。
3. 理解并掌握不同种类的规约性文书的适用。

重点难点

重点:

1. 掌握规约性文书的表层结构和深层结构。
2. 根据工作需要选择正确的规约性文书。

难点:

选择正确的规约性文书,掌握规约性文书的深层结构。

第一节　规约性文书概述

一、规约性文书的概念

规约性文书就是起到规范和约束作用的公文,也就是平时所说的规章制度。规章制度是党政机关、企事业单位、社会团体为实施管理，依照国家法律、法令和政策，在自己权限范围内制定的具有强制性、指导性与约束力的事务文书。它是各种规定、章程、制度、公约、条例、细则、守则、办法、规则、规程、准则等的总称，是要求有关人员必须按章办事，共同遵守的行为规范。它为各项管理工作提供了标准和规范。

一个组织要实现有效管理，必须要建章立制，从而保证必要的管理秩序，使管理活动进入规范化、制度化轨道。规章制度的应用范围十分广泛，上至国家机关、社会团体、各个行业和系统，下至单位、部门及班组，都需用规章制度规定有关人员应该遵守的事项和职责或应达到的规范标准，它是人们行动的准则和依据。建立和健全规章制度，有利于明确职责，协调工作，统一步伐，严格组织纪律，建立和维护正常秩序；有利于约束行为，规范道德，使社会成员得到教育和自我教育，增强精神文明建设和法制建设；有利于加强经营管理，保证产品质量，提高服务质量，取得更大的社会效益。

二、规约性文书的特点

1. 作者的限定性

规章制度的制发者必须在其权限内制发相应的规章制度，不可越权制定。国家机关制定规章制度，必须有法律的授权。企事业单位、社会团体制定规章制度需具有法人资格。有的还需经上级有关部门批准，生效日期、修改权、解释权也只属于制定该规章制度的法人单位。

2. 效力的强制性

规章制度是为规范人们行为制定的。相关组织或部门在其职权范围内制定的规章制度一经公布，就对有关地区、单位、部门或个人的言行举止具有约束性乃至强制力，必须遵守执行。规章制度不允许做的事情，不可为之，否则就要受到一定的制裁和处罚。

3. 内容的明确性

规章制度提出的行为准则，对实践的指导作用是直接可行的，所以规章制度的写作必须明确具体、细致、严密。否则就会出现人们经常所说的，法规有空白、有漏洞，操作性不强等弊病。规章制度都要用极严谨的语言，准确阐明一定的含义，并且只允许对它作出一种意义的解释，不能有歧义，不能自相矛盾。

4. 严格的程序性

要规章制度内容的准确、细致、周密和有效，就必须从规约性文书制定的程序上提供保障。特别是国家机关的规章制度，更是有相关的程序方面的法规，如《立法法》《行政法规制定程序条例》《规章制定程序条例》等。

5. 适用的长期性

规约性文书适用时间长，一经公布生效就应在一定时期内具有效力和相对的稳定性，不能朝令夕改，变化无常。在没有新的同类规约性文书之前，都要按它的规范行事。

三、规约性文书的制定程序

作为一定范围内具有强制性的文书，规约性文书对其规范范围内的部门和人员产生强制力和约束力。要使内容发挥有效规范的作用，规约性文书的制定就必须有相应的程序保障。借鉴《立法法》《行政法规制定程序条例》《规章制定程序条例》等程序性规定，其他组织在制定规约性文书时通常应遵循以下程序。

1. 制定计划或立项

因其内容的强制性，效力的长期性，规约性文书不能盲目制定，必须是针对管理活动中需要规范的工作或要解决的问题。做好规约性文书的制定计划或立项是非常必要的前提条件。

2. 成立起草机构

国家机关的规约性文书因其关系到规范对象的切身利益，且范围广、影响长远，因此，对起草人员的要求特别高。实际工作中，往往会成立专门的起草机构。即使是非国家机关或部门制定规约类文书，也应当成立专业的工作小组，至少也要将起草任务交给对所要规范的工作非常熟悉的工作人员。

3. 调研论证与起草

制定规约性文书需要进行全面深入的调查研究，细致地了解各方面的情况，听取基层有关机关、组织和公众的意见，在充分了解和掌握情况的基础上，进行可行性论证与分析，而后着手起草工作。

4. 广泛征求意见

规约性文书是涉及广大公众切身利益的大事。因此，草案形成后要向专家、各有关部门、向有关地区、向公众广泛征求意见，反复研讨，反复修改，确保其代表多数人的利益。

5. 主管机关审查

国家机关的规章制度必须经过上级部门或主管机关审查。如报送国务院的行政法规送审稿，由国务院法制机构负责审查。非国家机关的规章制度同样也需要这一环节，从而确保文书的准确、严谨、科学、合理、可行。

6. 签署公布与备案

规约性文书必须要经有关部门或领导签批同意，然后对外公布方能施行。如国务院的行政法规要报请总理签署国务院令公布施行。签署公布行政法规的国务院令载明该行政法规的施行日期。行政法规签署公布后，及时在国务院公报和中国政府法制信息网以及在全国范围内发行的报纸上刊载。国务院法制机构应当及时汇编出版行政法规的国家正式版本。在国务院公报上刊登的行政法规文本为标准文本。行政法规应当自公布之日起30日后施行。其他各级机关和部门出台的规约性文书应参照国务院行政法规出台程序。但不一定以“令”作为载体，公告、通知、内部发文或公开张贴等形式均可对外公布。最后的环节是上报相关部门备案。

四、规约性文书的格式与写法

（一）标题

规约性文书的标题写法主要有三种：

事由＋文种，如《水利资源保护条例》《党政领导干部考核工作条例》《机动车驾驶证申领和使用规定》等。

制文机关＋事由＋文种，如《财政部关于企业财务检查中处理财务问题的若干规则》。这种标题样式等同于党政法定公文的标题样式。

施行范围＋事由＋文种，如《江苏省女职工劳动保护特别规定》《淮南市采煤塌陷地治理条例》等。

（二）题注

规约性文书标题的题注应当载明制定机关、通过日期。经过修改的规约性文书，应当依次载明修改机关、修改日期。

（三）正文

1. 正文内容

通常情况下，规约性文书的正文采用分层分段式，其内容具体如下。

开头：制定规约性文书的目的、意义、依据、指导思想、适用原则和范围、责任的归属等。

主体：是规约性文书的实质性规定，是要求规范的对象能做什么、不能做什么、能怎么做、违反规定会受到什么处罚的详细说明。

结尾：通常情况包括施行时间，解释权、修改权的归属，与之前出台的规约的衔接，对其他部门或相关领域的效力等。

2. 篇章类型

篇章类型即表层结构。掌握规约性文书篇章类型，必须先了解规约性文书的基本单位。我国《立法法》第六十一条规定：“法律根据内容需要，可以分编、章、节、条、款、项、目。编、章、节、条的序号用中文数字依次表述，款不编序号，项的序号用中文数字加括号依次表述，目的序号用阿拉伯数字依次表述。”

法律规范的“条”，是组成法律规范的基本单位。一部法律，都是由若干法条组成的。条的数目的书写应使用中文，如“《立法法》第十条”，不能使用阿拉伯数字，不能写成“《立法法》第 10 条”。“款”是“条”的组成部分。“款”的表现形式为条中的自然段。每个自然段为一款。款前均无数字。有数字排列的不称为款。

法律规范条文的适用，一个法条只有一款的，应当直接适用该法条，不应称作该条第一款；一个法条有两款或者两款以上的，应当适用到款。款一般可以独立适用。关于引用款时的数目的书写一般应当使用中文，不用阿拉伯数字。如“《立法法》第五十四条第二款”，不写作“《立法法》第五十四条第 2 款”。

一般来讲，“项”是以列举的形式对前段文字的说明。如《立法法》第八条规定，“下列事项只能制定法律：

（一）国家主权的事项；

（二）各级人民代表大会、人民政府、人民法院和人民检察院的产生、组织和职权；

（三）……”

该条中的（一）、（二）、（三）……（十）等就是该条的十个项。该十项是对前段文字中“下列事项”的说明。所以，含有项的法条，其前段文字中一般都有“下列”二字或相应的文字表述。

“项”前冠以数字以对列举的内容进行排列。如上所述，各项前都冠以（一）、（二）、（三）、（四）等数字，而且这些数字只能以中文数字加括号的形式出现。对含有项的法条，适用时应当适用到项。如果不适用到项，有适用法律不正确之嫌。

“目”隶属于项，是法律规范中最小的单位。如《中华人民共和国烟草专卖法实施条例》第五十二条第（二）项规定，有下列情形之一的，没收违法运输的烟草专卖品和违法所得：

1. 非法运输的烟草专卖品价值超过 5 万元或者运输卷烟数量超过 100 件（每 1 万支为 1 件）的；

2. 被烟草专卖行政主管部门处罚两次以上的；

3. 抗拒烟草专卖行政主管部门的监督检查人员依法实施检查的；

4. 非法运输走私烟草专卖品的；

5. 运输无烟草专卖生产企业许可证的企业生产的烟草专卖品的；

6. 利用伪装非法运输烟草专卖品的；

7. 利用特种车辆运输烟草专卖品逃避检查的；

8. 其他非法运输行为，情节严重的。

这八种情形，就是该项的八个目。

“目”的特性与作用与“项”相似，不同的是项是对条或款的列举式说明，而“目”是对项的列举式说明。项的前面冠以中文数字加括号，而“目”的前面则冠以阿拉伯数字，并在阿拉伯数字后加点(在具体引用法条的“目”时，只注明阿拉伯数字，无须加点)。如果某个规范条或款的内容有“项”，而“项”下还有“目”的，在适用法律时就应当适用到“目”。

在写作规约性文书时，“条”是基本单位，是决定文书质量的基础。因此，在写作这类文书时，必须确保每一条内容的表达质量。在“条”的基础上，规约性文书的篇章类型大概有两种：

1. 章断条连式

章断条连的意思是章把条断开，但条其实一直连着，即通篇按条的流水号写作。章断条连式适用于正文内容复杂，篇幅较长的规约性文书。因为条多，所以要分章，每一章集中写明一个内容。正文通常分为总则、分则、附则三个部分。总则即开头部分，通常为第一章；附则为结尾部分，通常是最后一章；中间各章为分则，每章分则有自己的主题，分则的标题要能准确地体现这一章的主题。如《党政机关公文处理工作条例》第二章分则的标题是公文种类，这一章即是 15 个公文种类适用范围的介绍。

内容复杂的规约性文书，其章断条连式的篇章可体现为：章下分条，条下分款，款下还可分目。章、条、款的内容，通常按照内容的逻辑关系或按照工作程序，依次排列表达。一般情况下，都是先对有关事宜作出正面规定，写明应该怎么做和不该怎么做，然后再从反面加以说明、解释，即做不到或违背了规定该怎么处理。

2. 一条到底式

一条到底式指从开头第一条开始编写，一直到结尾最后一条，通篇由“条”组成。适用于内容较少，篇幅简短的规约性文书。少则几条，多则二三十条，再多的话就应该考虑分章了。一条到底式篇幅虽短，但结构完整，通常前面一条或多条说明制发目的、依据等，中间各条说明规范的具体内容，最后一条或数条说明施行日期、解释权的归属等。

五、规约性文书的写作注意事项

就内容而言，首先，规约性文书必须与法律、其他法规、规章以及党的方针政策，上级机关与同级机关的有关规定保持一致；与自己制定的并尚有执行效用的其他有关规定保持一致；与制定机关的职权相一致。其次，要合理、切实、全面、具体。所谓“合理”，是指正确体现党和政府的方针政策；“切实”，是指符合客观情况；“全面”，是指凡牵到的问题都要说明，要严谨缜密，千万不可出现疏漏和空白；“具体”，是指规定的范围、尺度要具体，处理的界限要明确。

就形式而言，首先，在结构安排上，不管是章断条连式还是一条到底式的篇章类型，内容是繁多还是简短，其基本行文思路是一样的。开头是发文的目的、依据等，主体部分是具体详细的规范，结尾部分是时效、地效、解释权及未尽事宜等。总之，层次要分明，逻辑要合理，条理性要强。其次，在表达方式上，规约性文书以说明的表达方式为主，文字尽量简洁精确、高度概括、言简意明，要尽量少用生僻的术语，不用令人费解的词句，绝不能出现模糊性、歧义性的语言。

第二节　规约性文书具体文种

一、条例

条例是用以指导某一方面工作、活动得以长期正常进行的较为原则和规范化的立法性文件。

需要注意的是，条例的撰写者是特定的。《行政法规制定程序条例》第五条规定：行政法规的名称一般称“条例”；国务院各部门及地方人民政府制定的规章不得称“条例”。《规章制定程序条例》第七条规定：规章的名称一般称“规定”“办法”，但不得称“条例”。可见，只有国务院的行政法规才能使用“条例”这一文种。《人大机关公文处理办法》第六条规定：法、条例、规则、实施办法适用于人大及其常委会审议通过的法律、地方性法规。可见只有国务院的行政法规和法律、地方性法规才能使用“条例”这一文种。

二、规定

规定是规范性公文中使用范围最广、使用频率最高的文种。它是领导机关对特定范围内的工作和事务制定相应措施，要求所属部门和下级机关贯彻执行的规约性文书。规定所涉及的工作或问题不如条例重大，其法规性、约束力、稳定性也不及条例。但是规定比条例的针对性更强，内容更细致，可操作性强。

三、办法

办法也就是办事或处理问题的方法。主要用于对特定范围内的工作事务提出照章办理的具体要求。因此，办法是针对某一项工作的开展，或某一个问题的解决而发布的规约性文书，内容非常具体、实践性强。平时工作中的办法，有的是直接针对管理工作中某一工作或某一问题，有的则是实施法律、条例和规划的办法，这种办法是派生出来的，是根据本地区的实际情况对法规或计划的具体落实。

办法和条例、规定是比较近似的文种。它们都有法规性，分章列条的外部形式也比较接近。它们之间的区别体现为：条例的制作单位级别高，意义重大，内容全面、系统、原则。规定的制作单位没有条例那么严格，内容比较局部化，方法、步骤、措施比较详细。而办法往往由分管某方面工作的部门作出，内容更为具体。

四、规则和规程

规则和规程性质和功能基本相同，都是管理具体事务或活动时所使用的规定性文件。

如交通规则、比赛规则、游戏规则等。内容非常详细、具体，操作性强，可直接指导某项活动或工作的有效开展。

规则和规程都是指在一定范围内针对某一具体事项或活动制定的，要求有关人员共同遵守的规范。区别在于规程包括了程序方面的内容，规程就是“规则 + 程序”，所谓程序包括了开展工作的环节、步骤、方式和时限。规程在工农业生产中发挥着重要的功能，对工农业生产的作业、安装、鉴定、安全、管理等技术要求和实施程序做出细致具体的规范。如果不按照规程开展工作，就会造成不良后果，甚至严重的生产事故。

五、细则

细则是有关机关或部门为使下级机关或人员更好地贯彻执行某一法规、规章或条例、规定，结合实际情况对其所做的详细的、具体的解释和补充的规约性文书。细则是派生的，其派生的前提是：国家的有关法律、法规或上级机关发布的有关条例、规定等，因为在具体细节上不可能面面俱到，需要相应的管理部门结合实践再作补充和阐释；另外，不同地区不同单位在实行某一法规的时候，允许结合本地区本单位的情况进行具体的处理。因此，有些法规在发布的时候，在结尾处特意说明“本条例（规定）由××部门负责解释”，或者“各地要结合本地区的情况，制定出实施细则，并于×月×日前报××办公厅”。不能针对某项工作或活动的开展直接制定细则，如果需要的话，可以用办法或规则。而细则一定是派生出的，处于附属地位，是其他法令、条例和规定的一部分，共同形成完善的法规体系。

撰制时不仅要在序言中明确指出是根据某“条例”或某“规定”中的某条款制定的，而且要紧扣内容，不得离开条款主旨随意发挥。因此，细则的内容非常周密、详细、具体，可操作性非常强。

六、制度

往大的方面说，制度是指政府、国家或统治者等按照一定的目的和程序有意识创造的一系列政治、经济规则及契约等法律法规，以及由这些规则构成的社会的等级结构。而一般单位开展管理工作时的制度，既泛指我们平时所说的规章制度，又可特指要求大家共同遵守的办事规程或行动准则。一般组织内的制度可分为岗位性制度和法规性制度两种类型。岗位性制度适用于某一岗位上的长期性工作，如《办公室人员考勤制度》《机关值班制度》。法规性制度是对某方面工作制定的带有法令性质的规范，如《职工休假制度》《差旅费报销制度》，这种制度等同于规定。

七、准则

准则指依道德之理所遵循的标准。因此，准则一般用于对组织内个人、集体行为的约束。准则可以分为两大基本类型：一是“应该”型行为准则，即个人、集体应该做到的符合道德标准的行为。二是“不能”型行为准则，即不能做的。如《中国共产党廉洁自律准则》就是

"应该"型行为准则，是一般党员和党员领导干部为自觉培养高尚道德情操，努力弘扬中华民族传统美德，廉洁自律，永葆党的先进性和纯洁性所做的规范。

八、守则

守则是国家机关、社会团体、企事业单位为维护公共利益和工作秩序，向所属成员发布的行为规范和道德规范。守则对其所涉及的成员有约束作用，但守则从整体上说属于职业道德范畴，不是法律和法规，不具有强制力和法律效应。也就是说，如果有人不按守则办事，可能并不违法，但至少是违背了道德规范，会受到人们的批评和谴责。守则旨在培养成员按道德或工作规范办事的自觉性，对本系统、本单位、本部门的工作、学习、生活起到一定的保证、督促作用，如《全国职工守则》《考试巡视员守则》。

九、公约

公约是指各个国家、部门、人员之间共同遵守的约定，一般是大家就有关国家、部门、人员之间的利益问题进行公开讨论达成的一致意见。本教材的公约主要是指在国内一定范围内使用的、带有公共性和督促性的文书。

公约不是正式的法律和法规，对参与者只有道德约束力，没有法律效力。它是参与制定的单位和个人共同信守的行为规范，对于维护社会秩序、促进安定团结、加强社会主义精神文明建设有着不可低估的作用。

与公约相比，守则除了确定各行各业人们的职业道德和行为规范，还常用于制定工作和生产的具体操作规范；而公约，则多用于规定公共道德和行为规范，如文明公约、爱国卫生公约。

与其他规约性文书相比，准则、守则、公约通常简练、概括，篇幅简短。

十、章程

章程是一个党派组织、社会团体、企事业单位为保证其组织活动的正常运行，系统阐明自己的性质、宗旨、任务以及规定成员的条件、权利、义务、纪律及组织结构、活动规则，要求全体成员共同遵守的一种规约性文书。

一个正规的政党、社会团体、企事业单位，都应该有自己的章程。一个组织的章程就是这个组织的根本法，是这个组织得以存在和运转的基本的纲领性文书。该组织的所有成员都必须按照章程来规范自己的行为，章程具有很强的约束力。

写作章程的注意事项如下。

（一）内容合法、完备

章程首先必须符合国家的法律、法规和方针政策。这是撰写章程的前提条件。章程的内容要包括社团名称、宗旨、任务、组织机构、成员资格、加入手续、成员权利义务、领导者的产生和任期、费用的缴纳和管理使用等。总之，必要的项目要完备。

（二）结构严谨

章程的写作思路是由总到分到总。一般是先讲成员，后讲组织；先讲全国组织，次讲地方组织，后讲基层组织；先讲对内，后讲对外。行文要一环扣一环，体现严密的逻辑性。章程的条文要遵循完整和单一原则。每条内容只表达一个完整独立的意思，条文准确、严谨、周密。

【例文 8-1】

重大行政决策程序暂行条例

第一章　总　则

第一条　为了健全科学、民主、依法决策机制，规范重大行政决策程序，提高决策质量和效率，明确决策责任，根据宪法、地方各级人民代表大会和地方各级人民政府组织法等规定，制定本条例。

第二条　县级以上地方人民政府（以下称决策机关）重大行政决策的作出和调整程序，适用本条例。

第三条　本条例所称重大行政决策事项（以下简称决策事项）包括：

（一）制定有关公共服务、市场监管、社会管理、环境保护等方面的重大公共政策和措施；

（二）制定经济和社会发展等方面的重要规划；

（三）制定开发利用、保护重要自然资源和文化资源的重大公共政策和措施；

（四）决定在本行政区域实施的重大公共建设项目；

（五）决定对经济社会发展有重大影响、涉及重大公共利益或者社会公众切身利益的其他重大事项。

法律、行政法规对本条第一款规定事项的决策程序另有规定的，依照其规定。财政政策、货币政策等宏观调控决策，政府立法决策以及突发事件应急处置决策不适用本条例。

决策机关可以根据本条第一款的规定，结合职责权限和本地实际，确定决策事项目录、标准，经同级党委同意后向社会公布，并根据实际情况调整。

第四条　重大行政决策必须坚持和加强党的全面领导，全面贯彻党的路线方针政策和决策部署，发挥党的领导核心作用，把党的领导贯彻到重大行政决策全过程。

第五条　作出重大行政决策应当遵循科学决策原则，贯彻创新、协调、绿色、开放、共享的发展理念，坚持从实际出发，运用科学技术和方法，尊重客观规律，适应经济社会发展和全面深化改革要求。

第六条　作出重大行政决策应当遵循民主决策原则，充分听取各方面意见，保障人民群众通过多种途径和形式参与决策。

第七条 作出重大行政决策应当遵循依法决策原则，严格遵守法定权限，依法履行法定程序，保证决策内容符合法律、法规和规章等规定。

第八条 重大行政决策依法接受本级人民代表大会及其常务委员会的监督，根据法律、法规规定属于本级人民代表大会及其常务委员会讨论决定的重大事项范围或者应当在出台前向本级人民代表大会常务委员会报告的，按照有关规定办理。

上级行政机关应当加强对下级行政机关重大行政决策的监督。审计机关按照规定对重大行政决策进行监督。

第九条 重大行政决策情况应当作为考核评价决策机关及其领导人员的重要内容。

第二章 决策草案的形成

第一节 决策启动

第十条 对各方面提出的决策事项建议，按照下列规定进行研究论证后，报请决策机关决定是否启动决策程序：

（一）决策机关领导人员提出决策事项建议的，交有关单位研究论证；

（二）决策机关所属部门或者下一级人民政府提出决策事项建议的，应当论证拟解决的主要问题、建议理由和依据、解决问题的初步方案及其必要性、可行性等；

（三）人大代表、政协委员等通过建议、提案等方式提出决策事项建议，以及公民、法人或者其他组织提出书面决策事项建议的，交有关单位研究论证。

第十一条 决策机关决定启动决策程序的，应当明确决策事项的承办单位（以下简称决策承办单位），由决策承办单位负责重大行政决策草案的拟订等工作。决策事项需要两个以上单位承办的，应当明确牵头的决策承办单位。

第十二条 决策承办单位应当在广泛深入开展调查研究、全面准确掌握有关信息、充分协商协调的基础上，拟订决策草案。

决策承办单位应当全面梳理与决策事项有关的法律、法规、规章和政策，使决策草案合法合规、与有关政策相衔接。

决策承办单位根据需要对决策事项涉及的人财物投入、资源消耗、环境影响等成本和经济、社会、环境效益进行分析预测。

有关方面对决策事项存在较大分歧的，决策承办单位可以提出两个以上方案。

第十三条 决策事项涉及决策机关所属部门、下一级人民政府等单位的职责，或者与其关系紧密的，决策承办单位应当与其充分协商；不能取得一致意见的，应当向决策机关说明争议的主要问题，有关单位的意见，决策承办单位的意见、理由和依据。

第二节 公众参与

……

第三节 专家论证

……

第四节　风险评估

……

第三章　合法性审查和集体讨论决定

第一节　合法性审查

……

第二节　集体讨论决定和决策公布

……

第四章　决策执行和调整

……

第五章　法律责任

……

第六章　附　则

第四十二条　县级以上人民政府部门和乡级人民政府重大行政决策的作出和调整程序，参照本条例规定执行。

第四十三条　省、自治区、直辖市人民政府根据本条例制定本行政区域重大行政决策程序的具体制度。

国务院有关部门参照本条例规定，制定本部门重大行政决策程序的具体制度。

第四十四条　本条例自2019年9月1日起施行。

【简析】 这篇条例标题由“事由＋文种”构成，文种“条例”前标有“暂行”字样。暂行本常用于因时间紧迫，文书中有关内容有可能存在不够周详等方面的欠缺，不长的一段时间后可能会修订或确认。暂行本的外形特征是在文书标题的文种前加注“暂行”字样。因内容丰富，篇幅长，该条例的正文采用章段条连式，就是以“条”为基础单位分章。第一章总则和最后一章附则，其余各章为分则，也即正文的开头、主体和结尾三大部分。开头第一章分别说明了发文目的（第一条）、适用对象（第二条）、重大行政决策事项的界定（第三条）、作出重大行政决策的原则（第四、五、六、七条）、责任（第八条）和作用（第九条）。主体部分包括决策草案的形成、合法性审查和集体讨论决定、决策执行和调整、法律责任等共四章，这四章是按照决策程序安排的，有的章下又分节，节与节之间也有逻辑，因此，主体部分逻辑清楚、有条理，层次清晰，内容丰富，便于理解与接受。最后一章附则则包含了其他部门适用说明和施行日期。

【例文 8-2】

南京市永久性绿地管理规定

第一条 为了加强永久性绿地的管理，发挥永久性绿地的生态、景观和社会效益，根据《南京市城市绿化条例》《南京市城市绿线管理暂行办法》等法规规章，结合本市实际，制定本规定。

第二条 本规定所称的永久性绿地，是指本市行政区域内，已建成的面积在一万平方米以上，由市人民政府批准确认并经市人民代表大会常务委员会备案的绿地。

本规定适用于本市行政区域内永久性绿地的管理。法律、行政法规对不同类型的永久性绿地另有规定的，从其规定。

第三条 永久性绿地管理坚持政府主导、职责明确、科学划定、保护为主、服务群众的原则。

第四条 市、区人民政府应当对永久性绿地实施保护，将其列入本级国民经济和社会发展规划，将永久性绿地保护经费列入本级财政预算。

第五条 市绿化行政主管部门负责全市永久性绿地的管理工作，区绿化行政主管部门负责辖区范围内永久性绿地的管理工作。

规划和自然资源、建设、城管、生态环境、水务、农业等部门，根据各自职责，共同做好永久性绿地的保护工作。

第六条 永久性绿地的绿化保护和管理单位应当建立管护制度；落实保护管理费用，明确日常管护责任人，按照绿化养护技术规范实施养护并做好记录。发现死亡缺株的，适时补植更新；设施损坏的，及时修复；对违反本规定的行为予以制止，及时报告相关行政执法部门，并协助调查。

第七条 单位和个人有权对违反本规定的行为进行投诉和举报。

第八条 永久性绿地在下列区域中进行确认：

（一）公园绿地、防护绿地、广场用地；

（二）区域绿地；

（三）需要永久保护的其他绿地。

第九条 市绿化行政主管部门依据相关规划定期编制全市永久性绿地确认的工作计划并组织实施。

区绿化行政主管部门按照永久性绿地确认的工作计划拟定辖区范围内新增永久性绿地的名录和边界，经区政府同意后报市绿化行政主管部门。

市绿化行政主管部门核定各区上报的新增永久性绿地的名录和边界，征求相关单位意见后报市政府确认公布。

第十条 永久性绿地实行名录管理。绿化行政主管部门应当对包括绿地名称、所属行政区域、绿化保护和管理单位、规划用地性质、绿地类别、四至边界等永久性绿地的基础信息登记造册、建立档案，完善管理信息。

第十一条　永久性绿地经确认公布后，绿化保护和管理单位应当在绿地区域设置显著标识，注明永久性绿地名称、界址、确认时间、绿化保护和管理单位、投诉举报电话等内容。

第十二条　绿化行政主管部门应会同相关部门对永久性绿地的绿化保护和管理工作进行指导和监督检查。

绿化行政主管部门应按照绿化养护技术规范对绿化保护和管理工作进行指导，优化绿地植物配置，加强有害生物防治。

绿化行政主管部门应当会同相关部门建立工作协调机制，加强城市绿化工作监督检查。

第十三条　永久性绿地不得占用和改变其用途，永久性绿地内禁止下列行为：

（一）倾倒废弃物、焚烧垃圾；

（二）损坏绿化设施；

（三）擅自砍伐、移植、大修剪树木；

（四）取土、取水、排放污水；

（五）其他毁坏永久性绿地的行为。

第十四条　永久性绿地的功能完善、景观提升、服务配套等建设项目应按基本建设程序进行审批。

涉及永久性绿地的重大基础配套设施建设，其方案应包括对永久性绿地影响的专项论证。

第十五条　永久性绿地内进行的架（铺）设市政、电力、通信、消防等基础设施建设，应当制定保护方案，依法办理相关手续。

第十六条　永久性绿地内的树木，有下列情形之一的，可以依法申请移植、大修剪：

（一）经论证，重大基础配套设施建设需要的；

（二）严重影响相邻建筑物采光、通风、通行的；

（三）对人身安全或者其他设施构成威胁的；

（四）其他符合法定条件的情形。

无移植价值的树木，可以依法向绿化行政主管部门申请砍伐。

第十七条　因抢险救灾，需在永久性绿地内大修剪、移植或者砍伐树木、开挖绿地、填埋水体、改变设施的，可先行处理，并及时报告永久性绿地的所有权人和绿化行政主管部门，险情排除后五日内补办相关手续，险情排除后一个月内按要求恢复原状。

第十八条　有关行政主管部门工作人员违反本规定，滥用职权、玩忽职守、徇私舞弊的，依法给予行政处分；构成犯罪的，依法追究刑事责任。

第十九条　本规定自2019年6月10日起施行。

【简析】 这是一篇规定，篇章类型属于一条到底式，因为内容不多，通篇由条组成，条下有项。第一、二、三条分别是发文目的、永久性绿地的界定和适用对象、管理的原则，可视为开头部分。第四至十八条是永久性绿地管理的具体规范，是本规定的主体部分。最后一条是施行日期，可看作结尾部分。此规定的内容比较具体，操作性比较好，如对永久性绿地内禁止行为的列举等。但该规定是否可以充分有效地发挥规范约束的作用，因为涉及到永久性绿地管理的专业问题，编者不敢置喙。但对于规约性文书来说，内容具体，操作性强，规范严密，无空白漏洞是基本要求。

【例文 8－3】

上海市食品摊贩经营管理办法

第一条（目的与依据）

为了规范本市食品摊贩经营行为，保证食品安全，保障公众身体健康和生命安全，根据《中华人民共和国食品安全法》《上海市食品安全条例》等的有关规定，制订本办法。

第二条（适用范围）

本市行政区域内从事食品摊贩经营行为，以及对食品摊贩实施综合规划、信息登记、公示和食品经营监督管理活动，适用本办法。

本市行政区域内流动餐车的经营活动及监督管理适用《上海市流动餐车管理办法（试行）》。

第三条（区政府职责）

区政府应当按照“方便群众、合理布局”的原则和“总量控制、疏堵结合、稳步推进、属地管理、有序监管”的要求，明确所在地相应的食品摊贩固定经营场所，并可采取措施，鼓励食品摊贩集中配送、规模化经营，引导食品摊贩进入集中交易市场、店铺等固定场所经营。

区政府可根据区域实际，结合群众需求，对食品摊贩经营活动集中的区域（点）进行评估，科学划定临时区域（点）和固定时段供食品摊贩经营，并向社会公布。划定的临时区域（点）为便民临时性场地，不可影响安全、交通、市容环境等。

第四条（部门职责）

市场监管部门负责对划定临时区域（点）和固定时段内的食品摊贩的经营活动实施指导和监督管理。

城管执法部门以及乡、镇政府负责对食品摊贩在划定区域（点）和固定时段以外，占用道路及其他公共场所设摊经营食品的违法行为依法实施查处；负责对食品摊贩在经营区域（点）以内，违反生活垃圾分类、餐厨废弃油脂和餐厨垃圾收运处置等市容环境卫生方面管理规定的违法行为依法实施查处。

绿化市容部门负责对食品摊贩临时经营区域集中收运点的餐厨废弃油脂和餐厨垃圾收

运、处置以及市容环境卫生、生活垃圾投放实施监督管理。

其他有关部门应当在各自的职责范围内,配合做好食品摊贩的监督管理工作。

第五条(乡、镇政府和街道办事处职责)

……

第六条(社会参与和行业自律)

……

第七条(责任保险)

……

第八条(食品摊贩的责任)

……

第九条(信息登记)

食品摊贩在从事食品经营活动前,应当通过现场办理或网上办理的方式,向经营所在地的……

第十条(信息变更)

……

第十一条(公示卡保管)

……

第十二条(经营条件和要求)

……

第十三条(鼓励支持食品摊贩经营)

……

第十四条(禁止性规定)

……

第十五条(违法行为的查处)

……

第十六条(公示卡的收回)

……

第十七条(施行日期)

本办法自2020年12月1日起施行,有效期至2025年11月30日。

【简析】 该办法来自上海市政府公报网站。因为篇幅不长,故而采用一条到底式的篇章类型。另外,形式上的新颖是每一条的内容都概括出来,用括号放在条后,使得每一条的主旨非常清晰,起到纲举目张的作用。文无定法,这种写法上的创新有利于主旨更鲜明,是值得学习的。从内容上看,第一、二条是开头部分,说明目的、依据和适用范围。第三至十六条是主体部分,先是说明不同主体的责任,然后是具体做法(包括应该怎么做,不应该怎么做以及处罚等)；最后的第十七条是非常明确的生效日期作为结尾。本办法内容非常明确，且操作性好，条理清晰，语言严谨，值得学习。

【思考题】

1. 规约性文书的制定为什么要有程序保证?
2. 规约性文书正文的篇章类型有哪些?
3. 请谈谈规约性文书正文包括哪些内容。
4. 请谈谈条例、规定、办法、规则、细则的区别。

第九章

领导讲话稿写作

第九章
领导讲话稿写作

本章概述

领导讲话稿指各级领导人在各种重要会议和特殊场合以职务身份发表的具有宣传、指示、总结性讲话的文稿。讲话是领导人施政的重要方式，领导人通过讲话来阐明施政纲领，传达政策精神，部署工作；提高认识，转变思想，鼓舞士气；奖优罚劣、褒扬正气，抨击歪风；总结经验、教训，指导工作，关系着全盘工作的开展，意义重大。领导讲话稿也体现了领导同志的领导水平、决策能力、工作思路和个人魅力。讲话稿的功用决定了秘书起草讲话稿是一项政策性、思想性、业务性、艺术性很强的工作。起草领导讲话稿要遵循站位高、权威性强、涉及面广、针对性强的特点和要求。秘书人员起草领导讲话稿，要辨别并熟悉不同领导、不同场合、不同讲话目的、不同讲话对象，做到有的放矢。

学习目标

1. 理解领导讲话稿的功用，理解并掌握领导讲话稿的特点和写作要求。
2. 知道讲话稿的分类。
3. 掌握不同讲话稿的写作思路和要求。

重点难点

重点：

1. 掌握领导讲话稿的特点和写作要求。
2. 掌握不同讲话稿的写作思路和要求

难点：

掌握不同讲话稿的写作思路和要求。

第一节　领导讲话稿概述

一、领导讲话稿的含义和功用

“代领导立言”是秘书作为领导的参谋和助手的一项重要工作。实践中，秘书人员最典型的、最重要的“立言”就是给领导撰写各种讲话稿。讲话稿有广义和狭义之分，广义的讲话稿是人们在特定场合发表讲话的文稿，狭义的讲话稿即本节所说的领导讲话稿，指各级领导人在各种重要会议和特殊场合以职务身份发表的具有宣传、指示、总结性讲话的文稿。

讲话是领导人施政的重要方式，领导人通过讲话来阐明施政纲领，传达政策精神，部署工作；提高认识，转变思想，鼓舞士气；奖优罚劣、褒扬正气，抨击歪风；总结经验、教训，指导工作，关系着全盘工作的开展，意义重大。领导讲话稿也体现了领导同志的领导水平、决策能力、工作思路和个人魅力。讲话稿的功用决定了秘书起草讲话稿是一项政策性、思想性、业务性、艺术性很强的工作。起草领导讲话稿是秘书应用写作中难度最大的一项工作。一篇领导满意、听众爱听的高质量领导讲话稿是秘书人员的理论政策水平、思想水平、实际工作经验和文字驾驭能力的综合体现，不是一天两天的功夫，也不是一年两年就能做得到的事情，必须有一个"厚积薄发"的过程。

二、领导讲话稿的分类

根据讲话的场合，可以分为会议类讲话稿、广播、电视、网络类讲话稿、现场讲话稿等。

根据会议的内容，可以分为工作会议讲话稿、动员会议讲话稿、传达会议讲话稿、部署会议讲话稿、座谈会讲话稿、表彰会讲话稿、纪念会讲话稿、庆祝会讲话稿、交流研讨会讲话稿等。

根据讲话的性质，可以分为思想阐发型、动员激励型、工作部署型、总结评论型、传达贯彻型、表彰号召型、批评指导型等。

三、领导讲话稿的特点和写作要求

（一）站位要高

领导讲话不管是针对和着眼于某些局部和具体的问题，还是放眼组织的全局工作和未来的发展，都必须站在全局和时代的高度，用战略的眼光和广阔的视野来观察、分析和解决问题，政治理论、思想水平和工作层次都很高。这就要求秘书人员起草领导讲话稿时，要能做到不在其"位"而谋其"政"，时时处处站在领导者应有的水平和层次上思考问题，讲话应体现最高站位和最高层次，要求站在党、国家和组织全局的高度，对形势的判断要高瞻远瞩，具有宏观性和全局性，做到大气、深刻、精辟、宏观。写作站位高的讲话稿，秘书人员必须加强理论学习，吃透上级精神，深刻理解中央的路线、方针、政策，国家有关法律、法规，以及上级的指示、指令，不能违背政策和法规。必须全面、深入地熟悉国际、国内、本组织内外的各方面的情况和动态。

（二）权威性强

领导者的地位、身份与职责决定了领导的讲话具有很强的权威性，所以，在起草领导讲话稿时，一定要做到科学严谨、稳妥准确，每一个重要观点都反复研究，每一个新的提法都多方论证，每一段文字都仔细斟酌，把领导需要讲的内容精当、恰如其分地反映出来。不随便照搬理论界的观点、社会上的看法，不讲没把握、未定性的话，不讲有争议的观点，更不能为了标新立异、语出惊人而讲过头话，甚至“乱放炮”。要坚持科学性与创新性有机统一，努力使每句话都准确鲜明、没有歧义，每段文字都经得起推敲。如果拿不准，宁可不用。

（三）涉及面广

领导的讲话内容十分丰富，不局限于某一方面或某个领域，常常涉及哲学、政治、经济、文化、历史、外交、军事、法律、党建等许多方面的知识，可以说什么内容都可能讲到。因此，写好领导讲话稿要求秘书人员视野广阔、知识面宽，尽可能了解各方面知识，尽可能熟悉各领域的工作。但是，在“包罗万象”的同时，也要做到收放自如，既能放得出去，还要拉得回来，既要纵横捭阖，又能秉要执本，使讲话既能体现较大的信息量，又不至于把主要观点淹没在大量材料中。

（四）针对性强

讲话稿是由某位领导在某时某地针对某事项对某些听众讲出来的，针对性非常强，所以要针对不同领导、不同场合、不同听众来写作。针对性强主要体现为：

1. 领导讲话稿的起草要针对不同身份的领导

领导的身份不同，讲话稿的内容、角度、口气也应有所不同。所以，一定要搞清楚讲话者的身份和在会议上扮演的角色。是分管领导还是业务部门领导，是主要领导还是副职领导，是主要讲话者还是次要讲话者，一定要弄清楚。还要熟悉领导同志讲话的风格。不同的领导，其性格、文化修养、工作方式、思维方式不同，讲话风格也不一样。比如有的领导讲话涉及古今中外，喜欢旁征博引、引经据典；有的领导讲话立意高远、气势恢弘，喜欢讲时势；有的领导讲话生动活泼、诙谐幽默，喜欢举例子；有的领导讲话朴实无华、通俗简洁、干净利落，喜欢用群众语言。因此，起草讲话稿不仅要熟悉领导的思路，而且要熟悉领导的风格和语言习惯，以领导的语言阐述领导的观点，增强针对性，这样写出的稿子才容易被领导接受。起草讲话稿是代领导“立言”，起草者的全部任务就是准确地领会、表达领导意图，创造性地深化、拓展领导意图。因此，起草讲话稿首先要认真领会领导总的意图，把握其总体要求，特别是体会领导点到但没有具体展开的深层次的内容，而不是领导讲到什么份上，就只写到什么份上。尤其是在秘书人员发挥余地比较大的时候，往往也是最能体现其领悟领导风格和意图能力的时候。关键是平时要做有心人，培养自己的悟性，多听多记勤归纳，珍惜每一次与领导接触和沟通的机会，或者直接听取、记录领导的口头交代，或者拟出提纲或构思，以口头或书面形式向领导汇报。其次是对领导的意图进行深化和拓展，根据国际国内形势和工作情况的最新变化，及时把握可能影响领导思路发生变化的各种要素，有预见性、创造性地“发展”领导的讲话意图。

2. 领导讲话稿的起草要针对不同类型的会议

不同类型的会议，其讲话稿的内容、形式、角度和语言都有很大的不同，不能用一个模式。工作会要在总结前一阶段工作的基础上，对下一阶段的工作进行部署，涵盖的内容较丰富，语言比较庄重；业务会是研究某一项业务工作的会议，专业性强，讲话内容要具体实在、便于操作，语言要朴实，可使用专业术语；座谈会的任务是对某项工作进行研究、交流和沟通，讲话的格调比较自由，可以讲认识、讲经验，也可对某项工作提出意见和要求，语言比较轻松活泼；表彰会是为褒奖先进单位和英模人物召开的，讲话要对受奖者的先进事迹和先进经验加以肯定和赞扬，并号召大家向他们学习，篇幅一般较短，但要充满激情，能鼓舞士气；纪念会纪念的是某一历史事件和历史人物，讲话除对历史事件的重大意义和历史人物的丰功伟绩加以肯定和颂扬外，还要立足当前、面向未来，对继承光荣传统、弘扬革命精神提出要求，语言要热情洋溢、催人奋进；宣传鼓动性的讲话重视思想的宣传和精神的鼓舞，一般不作指示、不部署工作；分析指导性讲话针对某项工作、某一问题进行深刻的理性分析，深入浅出，循循善诱，逻辑性强，说服力强；总结评论性讲话侧重对前一段的工作，或对大会的成果，或对各种有价值的意见或建议，做一番总结评论，肯定成绩，指出问题和今后努力方向。

重视领导讲话稿的针对性，还要求起草人员要熟悉各方面情况，重视调查研究，深入实际摸清情况，把工作成绩、经验、存在问题搞清楚，从本地区本部门实际出发，标本兼治提出措施，使讲话稿的内容有的放矢，能够解决实际问题，不能照抄照转上级文件，通篇大话、空话、套话，脱离实际，泛泛而论。否则，讲话就缺乏指导性、针对性和操作性，也就没有实际意义。

3. 领导讲话稿的起草要针对与会者的职业特点和接受能力

把握听众的心理需求，讲他们爱听的话，解决他们迫切需要解决的问题。了解听众的职业特点，要看面对的是什么样的职业群体，是工人还是农民，是学生还是干部。职业群体不同，讲话引用的事例、使用的语言应有所不同。适应听众的接受能力。听众文化水平高，接受能力强，可以讲得深奥一些；听众文化水平低，接受能力差，要讲得通俗一些。总之，写讲话稿，一定要适应听众，切不可不看对象，对牛弹琴。

第二节　领导讲话稿写作

一、领导讲话稿格式

1. 标题

标题一般有两种形式，最常见的一种是“在……会上的讲话”，如《在全市诚信志愿服务工作促进会上的讲话》;另一种是由正标题和副标题组成,正标题概括讲话的主要内容或精神,副标题说明在什么会议上的讲话,如《踏新时代步伐践行社区服务宗旨——在……会上的讲话》。当然,标题在领导讲话的时候是不需要读出来的,但是,在将讲话稿交到领导手里,以及需要将领导讲话稿印制出来作为会议文件发放的时候,是一定要有标题的。

2. 称呼

要根据讲话的场合、对象选择合适、恰当的称呼,如“同志们”“各位领导”“各位来宾”等。

3. 正文

一般是分层分段式。底层的思维是为什么讲话、讲话的具体内容和总结性、号召性结尾等。不同类型领导讲话稿的具体思路是不同的。

4. 署名和日期

通常在印发书面讲话稿的时候出现。

二、不同种类领导讲话稿的写作思路

讲话的场合很多、讲话稿的种类也很多。一些常见讲话稿的写作思路讲解如下。

(一) 会议报告

会议报告用于由领导者代表本机关依法定的程序或惯例向权力机关(大部分为会议形式)或有关代表会议作工作汇报。

开头:说明代表哪一级机关、报告什么问题,提出审议要求。

主体:会议报告的主体部分行文思路本质上是“总结+计划”。即先对前一时期的工作成效、工作措施、经验和教训进行回顾(即总结部分),然后是指出当前及今后开展工作面临的挑战和机遇,下一阶段的工作目标、任务和措施等(即计划部分)。

结尾:通常是表达对未来前景的展望和要求。

会议报告经会议讨论通过后,文件的性质由陈述性转为领导指导性,文件中的有关部分将成为指导有关方面工作的纲领。

(二) 开幕词

开幕词是在大型隆重会议的开始由有关领导者所作的致辞。

开头:可概要说明召开会议背景,会议的组织过程,介绍与会人数、与会人员,表达对与会者的欢迎等。

主体:可介绍会议主题、议题、议程;可介绍其他需要与会者知晓的事项;可向与会者提出希望要求。

结尾:表达对会议成果的期待,预祝会议成功等。

开幕词是会议正式开始前的介绍和动员，撰写时应注意简洁明确，使文件有一定的说明性、鼓动性，以充分调动与会者开好会议的积极性。

（三）闭幕词

闭幕词是大型会议结束时由有关领导人或德高望重者向会议所作的讲话。闭幕词是会议结束前的讲话，要对会议作出简要总结和恰当评价。

开头：通常说明会议已经完成预定任务，概述会议的进行情况，简要评价会议的意义及影响。

主体：较详细地说明会议任务召开情况、会议各项议题的完成情况，特别是会议达成的决议，取得的成果或进展；评价会议的重要性和深远意义；根据会议的内容，可以提纲挈领地提出新的工作任务和希望要求；还可以对会议未能展开但都已认识到的重要问题作出适当强调或补充。

结尾：肯定与会者的积极努力，向为会议作出贡献的单位或个人表示感谢等，最后郑重宣布会议闭幕。

闭幕词要简洁明确，富于鼓动性和号召力。特别是结尾部分发出号召、提出希望、表示祝愿等，要起到激发斗志、增强信念的作用。

（四）工作会议讲话稿

工作会议讲话稿是一个很宽泛的概念，可以包括各种工作、各种内容，所以写法多样灵活。

开头：或提出问题，引起注意；或交待背景，阐述意义；或概述讲话内容，说明指导思想。

主体：根据会议的内容和发表讲话的目的，可以重点阐述如何领会文件、指示、会议精神；可以通过分析形势和明确任务，提出搞好工作的几点意见；可以结合本单位情况，提出贯彻上级指示的意见；也可以围绕会议的中心议题，结合自己分管的工作谈几点看法等等。

结尾：结尾用以总结全篇，照应开头，发出号召，或者征询对讲话内容的意见或建议等等。

（五）汇报会讲话稿

汇报会讲话稿的行文思路同报告、总结、汇报材料等文书的行文思路相同或相似。

开头：概述一段时间内的工作情况包括工作背景、成绩、效果。

主体：首先，说明开展工作的基本情况；其次，经验、认识、体会以及存在的问题、缺点、教训，还可分析产生问题的原因；最后，提出今后的设想和努力方向以及改进工作的打算。

结尾：需要上级帮助解决的事项和问题，请上级领导作指示。

（六）动员会议讲话稿

动员会议讲话稿的正文行文思路和宣传鼓动性的宣传稿、倡议书、公开信等文书的正文思路是相同的，都需要写明为什么（背景、意义、目的），具体的要求和提出的希望等。它们的区别在于一个是会议上的讲话，一个要印发成文书供阅读。总之，都要讲得入情入理，振奋人心，鼓舞斗志。

（七）庆祝会、纪念会讲话稿

庆祝会、纪念会讲话稿是领导在重大庆典或纪念某一历史事件、历史人物等纪念性会议上所发表的讲话稿。这类讲话稿借纪念庆祝之际，既肯定和颂扬历史事件的重大意义和历史人物的丰功伟绩，还要将纪念庆祝重大事件或节日与表达宏大深刻的主题有机结合起来，立足当前，面向未来，高瞻远瞩地提出问题和观点。所以，庆祝会、纪念会讲话稿的行文思路就是立足现实，回顾历史，展望未来。

【例文 9-1】

不忘初心　筑梦时代

——2019 新年致辞

国家税务总局××市税务局党委书记、局长　××

一元复始，大幕新启。2018 年承载着长治税收发展史上浓墨重彩的印记即将沉入历史的丰藏之中，新的一年正带着时代的召唤、挑战和机遇向我们走来。值此辞旧迎新之际，我谨代表长治市税务局党委向一年来在改革中搏击奉献的全体干部职工致以诚挚的问候！向始终心系税收事业的离退休老干部表示崇高的敬意！向一直关心、支持税务工作的各级领导、社会各界朋友以及全市广大纳税人和缴费人致以新年最美好的祝愿！

千帆过尽，再立潮头。2018 年全市税务系统上下同心、勠力同行，以市县乡三级税务机构合并到位、三定工作全面落定的税收征管体制改革卓越成效，作为向改革开放 40 周年的精彩献礼。一支信仰坚定、融合聚力的新队伍全面集结，一个担当有为、锐意勃发的新税务正在崛起。

激扬太行精神，沉淀初心力量。过去的一年是擦亮初心、淬炼底色的一年。市县两级党委新设，政治坚定、团结统一、坚强有力、奋发有为，成为引领改革纵深推进的坚强核心；打造精神家园深耕不辍，“太行精神陈列馆”成为全体税干的信仰阵地，太行精神和红色税收的历史积淀成为激励我们勇于再出发、敢于再突破的时代力量；党建“三大工程”扎实推进，“三基建设”筑牢“四新”队伍基石，“秉公心行大道担大任”理念绘就“四合”队伍底色，“先锋创绩”铺开考量全系统党组织的主战场；群团组织全面发力，形成党建领航、群团聚力的有机整体，将全体税干的力量集结在税收工作的中心点、集结在改革攻坚的最前沿。

勠力同心担当，铸就时代铁军。过去的一年是重组再造、铸铁成钢的一年。“时代是出卷人，我们是答卷人，人民是阅卷人”，面对国税地税征管体制改革的时代考卷，全系统 179 名由正转副干部用公而忘私的气度成就长治税务新机构的铮铮底蕴，2 303 名税务干部用忠诚奉献的情怀书写长治税务新未来的朗朗诗篇。走过“分与合”，历经“舍与得”，在一次次的改革攻坚中锤炼出一支信念坚定、勇于担当、融合聚力、清正廉洁的新税务铁军。

赓续先锋伟业，击楫改革中流。过去的一年是不惧挑战、蜕变升华的一年。组织收入再创历史新高，全年组织各项收入318.87亿元，同比增长9.63%，其中税收收入308.3亿元，同比增长11.38%，收入规模和收入质量双攀升；持续助力地方经济转型发展，实现地方可用财力115.1亿元，同比增长11.96%；积极转变税收征管方式，持续优化税收营商环境，减免各项税收37.64亿元，真正释放改革红利；大力扶持民营经济发展，《优商助企业十项举措》推动“放管服”不断深入；大力推进社保费和非税收入征管职责划转与个人所得税改革全面落地，改革精神和惠民政策深入人心；持续提升纳税服务靶向性和精准度，用税务干部的“辛苦指数”换来了纳税人的“幸福指数”。

凡是过去，皆为序章。2018年，我们于平凡处的默默耕耘、于疲惫时的坚毅隐忍、于艰难时的未曾懈怠、于挫折时的永不言弃，这些艰辛和努力终将成为滋养我们不畏将来、不惧艰险、不怕重担的源远之力。驻足今日，瞻望明天，我们铭感脚下这方哺育长治税务儿女的深沉土地，感谢她孕育了我们的精神、滋养了我们的事业、积淀了我们的力量。我更要向2303名兄弟姐妹致敬，感谢你们不因平凡而耽于平庸，不因微小而沉于懈怠，将莹莹之火、涓涓之力汇聚成这个团队、这份事业不断前行的巨大力量。

赋决心于信心，予恒心于初心。2019年是建国70周年，是决胜全面建成小康社会，爬坡过坎、奋力前行的关键一年。我们始终以习近平新时代中国特色社会主义思想为指引税收事业的坚定信心，必将转化为党建引领改革、党建引领发展的笃实决心；我们“为国聚财、为民收税”的砥砺初心，必将转化为全面提升“三基建设”、升级“太行先锋”党建品牌、深耕落实主体责任、持续深化征管改革、推动税收事业高质量的发展恒心。

彰赤心于雄心，显诚心于匠心。2019年是税收征管体制改革全面落定，夯实改革举措、彰显改革成效的关键一年。长治税务人既要仰望星空，更要脚踏实地。我们全面实现长治税收现代化的改革雄心，必将彰显在全面强化党的领导、更加追求“一切以人民为中心”的拳拳赤心之上，努力做到服务大局有新作为，改革创新有新成效，推动发展有新担当。我们努力提升纳税人缴费人获得感和满意度的改革诚心，必将倾注在更加注重集成融合、不断提升征管质效、持续优化营商环境、落实落细改革举措的孜孜匠心上。

溯洄从之，道阻且长。同志们，日月不肯迟，幸福都是奋斗出来的！希望我们在新的一年里，携手同心、砥砺同行，扛实每一份责任的担子，走稳每一步发展的路子，主动作为、勇于担责、敢于创新，成就长治税务新机构新作为，展现长治税务新时代新形象，为全面建成小康社会贡献税收新力量！

【简析】 这篇新年致辞采取了纵式结构，即按照时间先后行文。第一段的开头部分是新年祝词，第二至六段是回顾2018年的工作措施及成效，第七、八两段谈及对下一年的展望，最后一段的结尾部分既承接上文，又呼应开头。整篇文章内容鲜明、概括，结构完整，逻辑清晰，语言有感染力，是一篇很好的讲话稿。

【例文 9－2】

收获精彩人生，镌刻美好记忆

——在中国学生攀岩锦标赛暨第十七届

中国大学生攀岩锦标赛闭幕式上的讲话

尊敬的各位领导、各位来宾，女士们、先生们，青年朋友们：

大家上午好！

夏日骄阳，热情如火，客来八方，喜满校园。在这充满活力的时节，经过激烈的角逐，我们怀着喜悦、激动的心情迎来了中国学生攀岩锦标赛暨第十七届中国大学生攀岩锦标赛闭幕式。此次攀岩锦标赛即将落下帷幕，运动员们在比赛中顽强比拼，表现了应有风貌，赛出了风格、赛出了水平。通过本次锦标赛，培养了全体参赛队员顽强拼搏的意志和向极限进发的攀岩精神，彰显了全国大学生的攀岩风采。

在此，我谨代表××余名师生向取得优异成绩的各代表队和运动员表示热烈的祝贺！向为大会的顺利召开付出辛勤劳动的裁判员、教练员、后勤服务员及志愿者表示衷心的感谢！全体运动员通过顽强的拼搏、团结协作的精神取得了很好的成绩，展示出了积极进取、敢于挑战的精神风貌，让我们一起为他们喝彩！

——四天来，我们全体工作人员充分发挥了"有朋自远方来，不亦乐乎"的东道主好客精神。用××人的豪爽与好客，喜迎八方贵宾，据不完全统计，参加此次攀岩比赛的运动员、教练员××余人，参加此次报道的记者、媒体××余人，参加赞助此次比赛的商家××余家，让旅院休闲运动实现了"家门口宣传"的夙愿，取得了良好的社会效益和口碑。

——四天来，我们全体工作人员充分发挥了"舍小家，为大家"的主人翁奉献精神。主动牺牲假日、坚守岗位，用良好的精神风貌、过硬的工作作风、务实的工作举措，勠力同心、不分昼夜，为运动员寻梦，助攀岩赛出彩。

——四天来，我们全体工作人员充分发挥了"用心服务，追求卓越"的志愿者服务精神。甘做幕后的使者，做贴心的服务员。每一项赛事的背后，都是无数工作人员精心策划、精巧构思，每一项赛事的成功，用周到的服务和激情的帮助，为比赛摇旗呐喊，为攀岩加油鼓劲。

朋友们、同学们，胜负是暂时的，但友谊是长久的。你们用行动告诉我们在赛场上没有失败者。有些事可能影响我们一生，但没有一件事会决定我们一世。参与就是成功。时间是伟大的作者，它能写下历史的结局，使历史永远留下光辉和遗憾。记住，运动是生命的火炬，艺术是灵魂的旗帜，健体是强国的体魄。

朋友们、同学们，本届攀岩锦标赛即将成为历史的一页，然而精彩的片段仍历历在目，激烈的呐喊仍耳边回响。愉快的时光虽然短暂，但影响必将深远。比赛虽然结束了，但我们追求健康和快乐的脚步永远不会停歇，我们追求高尚艺术和美好生活的信念永远不会停止。让我们每个人都有强健的体魄，让我们每颗心都能演奏出美妙的乐章，愿休闲运动之花香满校园。

此次攀岩锦标赛，不仅切磋了技艺，还增长了见识，培养了同学们挑战极限、勇攀高峰的精神，让每一位同学找到了属于自己的精彩，享受锻炼的愉悦、竞争的刺激、合作的欢乐，体验勇敢与顽强、胜利与失败、拼搏与成功！

最后，希望全体同学将本届攀岩锦标赛所展现出来的良好品质和精神风貌带到今后的学习中去，以饱满的热情、积极的态度、昂扬的斗志和拼搏的精神应对学习、生活中的艰辛与欢乐，苦涩与甜蜜。善于挑战自我，善于超越自我，昭示靓丽的青春风采，谱写精妙的生活乐章，创造辉煌的人生前程。站在新时代，让我们撸起袖子加油干，以优异的成绩向新中国成立70周年献礼。

下面，我宣布，中国学生攀岩锦标赛暨第十七届中国大学生攀岩锦标赛胜利闭幕。

谢谢大家！

【简析】 这是一篇闭幕式讲话稿，也是采用纵式结构。问候语之后的两段概括比赛情况并表示祝贺；紧接着分别赞扬了东道主、全体工作者和志愿者在比赛中的贡献；然后对运动员们在比赛中的表现给予了高度评价，并提出发扬比赛精神的倡议；最后宣布比赛胜利闭幕。本讲话稿结构清晰，语言非常有感染力。

【例文 9-3】

你们是真正的主人主角主力军

——在2021年迎春座谈会上的致辞

（2021年1月19日）

重庆西永微电子产业园区开发有限公司

党委书记、董事长　吴道藩

同志们：

时光送走了“过山车”般的2020，我们来到了新的一年。

在这个感怀过往、寄托梦想的时刻，我谨代表西永微电园和西永综保区，向父老乡亲和所有“园区人”，致以新年的问候和最美好的祝福！

人的一生，注定会经历什么？或许是幼稚、成熟，或许是惊慌、自信，或许是泪水、欢笑，或许是挫折、惊喜……“不堪回首”的庚子年，也许浓缩了你一生的境遇。我们不妨稍作停留，随手挑选几幅质朴的素描，重拾“既艰难也闪光”的昨天。

难忘，你们清醒的头脑。口罩遮住了你们的脸，却遮不住你们坚定的眼。一路走来，在意外频发、"从未间断坏消息"的世界里，你们始终眼里有光、迎风向前。你们清楚知道，何为阳光雨露，确信"主心骨""定盘星"的作用。你们始终明白，要去哪儿，坚定地走在自己的路上。你们深信不疑，你我的命运与国家命运生死相依，切身感受国家制度的优势。无论是举手投足间，还是逆风前行中，你们传递给我们的都是清晰的信心、信念、信仰，也是主人情怀的自然流露。

难忘，你们坚实的步伐。世上没有随随便便的成功。在全球经济重创的大气候下，"穿上雨衣便是晴天"。微电园这块弹丸之地，2200亿元规上工业产值，标注了我们的产业风骨；从"按下暂停"到"重启恢复"，已然17.9%的年度增速，是对"刹车刹得住，轰油跑得起"的生动诠释。静水流深中，不管是2900亿元的进出口值，还是定格在全市44.6%的占比，无疑是对"双循环""开放高地"的鲜明注脚。综保区经济体量全国第四、全市第一，32家世界500强"生根"，128家研发企业"发芽"。一个脚印是印记，一长串脚印就是刻度。我们深知这组跳跃的数据来自哪里，但我们更加相信数据背后，折射出的正是每个人都在创造历史，人人都是时代的主角。

难忘，你们挺直的身姿。疫情之下，"静"有价值，"动"更显意义。也许我们不记得你的名字，但记得你的鲜明特征。车间工人被口罩勒出印痕的脸庞，社区干部敲肿的手指，白衣天使充满水汽的护目镜，保安手上的各种测温枪……多少科研人员，多少公安民警，多少海关关员，多少环卫工人，多少快递小哥，关键时刻的挺立姿态、不眠不休的坚守路径，勾勒出一幅幅动人的图景，托举起了时代的精神。亲历强烈的疫情淬炼，我们对"英雄"有了更朴素的解读，"哪有什么岁月静好，不过是有人替你负重前行"。我们由衷感慨，"每个人都了不起"，每个人都在不同场景，演绎英雄的角色，展示主力军的战斗风尚。

难忘，你们健康的心理。一句"活着"，道出了多少人的无奈，更衬出不言弃的境界。当"社交距离"拉远了物理距离，你们调适本就单调的生活。喜欢热闹环境的大爷大妈，宅在家里，因为自律；盼望自由天空的孩子，足不出户，因为网课。彼此并不认识的"打工人"，默契成了抗疫战友。尽管你上有"四老"下有"二小"，团聚时，你选择逆行；困惑时，你选择直面；畏惧时，你选择坚守。"等你回家"，一等就是一年；而有的人，再也等不回来，我们难忘你孤独的站立。尽管风雨模糊了你的面容，收入缩水让你咬紧牙关，歇业失业让你艰难谋生，但你依然无声地"撑下去"。我们感动，我们深思，柔弱之躯何以成为社会中坚？一切都因为，你有心态的健康、内心的善意，还有责任是你的生存方式。你，让我们格外动容。

昨天的印记，已成为今天的激励。我们难忘共同跨越的经历，更牵念一路上脚步匆匆的你们。我们深深体悟，站在微电园43.8平方公里的土地上，你们不是客人，而是主人；你们不是观众，而是主角；你们不是预备队，而是主力军。我们深信，你们就是社会进步的伟大力量，你们散发出的光彩，足以长久留在我们心间。在此，我要向你们致以最崇高的敬意！

相信未来，才能拥有未来。无论是千年尺度，还是百年起点，我们都不能偏离"中心"。

历史给出我们路标，惟有奋斗，才有更好的未来。

2021，我们带上阳光，扎根梦想。阳光是最好的营养。面向新发展格局的宏大叙事，面对科学城的崭新画卷，历史的机遇又一次等待我们把握。奇迹的起笔处，往往“困难重重”。我们渴望，找准支点，建好科学城节点，唱响研发C位进行曲，建设微电子“航母级”项目，共同开启一段新的历史。

2021，我们踏实而起，沉着前行。我们从一个“很不平静”的年份走来，向一个“依然很不平静”的年份走去，发展和抗疫都是“硬道理”。我们坚持，“什么样的路况挂什么挡”，真心帮助企业活下去、活出个样来。我们期盼，集结起团队的力量，坚定“产业、城市双升级”，让“规划”的针尖，对上落地的麦芒，用智慧和坚强，书写新的辉煌。

2021，我们兼修内外，营造生态。发展没有秘密，为每个人提供舞台是根本。我们乐见，将百姓的期待装进行囊，开工世界级无动力儿童公园“重庆童话世界”，推进重庆汽车公园和中小学校建设，让更多人生活在高品质之中。我们期许，培育包容的土壤，善待所有人才和踏实干活儿的人，让家乡的辨识度、便利度、舒适度更好，让每个人都写好自己的人生故事。

同志们，胸中有丘壑，凿石堆山河。让我们更加紧密团结在以习近平同志为核心的党中央周围，在市委、市政府的坚强领导下，共同抒写新的光荣与梦想！

【简析】 **该篇迎春座谈会上的讲话稿以组织的每一个奋斗者为着眼点，感怀过往，期盼未来。既有个人的努力，又展现了组织的成就。有事实数据，更有深深情意。可谓是情真意切，文辞优美，是一篇绝佳的致辞。**

【思考题】

1. 领导讲话稿的作用有哪些？
2. 请谈谈领导讲话稿的特点和起草要求。
3. 领导讲话稿有哪些种类？

附录 1

党政机关公文处理工作条例

中办发〔2012〕14 号

第一章　总则

第一条　为了适应中国共产党机关和国家行政机关（以下简称党政机关）工作需要，推进党政机关公文处理工作科学化、制度化、规范化，制定本条例。

第二条　本条例适用于各级党政机关公文处理工作。

第三条　党政机关公文是党政机关实施领导、履行职能、处理公务的具有特定效力和规范体式的文书，是传达贯彻党和国家方针政策，公布法规和规章，指导、布置和商洽工作，请示和答复问题，报告、通报和交流情况等的重要工具。

第四条　公文处理工作是指公文拟制、办理、管理等一系列相互关联、衔接有序的工作。

第五条　公文处理工作应当坚持实事求是、准确规范、精简高效、安全保密的原则。

第六条　各级党政机关应当高度重视公文处理工作，加强组织领导，强化队伍建设，设立文秘部门或者由专人负责公文处理工作。

第七条　各级党政机关办公厅（室）主管本机关的公文处理工作，并对下级机关的公文处理工作进行业务指导和督促检查。

第二章　公文种类

第八条　公文种类主要有：

（一）决议。适用于会议讨论通过的重大决策事项。

（二）决定。适用于对重要事项作出决策和部署、奖惩有关单位和人员、变更或者撤销下级机关不适当的决定事项。

（三）命令（令）。适用于公布行政法规和规章、宣布施行重大强制性措施、批准授予和晋升衔级、嘉奖有关单位和人员。

（四）公报。适用于公布重要决定或者重大事项。

（五）公告。适用于向国内外宣布重要事项或者法定事项。

（六）通告。适用于在一定范围内公布应当遵守或者周知的事项。

（七）意见。适用于对重要问题提出见解和处理办法。

（八）通知。适用于发布、传达要求下级机关执行和有关单位周知或者执行的事项，批转、转发公文。

（九）通报。适用于表彰先进、批评错误、传达重要精神和告知重要情况。

（十）报告。适用于向上级机关汇报工作、反映情况，回复上级机关的询问。

（十一）请示。适用于向上级机关请求指示、批准。

（十二）批复。适用于答复下级机关请示事项。

（十三）议案。适用于各级人民政府按照法律程序向同级人民代表大会或者人民代表大会常务委员会提请审议事项。

（十四）函。适用于不相隶属机关之间商洽工作、询问和答复问题、请求批准和答复审批事项。

（十五）纪要。适用于记载会议主要情况和议定事项。

第三章　公文格式

第九条　公文一般由份号、密级和保密期限、紧急程度、发文机关标志、发文字号、签发人、标题、主送机关、正文、附件说明、发文机关署名、成文日期、印章、附注、附件、抄送机关、印发机关和印发日期、页码等组成。

（一）份号。公文印制份数的顺序号。涉密公文应当标注份号。

（二）密级和保密期限。公文的秘密等级和保密的期限。涉密公文应当根据涉密程度分别标注“绝密”、“机密”、“秘密”和保密期限。

（三）紧急程度。公文送达和办理的时限要求。根据紧急程度，紧急公文应当分别标注“特急”、“加急”，电报应当分别标注“特提”、“特急”、“加急”、“平急”。

（四）发文机关标志。由发文机关全称或者规范化简称加“文件”二字组成，也可以使用发文机关全称或者规范化简称。联合行文时，发文机关标志可以并用联合发文机关名称，也可以单独用主办机关名称。

（五）发文字号。由发文机关代字、年份、发文顺序号组成。联合行文时，使用主办机关的发文字号。

（六）签发人。上行文应当标注签发人姓名。

（七）标题。由发文机关名称、事由和文种组成。

（八）主送机关。公文的主要受理机关，应当使用机关全称、规范化简称或者同类型机关统称。

（九）正文。公文的主体，用来表述公文的内容。

（十）附件说明。公文附件的顺序号和名称。

（十一）发文机关署名。署发文机关全称或者规范化简称。

（十二）成文日期。署会议通过或者发文机关负责人签发的日期。联合行文时，署最后签发机关负责人签发的日期。

（十三）印章。公文中有发文机关署名的，应当加盖发文机关印章，并与署名机关相符。有特定发文机关标志的普发性公文和电报可以不加盖印章。

（十四）附注。公文印发传达范围等需要说明的事项。

（十五）附件。公文正文的说明、补充或者参考资料。

（十六）抄送机关。除主送机关外需要执行或者知晓公文内容的其他机关，应当使用机关全称、规范化简称或者同类型机关统称。

（十七）印发机关和印发日期。公文的送印机关和送印日期。

（十八）页码。公文页数顺序号。

第十条　公文的版式按照《党政机关公文格式》国家标准执行。

第十一条　公文使用的汉字、数字、外文字符、计量单位和标点符号等，按照有关国家标准和规定执行。民族自治地方的公文，可以并用汉字和当地通用的少数民族文字。

第十二条　公文用纸幅面采用国际标准 A4 型。特殊形式的公文用纸幅面，根据实际需要确定。

第四章　行文规则

第十三条　行文应当确有必要，讲求实效，注重针对性和可操作性。

第十四条　行文关系根据隶属关系和职权范围确定。一般不得越级行文，特殊情况需要越级行文的，应当同时抄送被越过的机关。

第十五条　向上级机关行文，应当遵循以下规则：

（一）原则上主送一个上级机关，根据需要同时抄送相关上级机关和同级机关，不抄送下级机关。

（二）党委、政府的部门向上级主管部门请示、报告重大事项，应当经本级党委、政府同意或者授权；属于部门职权范围内的事项应当直接报送上级主管部门。

（三）下级机关的请示事项，如需以本机关名义向上级机关请示，应当提出倾向性意见后上报，不得原文转报上级机关。

（四）请示应当一文一事。不得在报告等非请示性公文中夹带请示事项。

（五）除上级机关负责人直接交办事项外，不得以本机关名义向上级机关负责人报送公文，不得以本机关负责人名义向上级机关报送公文。

（六）受双重领导的机关向一个上级机关行文，必要时抄送另一个上级机关。

第十六条　向下级机关行文，应当遵循以下规则：

（一）主送受理机关，根据需要抄送相关机关。重要行文应当同时抄送发文机关的直接上级机关。

（二）党委、政府的办公厅（室）根据本级党委、政府授权，可以向下级党委、政府行文，其他部门和单位不得向下级党委、政府发布指令性公文或者在公文中向下级党委、政府提出指令性要求。需经政府审批的具体事项，经政府同意后可以由政府职能部门行文，文中须注明已经政府同意。

（三）党委、政府的部门在各自职权范围内可以向下级党委、政府的相关部门行文。

（四）涉及多个部门职权范围内的事务，部门之间未协商一致的，不得向下行文；擅自行文的，上级机关应当责令其纠正或者撤销。

（五）上级机关向受双重领导的下级机关行文，必要时抄送该下级机关的另一个上级机关。

第十七条　同级党政机关、党政机关与其他同级机关必要时可以联合行文。属于党委、政府各自职权范围内的工作，不得联合行文。党委、政府的部门依据职权可以相互行文。部门内设机构除办公厅（室）外不得对外正式行文。

第五章　公文拟制

第十八条　公文拟制包括公文的起草、审核、签发等程序。

第十九条　公文起草应当做到：

（一）符合国家法律法规和党的路线方针政策，完整准确体现发文机关意图，并同现行有关公文相衔接。

（二）一切从实际出发，分析问题实事求是，所提政策措施和办法切实可行。

（三）内容简洁，主题突出，观点鲜明，结构严谨，表述准确，文字精炼。

（四）文种正确，格式规范。

（五）深入调查研究，充分进行论证，广泛听取意见。

（六）公文涉及其他地区或者部门职权范围内的事项，起草单位必须征求相关地区或者部门意见，力求达成一致。

（七）机关负责人应当主持、指导重要公文起草工作。

第二十条　公文文稿签发前，应当由发文机关办公厅（室）进行审核。审核的重点是：

（一）行文理由是否充分，行文依据是否准确。

（二）内容是否符合国家法律法规和党的路线方针政策；是否完整准确体现发文机关意图；是否同现行有关公文相衔接；所提政策措施和办法是否切实可行。

（三）涉及有关地区或者部门职权范围内的事项是否经过充分协商并达成一致意见。

（四）文种是否正确，格式是否规范；人名、地名、时间、数字、段落顺序、引文等是否准确；文字、数字、计量单位和标点符号等用法是否规范。

（五）其他内容是否符合公文起草的有关要求。

需要发文机关审议的重要公文文稿，审议前由发文机关办公厅（室）进行初核。

第二十一条　经审核不宜发文的公文文稿，应当退回起草单位并说明理由；符合发文条件但内容需作进一步研究和修改的，由起草单位修改后重新报送。

第二十二条　公文应当经本机关负责人审批签发。重要公文和上行文由机关主要负责人签发。党委、政府的办公厅（室）根据党委、政府授权制发的公文，由受权机关主要负责人签发或者按照有关规定签发。签发人签发公文，应当签署意见、姓名和完整日期；圈阅或者签名的，视为同意。联合发文由所有联署机关的负责人会签。

第六章　公文办理

第二十三条　公文办理包括收文办理、发文办理和整理归档。

第二十四条　收文办理主要程序是：

（一）签收。对收到的公文应当逐件清点，核对无误后签字或者盖章，并注明签收时间。

（二）登记。对公文的主要信息和办理情况应当详细记载。

（三）初审。对收到的公文应当进行初审。初审的重点是：是否应当由本机关办理，是否符合行文规则，文种、格式是否符合要求，涉及其他地区或者部门职权范围内的事项是否已经协商、会签，是否符合公文起草的其他要求。经初审不符合规定的公文，应当及时退回来文单位并说明理由。

（四）承办。阅知性公文应当根据公文内容、要求和工作需要确定范围后分送。批办性公文应当提出拟办意见报本机关负责人批示或者转有关部门办理；需要两个以上部门办理的，应当明确主办部门。紧急公文应当明确办理时限。承办部门对交办的公文应当及时办理，有明确办理时限要求的应当在规定时限内办理完毕。

（五）传阅。根据领导批示和工作需要将公文及时送传阅对象阅知或者批示。办理公文传阅应当随时掌握公文去向，不得漏传、误传、延误。

（六）催办。及时了解掌握公文的办理进展情况，督促承办部门按期办结。紧急公文或者重要公文应当由专人负责催办。

（七）答复。公文的办理结果应当及时答复来文单位，并根据需要告知相关单位。

第二十五条　发文办理主要程序是：

（一）复核。已经发文机关负责人签批的公文，印发前应当对公文的审批手续、内容、文种、格式等进行复核；需作实质性修改的，应当报原签批人复审。

（二）登记。对复核后的公文，应当确定发文字号、分送范围和印制份数并详细记载。

（三）印制。公文印制必须确保质量和时效。涉密公文应当在符合保密要求的场所印制。

（四）核发。公文印制完毕，应当对公文的文字、格式和印刷质量进行检查后分发。

第二十六条　涉密公文应当通过机要交通、邮政机要通信、城市机要文件交换站或者收发件机关机要收发人员进行传递，通过密码电报或者符合国家保密规定的计算机信息系统进行传输。

第二十七条　需要归档的公文及有关材料，应当根据有关档案法律法规以及机关档案管理规定，及时收集齐全、整理归档。两个以上机关联合办理的公文，原件由主办机关归档，相关机关保存复制件。机关负责人兼任其他机关职务的，在履行所兼职务过程中形成的公文，由其兼职机关归档。

第七章　公文管理

第二十八条　各级党政机关应当建立健全本机关公文管理制度，确保管理严格规范，充分发挥公文效用。

第二十九条　党政机关公文由文秘部门或者专人统一管理。设立党委(党组)的县级以上单位应当建立机要保密室和机要阅文室,并按照有关保密规定配备工作人员和必要的安全保密设施设备。

第三十条　公文确定密级前,应当按照拟定的密级先行采取保密措施。确定密级后,应当按照所定密级严格管理。绝密级公文应当由专人管理。公文的密级需要变更或者解除的,由原确定密级的机关或者其上级机关决定。

第三十一条　公文的印发传达范围应当按照发文机关的要求执行;需要变更的,应当经发文机关批准。涉密公文公开发布前应当履行解密程序。公开发布的时间、形式和渠道,由发文机关确定。经批准公开发布的公文,同发文机关正式印发的公文具有同等效力。

第三十二条　复制、汇编机密级、秘密级公文,应当符合有关规定并经本机关负责人批准。绝密级公文一般不得复制、汇编,确有工作需要的,应当经发文机关或者其上级机关批准。复制、汇编的公文视同原件管理。复制件应当加盖复制机关戳记。翻印件应当注明翻印的机关名称、日期。汇编本的密级按照编入公文的最高密级标注。汇编,确有工作需要的,应当经发文机关或者其上级机关批准。复制、汇编的公文视同原件管理。

复制件应当加盖复制机关戳记。翻印件应当注明翻印的机关名称、日期。汇编本的密级按照编入公文的最高密级标注。

第三十三条　公文的撤销和废止,由发文机关、上级机关或者权力机关根据职权范围和有关法律法规决定。公文被撤销的,视为自始无效;公文被废止的,视为自废止之日起失效。

第三十四条　涉密公文应当按照发文机关的要求和有关规定进行清退或者销毁。

第三十五条　不具备归档和保存价值的公文,经批准后可以销毁。销毁涉密公文必须严格按照有关规定履行审批登记手续,确保不丢失、不漏销。个人不得私自销毁、留存涉密公文。

第三十六条　机关合并时,全部公文应当随之合并管理;机关撤销时,需要归档的公文经整理后按照有关规定移交档案管理部门。

工作人员离岗离职时,所在机关应当督促其将暂存、借用的公文按照有关规定移交、清退。

第三十七条　新设立的机关应当向本级党委、政府的办公厅(室)提出发文立户申请。经审查符合条件的,列为发文单位,机关合并或者撤销时,相应进行调整。

第八章　附则

第三十八条　党政机关公文含电子公文。电子公文处理工作的具体办法另行制定。

第三十九条　法规、规章方面的公文,依照有关规定处理。外事方面的公文,依照外事主管部门的有关规定处理。

第四十条其　他机关和单位的公文处理工作,可以参照本条例执行。

第四十一条　本条例由中共中央办公厅、国务院办公厅负责解释。

第四十二条　本条例自2012年7月1日起施行。1996年5月3日中共中央办公厅发布的《中国共产党机关公文处理条例》和2000年8月24日国务院发布的《国家行政机关公文处理办法》停止执行。

附录 2

ICS 35.240.20
A 13

GB

中华人民共和国国家标准

GB/T 9704—2012
代替 GB/T 9704—1999

党政机关公文格式

Layout key for official document of Party and government organs

2012-06-29 发布 2012-07-01 实施

中华人民共和国国家质量监督检验检疫总局
中国国家标准化管理委员会 发布

GB/T 9704—2012

目　　次

GB/T 9704—2012

GB/T 9704—2012

前　言

本标准按照 GB/T 1.1—2009 给出的规则起草。

本标准根据中共中央办公厅、国务院办公厅印发的《党政机关公文处理工作条例》的有关规定对 GB/T 9704—1999《国家行政机关公文格式》进行修订。本标准相对 GB/T 9704—1999 主要作如下修订：

a）标准名称改为《党政机关公文格式》，标准英文名称也作相应修改；

b）适用范围扩展到各级党政机关制发的公文；

c）对标准结构进行适当调整；

d）对公文装订要求进行适当调整；

e）增加发文机关署名和页码两个公文格式要素，删除主题词格式要素，并对公文格式各要素的编排进行较大调整；

f）进一步细化特定格式公文的编排要求；

g）新增联合行文公文首页版式、信函格式首页、命令（令）格式首页版式等式样。

本标准中公文用语与《党政机关公文处理工作条例》中的用语一致。

本标准为第二次修订。

本标准由中共中央办公厅和国务院办公厅提出。

本标准由中国标准化研究院归口。

本标准起草单位：中国标准化研究院、中共中央办公厅秘书局、国务院办公厅秘书局、中国标准出版社。

本标准主要起草人：房庆、杨雯、郭道锋、孙维、马慧、张书杰、徐成华、范一乔、李玲。

本标准代替了 GB/T 9704—1999。

GB/T 9704—1999 的历次版本发布情况为：

——GB/T 9704—1988。

GB/T 9704—2012

党政机关公文格式

1 范围

本标准规定了党政机关公文通用的纸张要求、排版和印制装订要求、公文格式各要素的编排规则，并给出了公文的式样。

本标准适用于各级党政机关制发的公文。其他机关和单位的公文可以参照执行。

使用少数民族文字印制的公文，其用纸、幅面尺寸及版面、印制等要求按照本标准执行，其余可以参照本标准并按照有关规定执行。

2 规范性引用文件

下列文件对于本标准的应用是必不可少的。凡是注日期的引用文件，仅所注日期的版本适用于本标准。凡是不注日期的引用文件，其最新版本（包括所有的修改单）适用于本标准。

GB/T 148　印刷、书写和绘图纸幅面尺寸

GB 3100　国际单位制及其应用

GB 3101　有关量、单位和符号的一般原则

GB 3102（所有部分）　量和单位

GB/T 15834　标点符号用法

GB/T 15835　出版物上数字用法

3 术语和定义

下列术语和定义适用于本标准。

3.1　字 word

标示公文中横向距离的长度单位。在本标准中，一字指一个汉字宽度的距离。

3.2　行 line

标示公文中纵向距离的长度单位。在本标准中，一行指一个汉字的高度加 3 号汉字高度的 7/8 的距离。

4 公文用纸主要技术指标

公文用纸一般使用纸张定量为 $60\,g/m^2 \sim 80\,g/m^2$ 的胶版印刷纸或复印纸。纸张白度 80％～90％，横向耐折度≥15 次，不透明度≥85％，pH 值为 7.5～9.5。

5　公文用纸幅面尺寸及版面要求

5.1　幅面尺寸

公文用纸采用 GB/T 148 中规定的 A4 型纸,其成品幅面尺寸为:210mm×297mm。

5.2　版面

5.2.1　页边与版心尺寸

公文用纸天头(上白边)为 37mm±1mm,公文用纸订口(左白边)为 28mm±1mm,版心尺寸为 156mm×225mm。

5.2.2　字体和字号

如无特殊说明,公文格式各要素一般用 3 号仿宋体字。特定情况可以作适当调整。

5.2.3　行数和字数

一般每面排 22 行,每行排 28 个字,并撑满版心。特定情况可以作适当调整。

5.2.4　文字的颜色

如无特殊说明,公文中文字的颜色均为黑色。

6　印制装订要求

6.1　制版要求

版面干净无底灰,字迹清楚无断划,尺寸标准,版心不斜,误差不超过 1mm。

6.2　印刷要求

双面印刷;页码套正,两面误差不超过 2mm。黑色油墨应当达到色谱所标 BL100%,红色油墨应当达到色谱所标 Y80%、M80%。印品着墨实、均匀;字面不花、不白、无断划。

6.3　装订要求

公文应当左侧装订,不掉页,两页页码之间误差不超过 4mm,裁切后的成品尺寸允许误差±2mm,四角成 90°,无毛茬或缺损。

骑马订或平订的公文应当:

a) 订位为两钉外订眼距版面上下边缘各 70mm 处,允许误差±4mm;

b) 无坏钉、漏钉、重钉,钉脚平伏牢固;

c) 骑马订钉锯均订在折缝线上,平订钉锯与书脊间的距离为 3mm～5mm。

包本装订公文的封皮(封面、书脊、封底)与书芯应吻合、包紧、包平、不脱落。

7 公文格式各要素编排规则

7.1 公文格式各要素的划分

本标准将版心内的公文格式各要素划分为版头、主体、版记三部分。公文首页红色分隔线以上的部分称为版头；公文首页红色分隔线(不含)以下、公文末页首条分隔线(不含)以上的部分称为主体；公文末页首条分隔线以下、末条分隔线以上的部分称为版记。

页码位于版心外。

7.2 版头

7.2.1 份号

如需标注份号，一般用6位3号阿拉伯数字，顶格编排在版心左上角第一行。

7.2.2 密级和保密期限

如需标注密级和保密期限，一般用3号黑体字，顶格编排在版心左上角第二行；保密期限中的数字用阿拉伯数字标注。

7.2.3 紧急程度

如需标注紧急程度，一般用3号黑体字，顶格编排在版心左上角；如需同时标注份号、密级和保密期限、紧急程度，按照份号、密级和保密期限、紧急程度的顺序自上而下分行排列。

7.2.4 发文机关标志

由发文机关全称或者规范化简称加“文件”二字组成，也可以使用发文机关全称或者规范化简称。

发文机关标志居中排布，上边缘至版心上边缘为35mm，推荐使用小标宋体字，颜色为红色，以醒目、美观、庄重为原则。

联合行文时，如需同时标注联署发文机关名称，一般应当将主办机关名称排列在前；如有“文件”二字，应当置于发文机关名称右侧，以联署发文机关名称为准上下居中排布。

7.2.5 发文字号

编排在发文机关标志下空二行位置，居中排布。年份、发文顺序号用阿拉伯数字标注；年份应标全称，用六角括号“〔〕”括入；发文顺序号不加“第”字，不编虚位(即1不编为01)，在阿拉伯数字后加“号”字。

上行文的发文字号居左空一字编排，与最后一个签发人姓名处在同一行。

7.2.6 签发人

由“签发人”三字加全角冒号和签发人姓名组成，居右空一字，编排在发文机关标志下空二行位置。“签发人”三字用3号仿宋体字，签发人姓名用3号楷体字。

如有多个签发人，签发人姓名按照发文机关的排列顺序从左到右、自上而下依次均匀编排，一般每行排两个姓名，回行时与上一行第一个签发人姓名对齐。

7.2.7　版头中的分隔线

发文字号之下 4mm 处居中印一条与版心等宽的红色分隔线。

7.3　主体

7.3.1　标题

一般用 2 号小标宋体字，编排于红色分隔线下空二行位置，分一行或多行居中排布；回行时，要做到词意完整，排列对称，长短适宜，间距恰当，标题排列应当使用梯形或菱形。

7.3.2　主送机关

编排于标题下空一行位置，居左顶格，回行时仍顶格，最后一个机关名称后标全角冒号。如主送机关名称过多导致公文首页不能显示正文时，应当将主送机关名称移至版记，标注方法见 7.4.2。

7.3.3　正文

公文首页必须显示正文。一般用 3 号仿宋体字，编排于主送机关名称下一行，每个自然段左空二字，回行顶格。文中结构层次序数依次可以用“一、”“(一)”“1.”“(1)”标注；一般第一层用黑体字、第二层用楷体字、第三层和第四层用仿宋体字标注。

7.3.4　附件说明

如有附件，在正文下空一行左空二字编排“附件”二字，后标全角冒号和附件名称。如有多个附件，使用阿拉伯数字标注附件顺序号(如“附件：1. ×××××”)；附件名称后不加标点符号。附件名称较长需回行时，应当与上一行附件名称的首字对齐。

7.3.5　发文机关署名、成文日期和印章

7.3.5.1　加盖印章的公文

成文日期一般右空四字编排，印章用红色，不得出现空白印章。

单一机关行文时，一般在成文日期之上、以成文日期为准居中编排发文机关署名，印章端正、居中下压发文机关署名和成文日期，使发文机关署名和成文日期居印章中心偏下位置，印章顶端应当上距正文(或附件说明)一行之内。

联合行文时，一般将各发文机关署名按照发文机关顺序整齐排列在相应位置，并将印章一一对应、端正、居中下压发文机关署名，最后一个印章端正、居中下压发文机关署名和成文日期，印章之间排列整齐、互不相交或相切，每排印章两端不得超出版心，首排印章顶端应当上距正文(或附件说明)一行之内。

7.3.5.2　不加盖印章的公文

单一机关行文时，在正文(或附件说明)下空一行右空二字编排发文机关署名，在发文机关署名下一行编排成文日期，首字比发文机关署名首字右移二字，如成文日期长于发文机关

署名，应当使成文日期右空二字编排，并相应增加发文机关署名右空字数。

联合行文时，应当先编排主办机关署名，其余发文机关署名依次向下编排。

7.3.5.3 加盖签发人签名章的公文

单一机关制发的公文加盖签发人签名章时，在正文（或附件说明）下空二行右空四字加盖签发人签名章，签名章左空二字标注签发人职务，以签名章为准上下居中排布。在签发人签名章下空一行右空四字编排成文日期。

联合行文时，应当先编排主办机关签发人职务、签名章，其余机关签发人职务、签名章依次向下编排，与主办机关签发人职务、签名章上下对齐；每行只编排一个机关的签发人职务、签名章；签发人职务应当标注全称。

签名章一般用红色。

7.3.5.4 成文日期中的数字

用阿拉伯数字将年、月、日标全，年份应标全称，月、日不编虚位（即 1 不编为 01）。

7.3.5.5 特殊情况说明

当公文排版后所剩空白处不能容下印章或签发人签名章、成文日期时，可以采取调整行距、字距的措施解决。

7.3.6 附注

如有附注，居左空二字加圆括号编排在成文日期下一行。

7.3.7 附件

附件应当另面编排，并在版记之前，与公文正文一起装订。“附件”二字及附件顺序号用 3 号黑体字顶格编排在版心左上角第一行。附件标题居中编排在版心第三行。附件顺序号和附件标题应当与附件说明的表述一致。附件格式要求同正文。

如附件与正文不能一起装订，应当在附件左上角第一行顶格编排公文的发文字号并在其后标注“附件”二字及附件顺序号。

7.4 版记

7.4.1 版记中的分隔线

版记中的分隔线与版心等宽，首条分隔线和末条分隔线用粗线（推荐高度为 0.35mm），中间的分隔线用细线（推荐高度为 0.25mm）。首条分隔线位于版记中第一个要素之上，末条分隔线与公文最后一面的版心下边缘重合。

7.4.2 抄送机关

如有抄送机关，一般用 4 号仿宋体字，在印发机关和印发日期之上一行、左右各空一字编排。“抄送”二字后加全角冒号和抄送机关名称，回行时与冒号后的首字对齐，最后一个抄送机关名称后标句号。

如需把主送机关移至版记，除将“抄送”二字改为“主送”外，编排方法同抄送机关。既有主送机关又有抄送机关时，应当将主送机关置于抄送机关之上一行，之间不加分隔线。

7.4.3　印发机关和印发日期

印发机关和印发日期一般用 4 号仿宋体字，编排在末条分隔线之上，印发机关左空一字，印发日期右空一字，用阿拉伯数字将年、月、日标全，年份应标全称，月、日不编虚位（即 1 不编为 01），后加“印发”二字。

版记中如有其他要素，应当将其与印发机关和印发日期用一条细分隔线隔开。

7.5　页码

一般用 4 号半角宋体阿拉伯数字，编排在公文版心下边缘之下，数字左右各放一条一字线；一字线上距版心下边缘 7mm。单页码居右空一字，双页码居左空一字。公文的版记页前有空白页的，空白页和版记页均不编排页码。公文的附件与正文一起装订时，页码应当连续编排。

8　公文中的横排表格

A4 纸型的表格横排时，页码位置与公文其他页码保持一致，单页码表头在订口一边，双页码表头在切口一边。

9　公文中计量单位、标点符号和数字的用法

公文中计量单位的用法应当符合 GB 3100、GB 3101 和 GB 3102（所有部分），标点符号的用法应当符合 GB/T 15834，数字用法应当符合 GB/T 15835。

10　公文的特定格式

10.1　信函格式

发文机关标志使用发文机关全称或者规范化简称，居中排布，上边缘至上页边为 30mm，推荐使用红色小标宋体字。联合行文时，使用主办机关标志。

发文机关标志下 4mm 处印一条红色双线（上粗下细），距下页边 20mm 处印一条红色双线（上细下粗），线长均为 170mm，居中排布。

如需标注份号、密级和保密期限、紧急程度，应当顶格居版心左边缘编排在第一条红色双线下，按照份号、密级和保密期限、紧急程度的顺序自上而下分行排列，第一个要素与该线的距离为 3 号汉字高度的 7/8。

发文字号顶格居版心右边缘编排在第一条红色双线下，与该线的距离为 3 号汉字高度的 7/8。

标题居中编排，与其上最后一个要素相距二行。

第二条红色双线上一行如有文字，与该线的距离为3号汉字高度的7/8。

首页不显示页码。

版记不加印发机关和印发日期、分隔线，位于公文最后一面版心内最下方。

10.2 命令（令）格式

发文机关标志由发文机关全称加“命令”或“令”字组成，居中排布，上边缘至版心上边缘为20mm，推荐使用红色小标宋体字。

发文机关标志下空二行居中编排令号，令号下空二行编排正文。

签发人职务、签名章和成文日期的编排见7.3.5.3。

10.3 纪要格式

纪要标志由“×××××纪要”组成，居中排布，上边缘至版心上边缘为35mm，推荐使用红色小标宋体字。

标注出席人员名单，一般用3号黑体字，在正文或附件说明下空一行左空二字编排“出席”二字，后标全角冒号，冒号后用3号仿宋体字标注出席人单位、姓名，回行时与冒号后的首字对齐。

标注请假和列席人员名单，除依次另起一行并将“出席”二字改为“请假”或“列席”外，编排方法同出席人员名单。

纪要格式可以根据实际制定。

11 式样

A4型公文用纸页边及版心尺寸见图1；公文首页版式见图2；联合行文公文首页版式1见图3；联合行文公文首页版式2见图4；公文末页版式1见图5；公文末页版式2见图6；联合行文公文末页版式1见图7；联合行文公文末页版式2见图8；附件说明页版式见图9；带附件公文末页版式见图10；信函格式首页版式见图11；命令（令）格式首页版式见图12。

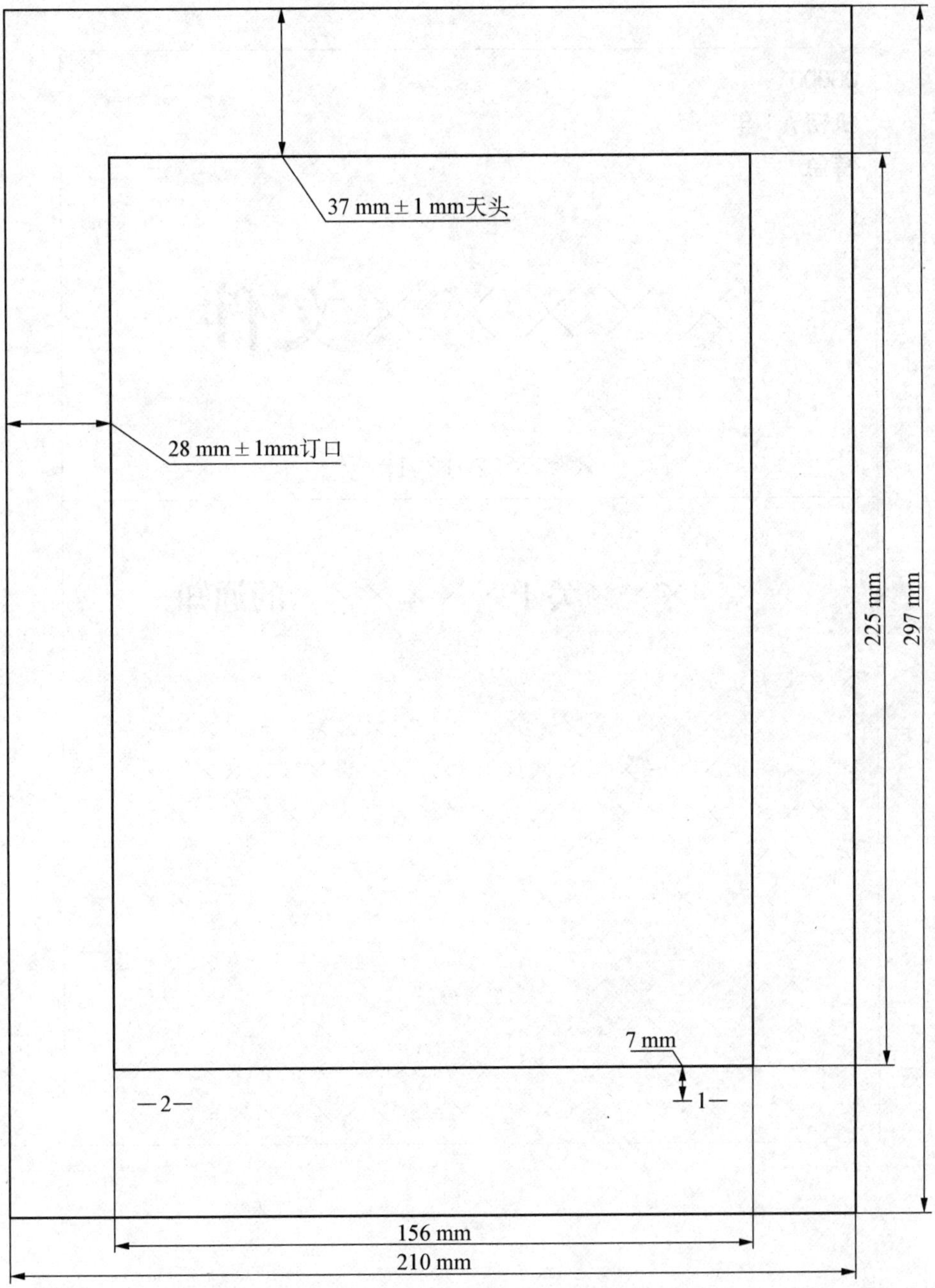

图 1　A4 型公文用纸页边及版心尺寸

000001

机密★1年

特急

××××× 文件

×××〔2012〕10号

××××× 关于 ×××××× 的通知

××××××××：

　　××××××××××××××××××××××××××
××××××××××××××××××××××××××××
××××××××××××××××××××××××××××
××××。

　　××××××××××××××××××××××××××
×××××××××××。

　　××××××××××××。

　　×××××××。××××××××××××××××××
××××××××××××××××××××××××××××
××××××××××××××××××××××××××××

—1—

图2　公文首页版式

注：版心实线框仅为示意，在印制公文时并不印出。

000001

机密★1 年

特急

××××××

×　×　×文件

××××××

×××〔2012〕10 号

××××××关于×××××××的通知

××××××××：

　　×××××××××××××××××××××××××。

　　××。

　　××××××××××××××××××××××××××

—1—

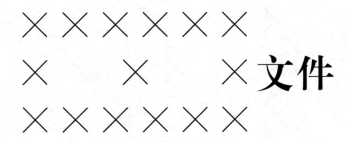

图 3　联合行文公文首页版式 1

注：版心实线框仅为示意，在印制公文时并不印出。

000001

机　密

特　急

××××××

×　×　×

××××××

签发人：×××　×××

×××〔2012〕10号　　×××

××××××关于×××××××的请示

××××××××：

××××××××××××××××××××××××××

××××××××××××××××××××××××××××

××××××××××××××××××××××××××××

××××。

××××××××××××××××××××××××××

—1—

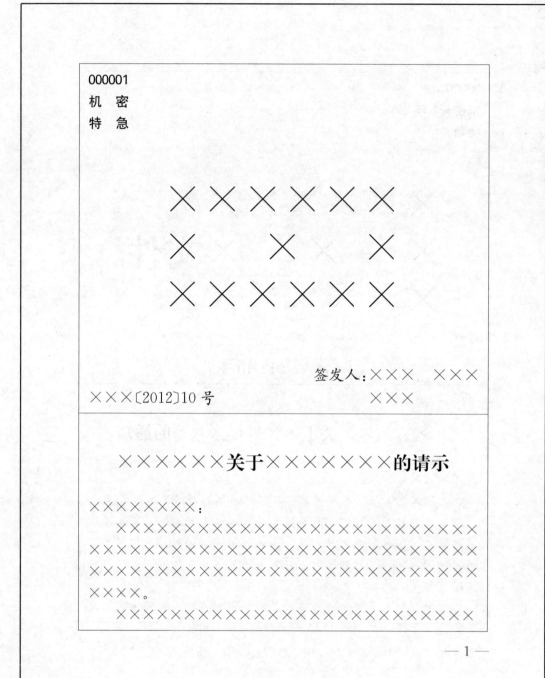

图4　联合行文公文首页版式2

注：版心实线框仅为示意，在印制公文时并不印出。

×××××××××××××××。

　　××。

××部

2012 年 7 月 1 日

（×××××）

抄送：×××××××××，××××××，×××××，×××××，×××××。

×××××××××× 2012 年 7 月 1 日印发

— 2 —

图 5　公文末页版式 1

注：版心实线框仅为示意，在印制公文时并不印出。

××××××××××××××××。

　　××。

××××××××××××

2012年7月1日

抄送：×××××××××，×××××××，××××××，×××××，×××××。

×××××××××　　2012年7月1日印发

— 2 —

图6　公文末页版式2

注：版心实线框仅为示意，在印制公文时并不印出。

×××××××××××××××。

　　××××××××××××××××××××××××××

××××××××××××××××××××××××××××

×××××××××××。

2012年7月1日

（×××××）

抄送：×××××××××，×××××××，×××××，×××××，×××××。

××××××××××　　2012年7月1日印发

— 2 —

图7　联合行文公文末页版式1

注：版心实线框仅为示意，在印制公文时并不印出。

××××××××××××××××。

　　××。

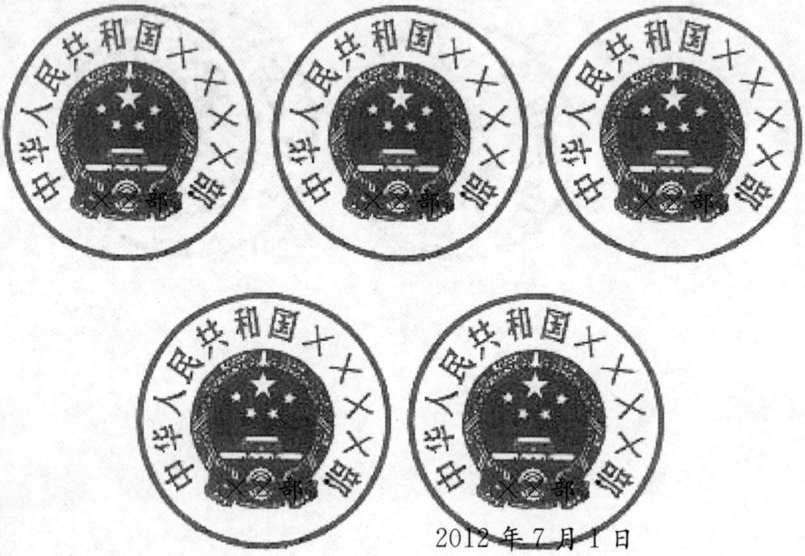

2012年7月1日

(×××××)

抄送：×××××××××,×××××××,××××××,××××××,×××××。

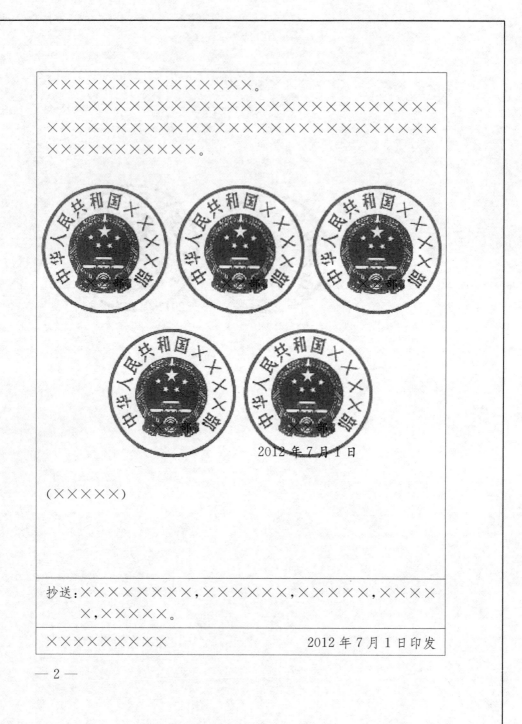

××××××××××　　2012年7月1日印发

— 2 —

图8　联合行文公文末页版式2

注：版心实线框仅为示意,在印制公文时并不印出。

×××××××××××××××。

　　××××××××××××××××××××××××××
××××××××××××××××××××××××××××
××××××××××。

附件：1. ××××××××××××××××××××××
　　　　××××
　　　2. ×××××××××××××

×××××××
×　×　×　×
2012 年 7 月 1 日

（×××××）

— 2 —

图 9　附件说明页版式

注：版心实线框仅为示意，在印制公文时并不印出。

附件 2

××××××××××××××

　　××××××××××××××××××××××××××
××××××××××××××××××××××××××××
×××。

　　××××××××××××××××××××××××××
××××××××××××××××××××××××××××
××××××××××××××××××××××××××××
××××××××××××××××××××××××××××
××××××××××××××××××××××××××××
×××××××××××××××。

抄送：××××××××，×××××××，××××××，×××××
　　　×，×××××。

×××××××××　　　　2012 年 7 月 1 日印发

— 4 —

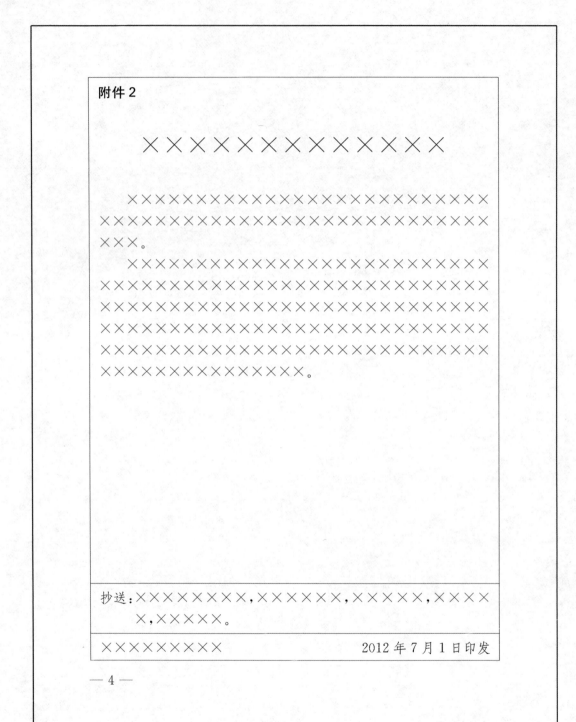

图 10　带附件公文末页版式

注：版心实线框仅为示意，在印制公文时并不印出。

中华人民共和国×××××部

000001　　　　　　　　　　　　　　×××〔2012〕10 号

机　密

特　急

×××××关于××××××××的通知

××××××××：

　　××××××××××××××××××××××××××
××××××××××××××××××××××××××××
××××××××××××××××××××××××××××
××××××××××××××××××××××××。

　　××××××××××××××××××××××××××
××××××××××××××××××××××××××××
××××××××××××××××××××××××××××
×××××××××××××××××××××××。

　　××××××××××××××××××××××××××
××××××××××××××××××××××××××××
××××××××××××××××××××××××××××
××××××××××××××××××××××××××××
××××××××××××××××××××××××××××
××××××××××××××××××××××××××××
××××××××××××××××××××××××。

图 11　信函格式首页版式

注：版心实线框仅为示意，在印制公文时并不印出。

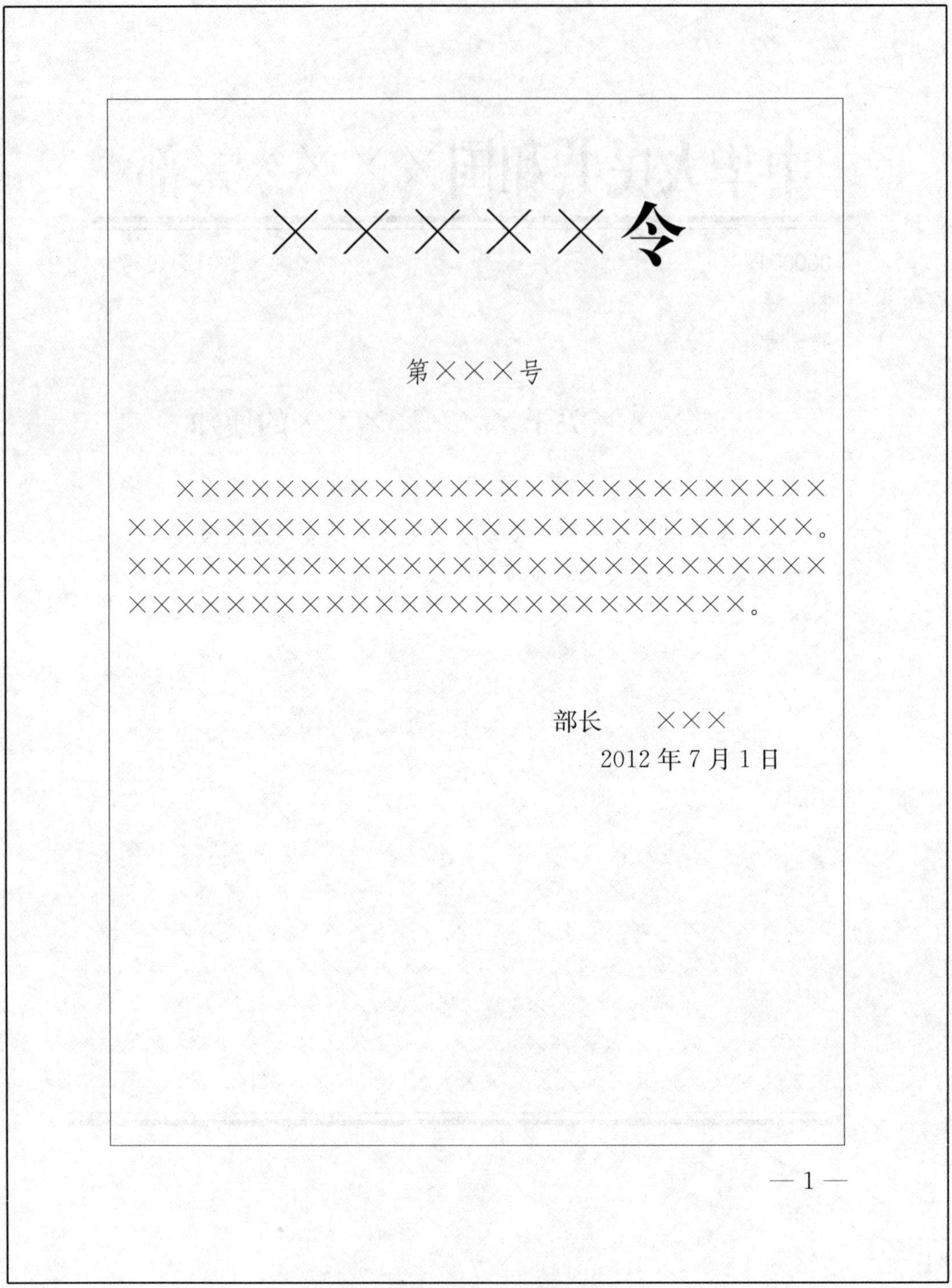
×××××令

第×××号

××××××××××××××××××××××××××
×××××××××××××××××××××××××××。
××××××××××××××××××××××××××××
×××××××××××××××××××××××××。

部长　　×××

2012年7月1日

—1—

图12　命令(令)格式首页版式

注：版心实线框仅为示意，在印制公文时并不印出。

参考书目

1. 丁晓昌、冒志祥著,《应用写作学》,苏州大学出版社,2002 年 5 月第 1 版。
2. 姬瑞环编著,《公文写作与处理》,中国人民大学出版社,2019 年 2 月第 5 版。
3. 冯晓玲、班梅主编,《实用应用文写作教程》,中国传媒大学出版社,2014 年 1 月第 2 版。
4. 赵国俊编著,《公文写作与处理》,中国人民大学出版社,2011 年 4 月第 1 版。
5. 杨戎主编,《公文处理案例精选》,四川人民出版社,2010 年 3 月第 1 版。
6. 夏京春编著,《新编应用写作教程》,首都经济贸易大学出版社,2016 年 7 月第 5 版。
7. 郝全梅主编,《秘书应用写作》,华东师范大学出版社,2013 年 6 月第 1 版。
8. 赵永贤主编,《新编应用文写作》,河海大学出版社,2003 年 2 月第 1 版。
9. 张杰、萧映主编,《写作》,北京大学出版社,2009 年 9 月第 1 版。
10. 凌焕新主编,《写作新教程(修订版)》,江苏教育出版社,2012 年 5 月第 2 版。
11. 风笑天著,《社会学研究方法(第二版)》,中国人民大学出版社,2005 年 2 月第 2 版。
12. 水延凯编著,《社会调查教程》,中国人民大学出版社,2003 年 5 月第 3 版。